IN THE BABA

PIERRE LESCURE
avec
SABRINA CHAMPENOIS

IN THE BABA

BERNARD GRASSET
PARIS

Photo de couverture : Jean-Luc Bertini

ISBN 978-2-246-76941-5

Pour Frédérique et Anna

« I see the bad moon rising
I see trouble on the way
I see earthquakes and lightnin'
I see bad times today »

Creedence Clearwater Revival

« Come and sing a simple song of freedom
Sing it like you've never sing before »

Bobby Darin

Ce sont des fiches bristol, blanches, quadrillées, que je plie en deux en une sorte de liasse pour pouvoir les empocher. Je dois à l'heure actuelle compter quelque sept liasses de ce type, toujours à portée de main. Angoisse majeure : les perdre, car à rebours d'une époque qui conserve trace de tout, il n'existe pas de double des données qui y sont inscrites à la main, dont certaines remontent à des dizaines d'années.

La catastrophe s'est produite une fois, lors d'un trajet en taxi. Panique, recherches tous azimuts. Quand soudain, coup de téléphone. Une voix douce : « Bonjour, monsieur. Nous pensons avoir retrouvé des documents vous appartenant. Grâce à l'un des noms que nous avons contactés, nous sommes remontés jusqu'à vous. Nous tenons le paquet à votre disposition. » *Eurêka.* Sauvé. Pour autant, je n'ai rien changé à ma façon de procéder. Ces fiches uniques sont comme une marque de fabrique, un truc bien à moi, qui ne regarde que moi, risques compris.

Ces liasses, ces « paquets », ce butin, ce trésor, qui n'obéissent à aucun ordre ni classement précis mais dans lesquels je pioche et me repère sans problème à la stupéfaction générale, constituent mon carnet d'adresses. Plus exactement, je dirais mon carnet d'« ancrages ».

Depuis toujours ou presque, j'ai besoin de voir et de savoir ce qui va se faire, ce qui va naître, ce qui évolue, et qui fait quoi, qui pense quoi, qui imagine quoi. A 20 ans, journaliste débutant, j'étais déjà « la Glandouille ». « La Concierge », trouvaille de Philippe Gildas (un de mes supérieurs à RTL), a suivi, en référence à ma faculté à m'attarder, à traîner jusqu'à des heures indues dans l'espoir de décrocher l'information supplémentaire. Parallèlement, je multipliais, j'entretenais déjà ce que j'appelle donc mes « ancrages » : contacts, échanges, liens. Adresses, numéros de téléphone, mails aujourd'hui. Et les liasses de s'épaissir… J'ai désormais 66 ans, et je dirais qu'en termes de contacts réguliers, la liste s'établit comme suit : une centaine de personnes dans le cinéma, une centaine dans la télé, deux cents dans le théâtre, une cinquantaine dans le journalisme, une dizaine dans l'édition. « Tailler la bavette » : mon sport favori. Pas un jour sans piocher dans mes liasses, pour un simple coup de fil ou pour prendre rendez-vous.

D'aucuns en déduiront : homme de réseaux. Faux. Du moins au sens où on l'entend aujourd'hui – jeux d'influence, manœuvres, billard à multiples bandes. Sans être un enfant de chœur, et si je peux les apprécier en observateur, je n'ai pas la patience nécessaire pour y participer efficacement, je me lasse beaucoup trop vite. C'est de fait un reproche que j'essuie régulièrement : être capable de me désintéresser aussi rapidement et puissamment que je me suis enthousiasmé. Il y a des déçus du « lescurisme ».

Etre au courant de ce qui se passe, de ce qui se trame, où, comment, et avec qui, m'anime, me plaît, voire m'obsède. A l'inverse, être en retard d'une information, d'un rebondissement, d'un phénomène ou d'une personnalité émergente, me contrarie, me frustre, m'inquiète même. J'ai l'impression d'être passé à côté de quelque chose, de ne plus être aussi vivant. D'ailleurs, rien ne me fait plus fuir que les gens indifférents au monde qui les entoure. Las ou autarciques, ils sont à mes yeux un mystère, vies dénervées aux échos dépressifs. Plutôt facilitateur que créateur, en rien solitaire démiurgique, j'ai besoin que les gens comme les projets m'épatent, m'inspirent, m'émeuvent.

Je suis moins dans la réflexion que dans l'intuition : le mot dérange les autoproclamés rationnels. Mais, au final, l'intuition m'a très souvent donné raison. Il est vrai que j'ai été servi par l'époque, baby-boomer parvenu à l'âge adulte à la veille de progrès de taille, sociaux, politiques, culturels, technologiques. Une autoroute de possibilités s'ouvrait, dans laquelle je me suis joyeusement engouffré, sans peur du lendemain contrairement à ceux qui allaient suivre. Mais au-delà du contexte, encore aujourd'hui où le vent est plutôt contraire, j'accorde une importance décisive à mon instinct, à mon flair, et je me fie à ces « antennes » avec la même confiance. Surtout, je crois que je ne saurais procéder autrement.

J'ai jusqu'ici eu la chance de pouvoir concilier les deux, intuition et nécessité. Tocades et travail. Amitiés et ambitions. Un fantasme d'adolescent concrétisé au-delà de toute espérance.

Il n'aura été ébranlé que par une déconvenue de taille, majeure même, qui a changé ma trajectoire au moment précis où je pensais la consolider. Elle ne m'a pas rendu nostalgique mais peut-être, sans doute, mélancolique. Il s'agit évidemment de mon éviction de Canal. Sur ce coup-là, je dois l'admettre, j'ai mis du temps à me remettre. Cueilli, sonné, moi qui avais jusque-là accueilli le changement avec excitation.

Soudain, c'est comme si la fin de récréation avait sonné pour de bon, comme si on me signifiait *ex subito* que c'en était terminé du temps de l'innocence, des coups avec les copains, des plans sur la comète qui se concrétisent pourtant, parfois à notre grand étonnement – ou qui capotent mais tant pis, entre-temps, on se sera au moins enthousiasmés, enflammés. Image d'Epinal, relecture bien commode de l'histoire ? Admettons. Mais qui peut se prévaloir d'une totale objectivité à son propre égard ? A chacun ses petits (ou grands) arrangements. C'est ainsi que j'ai vécu les choses, ma vie. Porté par un indécrottable optimisme, une sorte de réjouissance ontologique. Je les ai récupérés depuis, au moins partiellement.

Comme quoi il doit bel et bien exister un terreau. Comme quoi, aussi, on ne se refait pas. Pour le meilleur comme pour le pire.

I

K.-O.

16 avril 2002, 14 heures, immeuble Vivendi Universal (VU) à Paris, avenue de Friedland, Paris XVIIe. La veille, alors que je me trouvais en Espagne, Jean-Marie Messier, patron du groupe VU avec lequel Canal+ a fusionné en décembre 2000, m'a fait convoquer.

Je me doute bien que l'instant va être tendu, au mieux. Depuis trois mois, entre VU et Canal, l'ambiance est à la méfiance, voire à la défiance réciproque. Une quinzaine de jours plus tôt, lors d'un séminaire à Deauville, ça a donné lieu à des engueulades dont les murs du restaurant Chez Miocque doivent encore se souvenir. Protagonistes : Messier qui restera impavide, Denis Olivennes (alors président de Canal+ France) qui ne supporte plus J2M au point d'en venir quasiment aux mains, et moi-même. Le lendemain, la délégation de Canal boycottera une photo en cirés jaunes, souvenir cliché à souhait, comme J2M les affectionne...

Là, ce 16 avril, on est seul à seul, Messier et moi. Et Messier, comme chaque fois, commence par se dérober à la confrontation. Il biaise, regard azur et silhouette de bébé Cadum : « Ah, salut Pierre... Au fait, ça fait longtemps que je ne t'ai pas demandé des nouvelles de la petite Anna... » « La petite Anna », ma fille adoptive, a à l'époque 3 ans et demi. Je lui réponds, « Jean-Marie, les enfants, on en parlera une autre fois... ». Nous sommes censés discuter du remplacement de Denis Olivennes, qui a démissionné quelques jours plus tôt.

C'est alors que Messier désigne l'exemplaire du *Monde* du jour que j'ai sous le bras. Il s'écrie : « C'est une nouvelle provocation ! » Je ne comprends pas, le regarde telle la poule qui aurait trouvé un couteau. Messier pointe la une. La manchette (le titre principal) « Vivendi : qui veut la peau de Jean-Marie Messier ? » annonce la chute de J2M, et l'article lui-même, la quasi-banqueroute de VU. Là-dessus, Messier m'accuse d'avoir nourri les cinq récentes unes du quotidien, qui ont annoncé la ruine de VU. En clair : membre du conseil de surveillance du *Monde* et président du Monde Presse, l'un des actionnaires du quotidien, j'œuvrerais en sous-main à déstabiliser Vivendi Universal et par conséquent à le faire tomber, lui, son (mon !) patron.

Je démens. En quoi, au-delà de l'invraisemblance, cela servirait-il mes intérêts, moi qui ai *mordicus* voulu cette fusion qui en laisse bon nombre sceptiques, y compris au sein de Canal ? Mais Messier maintient, assène que je joue contre lui. Et dans la foulée : « J'ai donc décidé de me séparer de toi, j'ai d'ailleurs déjà prévu ton remplaçant, il est dans la pièce d'à côté, il s'agit de Xavier Couture. » Dans les jours suivants, en paranoïaque désormais sans couvercle, qui inquiète jusqu'à ses derniers partisans, il se mettra à parler du *Monde* comme de « Lescure Soir ».

Stupéfaction, vitrification. Double violence. Non seulement je suis viré d'une boîte que j'ai contribué à inventer, à laquelle j'ai consacré dix-huit ans et dont je tâchais d'assurer l'avenir, mais une cloison me sépare de mon remplaçant, Xavier Couture... Couture, qui a commencé comme journaliste sportif, qui est passé par *L'Equipe*, puis TF1, puis La Cinq, puis re-TF1 comme directeur de l'antenne, n'est pas un imbécile, et il connaît très bien la télévision. Mais j'estime qu'il est à peu près aussi capable de gérer un groupe comme Canal+, que moi de gérer la Société Générale – ce qui n'est pas peu dire. Il est même dépourvu de l'expérience en gestion acquise depuis que j'ai remplacé André Rousselet à la tête du groupe Canal, en 1994.

Clairement, avec cette nomination, Messier cherche à mettre Canal sous la coupe complète de Vivendi quand jusque-là et en dépit de la fusion, nous avions réussi à préserver notre indépendance, à la fois éditoriale et opérationnelle (à commencer par les inestimables fichiers d'abonnés).

Messier propose de me céder son siège de président du conseil de surveillance de Canal, il évoque aussi la chaîne du cinéma européen que VU entend lancer bientôt aux Etats-Unis, en gros un boulot d'un quart d'heure par semaine. Un placard doré me tend les bras, dont je claque la porte sur-le-champ. Et je tourne les talons. L'affaire a duré vingt minutes.

Je repars en voiture vers Canal, plus hébété que révolté.

A mon arrivée, tout le monde est au courant : le service de communication de Messier a déjà répandu la nouvelle, qui a donné lieu à un « Urgent » de l'AFP. L'heure est à la pagaille la plus complète. Une assemblée générale a été fixée à 18 heures, elle a lieu sur l'ancien plateau de « Nulle Part Ailleurs », est diffusée en direct sur l'antenne. En résumé, les salariés ont pris l'antenne.

Ça dérange le légitimiste que je suis. J'y vois une rupture de contrat avec les abonnés, on se met en outre en faute vis-à-vis de Vivendi : Canal n'est pas notre propriété. Dans le même temps, ce hold-up collectif me bouleverse. Ils se serrent sur les marches et jusque sur le plateau, ils sont plusieurs centaines, venus de Canal, mais aussi de i-Télévision, et de toutes les autres filiales du groupe à Paris. Les figures totémiques sont là, Alain de Greef, Philippe Gildas, Alain Chabat, Thierry Gilardi, Antoine de Caunes... Même Michel Denisot est là. C'est dire...

J'arrive alors. On m'applaudit, des « Lescure président » fusent, des voix conchient Messier. Une sorte de happening est en cours, dans lequel je suis passablement dépassé, ce qu'attestent certaines images du moment : les larmes aux yeux, je ne maîtrise pas la communication, je suis bel et bien secoué. Moi qui aime que les choses aillent vite, qui accélère volontiers le processus, qui déteste les lents et les lenteurs, me voilà pris de court, au cou, à la gorge, pas loin de l'étranglement. La sensation mettra longtemps à s'estomper.

Je raconte à l'équipe mon entrevue avec Messier, puis je rejoins mon bureau, au cinquième étage, pour une interview avec une poignée de journalistes. « Messier a un ego gros comme l'Himalaya, je trouve écœurant le mépris qu'il a pour moi et pour les gens de Canal+. On n'est jamais un enfant de chœur quand on est depuis trente-sept ans dans un même milieu. Je me suis déjà séparé de gens. Mais je préfère un killer à un mec qui ne tient pas sa parole. »

Ces propos, dix ans plus tard, je n'en retire pas une virgule. L'impression d'avoir été trahi, doublé. Avant tout pour des questions de prééminence personnelle. Et sans doute l'idée couvait-elle dans sa tête et celles de conseillers extérieurs – dont Maurice Lévy –, que le fusible Lescure lui faisait « acheter de l'air et du temps », détournant momentanément l'attention de sa trésorerie. L'impression d'un immense gâchis, quand depuis des mois je la jouais souple, limite courbant l'échine, convaincu qu'il en allait de l'avenir de « mon » groupe, et de mon propre salut.

Ma toute première rencontre avec Jean-Marie Messier a eu lieu en 1996 lors d'un déjeuner secret organisé par Guy Dejouany. Alors patron de la Générale des Eaux (future Vivendi), Dejouany a très rapidement désigné Messier comme son successeur, au grand dam de certains barons de la maison.

Guy Dejouany, ce n'est pas n'importe qui. C'est à l'époque un vieux matou très intelligent, petit bonhomme ombrageux de 75 ans qui dirige de son bureau un groupe tentaculaire de deux mille sociétés. Il vient aux assemblées générales sans notes : il n'en a pas besoin, il est le seul industriel qui s'intéresse vraiment au contenu, plus encore que Lagardère père. Sur le pont et réceptif sept jours sur sept. Du genre à me téléphoner pour que je lui explique le principe de la multidiffusion ou pour donner son avis sur la nouvelle série que Canal diffuse.

La prise de contact avec Messier s'impose : la Générale des Eaux est alors le deuxième actionnaire de Canal. Et puis, j'avoue, cette fois encore, je suis intéressé, intrigué. Curieux de découvrir celui dont tout le monde parle, ce jeune banquier d'affaires star chez Lazard Frères, passé par l'ENA et Polytechnique.

Messier deviendra plus tard le mistigri que personne ne veut avoir dans son jeu, et tout le monde s'écriera en chœur « J'avais bien senti qu'il ne fallait pas lui faire confiance », mais à l'époque, ils sont tous extatiques. Milieux d'affaires, politiques, médiatiques. Messier par-ci, Messier par-là : il a le monde à ses pieds. A deux exceptions près, dont je me souviens parfaitement : Dominique de Villepin, alors secrétaire général de l'Elysée, qui dit « Il faut se méfier de ce type », et la journaliste du *Figaro* Nazanine Ravaï qui, dans son livre *La République des vanités* (1997), qualifie Messier de « séducteur de vieux » – autant dire qu'il lui en a voulu à mort.

Lors de ce tout premier déjeuner, Messier me sort de fait son kit de séduction, son côté « Je suis un grand banquier, je vais devenir un très grand industriel, et je suis très sympathique ». Et c'est vrai, il est simple, direct, rondouillard dans la forme comme le fond. Il a la communication doucereuse, sur le mode « J'ai tellement à apprendre de vous, Pierre ». Ce qui n'est pas faux, en matière de télévision. Il est ce jour-là aux petits soins avec moi.

Je suis la figure des contenus, qui l'intéresse comme industriel et le fascine dans la mesure où il n'y entend personnellement rien. Et puis je connais le milieu du cinéma qui lui est totalement étranger, j'ai vécu avec Catherine Deneuve… Tout ça l'éblouit – ça peut paraître anecdotique, mais voilà, il y a de la midinette chez l'énarque, comme je l'ai ensuite souvent vérifié.

Ce côté bébé béat fait aussi son charme, humanise le côté techno à l'ascension irrésistible, banquier brillant aux investissements osés, voire risqués. Son goût pour la musique fournit aussi un terrain d'entente. Il est plutôt classique, du type opéra, lied de Schubert et jazz de La Nouvelle-Orléans quand je préfère le rock et la pop. Mais bon, je ne suis pas sectaire, surtout quand il en va de la musique…

Très rapidement tout de même, je me rends compte qu'hors agenda, hors stratégie et enjeux, Messier, c'est morne plaine, banalité sur banalité : les voyages sont extraordinaires, les films magnifiques, et les livres bouleversants. Zéro émotion sur la culture, et plus globalement zéro avis personnel sur la vie et les valeurs qui peuvent la guider. Ça me laisse songeur…

Certains avancent, affirment, qu'en sentimental patenté, qui aime aimer et qu'on l'aime (facette que j'assume), un peu naïf en outre, je me suis laissé séduire. Faux. Je n'ai jamais entièrement succombé à Messier, ni éprouvé une affection débordante pour lui, même si j'ai pu à l'occasion (à partir de la fusion Canal-Vivendi) surjouer l'enthousiasme pour le bien de la cause. En revanche, oui, il m'a épaté. Par sa vitesse de compréhension et, surtout, sa simplicité à l'anglo-saxonne qui tranchait avec la rigidité maladive des administrateurs « classiques », ces inspecteurs des finances, énarques, banquiers ou néobanquiers qui nous toisaient, nous les saltimbanques. Lui présentait le même pedigree, mais nous comprenait et nous soutenait. Et, oui, je me suis laissé convaincre. Je reste d'ailleurs persuadé que j'ai eu raison. Que si son ego n'avait tout précipité, la fusion Canal-Vivendi-Seagram aurait pu être menée à bien. Et qu'elle aurait profité à Canal dont l'endettement était digérable, comme la suite l'a prouvé. Plus largement, elle aurait même profité à l'ensemble de l'industrie.

Messier, je l'ai vu comme un allié, et comme un atout. J'en avais besoin. Les pères-repères n'étaient plus ou quasi plus, Rousselet parti, Dejouany sur le départ. Et Pierre Dauzier, le patron d'Havas, rôdait, toujours en embuscade et prêt à poignarder. J'ai eu aussi très vite la certitude que Messier n'aurait aucune prétention sur l'éditorial. Qu'il laisserait à Canal une paix royale. C'est d'ailleurs ce qui s'est passé.

La fusion Canal-Vivendi-Seagram allait nous permettre de devenir le deuxième groupe mondial de communication et de divertissement derrière AOL Time Warner, tout en préservant l'identité du groupe Canal : voilà ce que je voyais, voilà ce que je souhaitais, voilà ce qui allait s'accomplir. Et Messier avançait dans ce sens, qui m'avait dit lors de la fusion AOL Time Warner, « Tout est changé, le monde change, nous devons nous-mêmes arriver à ça ». Prendre le train en marche, pour ne pas rester à quai : j'étais convaincu de cette nécessité. Jean-Marie avait la bonne vision. Chacun le reconnaît aujourd'hui. Ce sont le timing et l'opérationnel qui ont péché.

Là où je me suis trompé, c'est sur son appétit de pouvoir. J'estime avoir une grille de lecture des gens assez fiable et j'avais la conviction que son extraction modeste (fils d'expert-comptable, petit-fils d'un chauffeur de préfecture et d'un agent administratif) ferait qu'à un moment donné, le petit provincial (de Grenoble) comme il aimait à se présenter, saurait raison garder, vu le niveau mondial de puissance auquel il était déjà parvenu. Qu'il se dirait,

« J'ai atteint un tel palier, et un tel paquet, que là, ça suffit, j'arrête tout ». Qu'en banquier, enfin, il allait à un moment donné passer à la thésaurisation.

Ce n'est qu'ensuite que certaines scènes me sont revenues. Comme ce jour où, dans les studios Universal à Los Angeles, il s'est fait photographier dans le bureau du président Ron Meyer, sans que l'intéressé en soit même averti. A l'époque se tournait aussi *La Momie*, rebelote : J2M immortalisé dans le fauteuil du réalisateur Stephen Sommers. Et que dire de ces clichés publiés par *Paris Match*, le montrant patinant à Central Park, séance montée de toutes pièces vu qu'il n'avait pas mis les pieds sur la glace depuis, au minimum, sa première communion. Zéro vergogne, zéro principe, zéro conscience du ridicule, du tout à l'ego.

Messier aussi a une sensiblerie qui n'est pas feinte. Il n'est pas rare de le voir la larme à l'œil, ou carrément pleurer. L'absence de manières comme de goût est également frappante, je ne crois pas avoir vu plus laid que son appartement parisien, boulevard de Courcelles : échiquier en albâtre, tableaux qui figurent des scènes de chasse, etc. A New York, dans son bureau de Park Avenue, j'avais remarqué une superbe armoire Art déco, dorée, du designer Jean-Michel Frank. Réaction de Messier, tout content de lui : « Mais non, c'est une copie, Pierre ! » Une copie quand il avait aisément les moyens de se payer un original. On peut ne pas avoir de goût, le minimum est de rester sobre.

Alors, c'est vrai, Messier et moi avons donné le change. J'en ai même fait un livre paru fin 2001, dont les ultimes chapitres à l'optimisme pimpant me restent un peu en travers de la gorge vu la tournure des événements. Pas de honte cependant, tant cela procédait d'une volonté, sincère pour le coup, d'y croire, de croire au développement international de Canal. De croire à la suite de l'histoire, à un *happy end*. Sans doute mon côté scout, toujours. Et si des tensions existaient déjà, elles n'avaient pas atteint le point de non-retour du printemps 2002.

En ce début 2002, le groupe Canal perdait de l'argent, je le concède, mais la responsabilité principale des difficultés financières de Vivendi ne lui était en aucun cas imputable, contrairement à ce que Messier avait fini par affirmer – J2M martelait dans le même temps et à contre-courant de tous les observateurs, que Vivendi allait à part ça « plus que bien ». L'interview qu'en communicant quasi incontinent, il avait accordée à *La Tribune* à la mi-mars 2002, et dans laquelle il commentait nos résultats d'exploitation de l'année précédente, avait d'ailleurs sonné comme une déclaration de guerre autant ouverte qu'injuste. « Une situation dans laquelle Canal+ crée un cash flow négatif de 500 millions d'euros par an n'est pas une situation normale. Le management a la nécessité impérieuse de redonner à Canal+ son rôle de contributeur au résultat dans les deux ans qui viennent (...). Il y a une équipe de management de Canal+, avec Pierre Lescure à la tête, responsable et redevable des résultats. Elle en a la responsabilité et les moyens. Avec les implications que cela entraîne. » En clair : les têtes de la direction de Canal à deux doigts du billot.

Avec Denis Olivennes, nous avions pourtant, fin 2001, proposé à Messier de vendre Telepiù, notre filiale italienne qui représentait à elle seule les trois quarts des dettes du groupe Canal+. Cette vente nous aurait donné de l'air, du cash, ou, à tout le moins, aurait endigué l'hémorragie de cash. Belgique, Espagne, Allemagne : Canal avait l'expérience de l'exportation, mais jamais implantation ne s'est avérée aussi problématique, laborieuse, que dans ce pays-mosaïque (sur tous les plans, culturel, administratif, économique), déjà bardé à notre arrivée en 1997 de quasiment 500 chaînes qui diffusent 10 000 films (lardés de pubs) par an, où le piratage est un sport national, où le prélèvement mensuel n'est pas du tout entré dans les mœurs, où le mogul local Berlusconi, qui va et vient à la tête du Conseil dans un inquiétant mélange des genres, ne croit pas une seconde à la télévision à péage. La gestion autocratique et opaque de Michel Thoulouze n'a pas arrangé les choses, notre amitié de plus de vingt ans en a fait les frais – que j'assume sans regrets vu les coups de boutoir que Thoulouze lui avait déjà portés, soucieux de son intérêt personnel bien plus que du général.

A déclaration de guerre, riposte proportionnelle : dans un mail diffusé en interne dont nous savions qu'il ne resterait pas longtemps entre les murs, Denis Olivennes et moi avons alors répondu à Messier que ses déclarations à *La Tribune* étaient autant inamicales qu'inélégantes, un coup bas vu qu'il refusait de vendre Telepiù. « Il était possible de vendre l'Italie. Ce n'est pas le choix stratégique qui a été fait par Vivendi Universal. » Retour à l'envoyeur, pataquès médiatique autour de notre « rébellion ».

Il paraît que Messier a à ce moment-là envisagé de nous virer sur-le-champ, Olivennes et moi. Mais d'aucuns lui ont suggéré que ça ferait désordre, qu'il valait mieux attendre l'été, de préférence la torpeur médiatique d'août... Quinze jours plus tard, le fameux séminaire de Deauville nous réunissait. Autant dire qu'à défaut d'être ouvertement tirées, les balles étaient à portée de main, et les mains sur les gâchettes. Western-spaghetti en cols blancs.

Le dialogue était de toute façon peu ou prou rompu depuis un an et demi, depuis les débuts de la négociation de la fusion entre Vivendi et Canal. Le fax, que j'ai toujours beaucoup utilisé, notamment la nuit, était progressivement devenu notre seul axe de discussion. D'abord parce que Messier était suroccupé, constamment par monts et par vaux, principalement aux Etats-Unis où il alla carrément s'installer à l'été 2001 – il m'avait encouragé à en faire de même, à Los Angeles, pour être au plus près des studios, mais j'ai préféré m'en tenir aux allers-retours transatlantiques : quoique éreintants, ils me permettaient de rester au contact avec Canal. Ensuite et surtout, parce que nous sommes entrés assez rapidement dans une phase d'incompréhension mutuelle, cristallisée autour de la « charte Canal ».

Une charte qui garantisse l'indépendance éditoriale de Canal dans le futur ensemble Vivendi Universal : d'emblée, nous l'avions posée comme condition préalable à la fusion. Messier, choqué par cette exigence qui faisait planer un doute sur ses intentions, m'avait en retour demandé que tous les salariés de Canal signent, individuellement, la « charte d'éthique » de Vivendi. Ben voyons... J'avais refusé en claquant la porte, encore, lui faisant remarquer que Canal ne présentait en aucun cas le passif douteux de la Générale des Eaux, pots-de-vin et compagnie. S'était ensuivie une conversation téléphonique surréaliste avec un Messier quasi en larmes, qui me rappelait comment « les salauds » de la CGE avaient essayé de le faire tomber, faisant perquisitionner un samedi matin, en présence de sa femme d'alors Antoinette et de leurs enfants. OK, son émotion était recevable, j'ai compati... La charte Canal, renforcée par un CSA aux aguets, est néanmoins passée, qui prévoyait entre autres la non-cession du fichier des abonnés à Vivendi Universal.

Cette convention particulière contrariait Messier car elle allait à l'encontre de sa fameuse volonté de « synergie », ce mantra un temps dans toutes les bouches et qui semble avoir fait les frais de sa disgrâce. La charte maintenait certains ponts coupés quand lui n'avait de cesse de créer des passerelles au sein de Vivendi. Et elle énervait chez Vivendi où Canal apparaissait comme un satellite incontrôlable, capricieux, voire un camp retranché

– « mais de quel droit ? ». J'avoue que ça réjouissait notre côté sales gosses, ni dieu ni maître.

Mais en interne les choses étaient compliquées, et les processus jusque-là fluides, nerveux, soudain ralentis, parasités, lestés par la méfiance mutuelle, les décisions contradictoires, la méconnaissance aussi. Des Martiens qui parlent d'une planète inconnue, et des technos ignorants du contenu, voilà comment se jugeaient les uns et les autres alors que les deux entités étaient désormais intimement liées. Ambiance. J'ai tout de même voulu croire que cette alliance dans la distance pourrait fonctionner, sur la base des intérêts respectifs qui feraient *in fine* masse.

Le dialogue s'est aussi rompu par désintérêt, de la part de Messier. Banquier d'affaires de formation mais aussi de sensibilité, motivé par le « coup » plus que la construction, copulateur plus que créateur en somme, vite lassé par la vraie vie des entreprises, J2M, le deal (la fusion) conclu, est aussitôt parti dans autre chose. Et peu importe que des proches comme Guillaume Hannezo, son directeur financier pourtant porté à l'optimisme plus qu'à la prudence, l'aient alerté sur l'hallali imminent : lui a continué son show à l'américaine, auquel il ne m'associait plus depuis quelque temps. Canal l'encombrait à présent, à commencer par moi.

Et puis, c'est une chose qu'il ne reconnaîtra jamais mais dont je suis persuadé : je suscitais chez lui des crispations égotistes, des jalousies du niveau cour de récréation, voire bac à sable. Il l'a admis implicitement, à une ou deux reprises. Par exemple, quand le *Wall Street Journal*, fin juin 2000, me propulse un brin hâtivement « méga mogul du cinéma », sous-titrant, « le patron de

Canal+ pourrait prendre les rênes du Seagram de Vivendi », ou quand *Business Week International* me met en couverture. C'est bien joli, toute cette exposition, me dit Messier en substance et sur le mode affable, mais désormais, c'est l'étendard Vivendi qui doit être mis en avant, y compris en matière de cinéma. Et si un visage doit apparaître, c'est le sien. En septembre 2000, trois mois avant la fusion, la rumeur de mon éviction avait si sérieusement circulé qu'Eric Licoys, directeur général de Vivendi et bras droit de Messier, s'était annoncé comme mon probable intérimaire.

Je ne volais pourtant rien à Messier. Je tâchais simplement (et ouvertement) de préserver l'indépendance de Canal et d'œuvrer à son expansion. Mais l'enjeu, et mon inappétence pour les guerres d'ego, ont musclé l'irritation teintée de pitié que suscitait chez moi ce besoin de jouer la partie en solo, de se présenter en maître du monde. Il était fanfaron, pathétique, j'espérais que ça lui passerait. J'ai fait le dos rond.

La fusion entérinée, Messier a sorti les griffes. Il a à notre égard pris de moins en moins de pincettes, lui qui passait son temps à nous lustrer le poil, à marteler son « respect pour la création ». Convaincu d'être en train d'établir un destin hors normes, il a estimé que rien ne devait arrêter sa course, sachant qu'il était entouré de gens qui ne supportaient pas que Canal se comporte comme une île sur laquelle ceux-de-Vivendi ont à peine le droit de poser le pied pour une projection.

A partir de la fusion, Messier s'est vu et comporté en maître du monde y compris face au milieu américain des médias auquel il ne connaissait pourtant pas grand-chose et auprès duquel je lui avais jusque-là servi de

« go-between ». Voir comment il a fait affaire avec Barry Diller, alias « Barry killer » (Barry tueur), comme l'a surnommé la presse américaine.

Diller est ce magnat qui a commencé comme stagiaire chez William Morris, la fameuse agence artistique américaine, avant de devenir, à 23 ans, le vice-président des programmes de la chaîne ABC qui lui devra notamment le « Movie of the Week » (le film de la semaine), une série de fictions de 90 minutes conçues et réalisées uniquement pour la télévision dont le succès fera de la petite ABC la rivale de CBS et NBC. Diller excelle en matière de contenus donc, mais aussi de pouvoir. Il a avalé les échelons, patron de la Paramount à 32 ans, de la Fox à 42. La prise de risques est aussi son rayon : il s'est ensuite lancé avec succès dans le téléachat et le e-commerce, *via* USA Network.

Fin décembre 2001, Diller revend les activités de production et de diffusion télévisuelles de USA Network à Messier, prenant dans le même mouvement la tête d'une entité baptisée Vivendi Universal Entertainment. Le *killer* se montre prêt à dealer, mieux, à collaborer avec Messier. D'aucuns suggèrent l'ogre rassasié, en voie de rangement suite à son mariage-fusion avec la *socialite* et créatrice de mode Diane von Fürstenberg qui a fait fortune avec ses sexy et bien nommées robes-portefeuille.

Diller est pourtant notoirement redoutable, physique et façons de boxeur, plus porté au K-O qu'au rond de jambe. Fascinant, comme peuvent l'être les personnages inquiétants et corsaires. Un costaud, qui transpire l'énergie, la force, la confiance en soi, et la conscience de soi. Du genre à donner des sueurs froides à un establishment qui, en dehors des négociations-bras de fer, aime arborer une camaraderie de club de garçons.

Faiseur d'autres « tueurs », Diller a été, entre autres, le mentor de Mike Eisner (Disney), Dawn Steel (Columbia), Jeffrey Katzenberg (DreamWorks). Messier ne l'ignore pas et multiplie propos mielleux et courbettes. Sans que l'ours, mal léché, soit dupe. Diller s'en amuse même, comme l'attestent les occasions où les deux hommes apparaissent en public. Voir l'épisode du 17 décembre 2001 à l'hôtel Carlyle, à New York, où eut lieu la conférence de presse annonçant leur association.

Le jour est resté fameux car Messier y a commis sa retentissante boulette relative à l'exception culturelle française (« L'exception culturelle est morte »), avec branle-bas de combat hexagonal à la clé. Mais la chorégraphie qu'a alors accomplie Barry Diller valait aussi le détour. Diller qui va chercher en coulisses une chaise pour s'asseoir derrière Messier, alors que J2M s'est lancé dans un discours sans fin. Diller qui s'ennuie ostensiblement. Qui écoute d'une oreille, l'air ironique, l'air de se dire, « Je vais quand même pas attendre debout, vas-y kiki, jacasse ». Du coup, Messier ne sait plus où donner de la tête, se retourne sans cesse vers Diller, pour revenir ensuite à la salle, et vice versa. Quand Diller prendra la parole, Messier ne saura trop quoi faire, rester planté là ou s'asseoir… ça me rappellera un déjeuner avec les responsables de Yahoo, Terry Semel et Jerry Yang, avec lesquels on envisageait alors de s'associer. Messier s'était une fois de plus lancé dans un laïus, avant de passer le témoin à Diller. Et là, Diller, son regard bleu acier fixé sur Messier, balance : « J'étais en train de me dire que ça faisait plus de vingt ans que j'avais attendu vingt minutes pour prendre la parole. » Un ange est passé, dans un bruissement d'ailes assourdissant.

Au fameux séminaire de Deauville, tous les participants noteront que Diller dit « You have a great leader » (vous avez un grand patron) et non « we have » – nous avons un grand patron… Barry se rit de Jean-Marie, à mots à peine couverts.

Malgré tout, gonflé à l'hélium de sa suffisance, Messier s'est cru, s'est voulu de taille. Il a voulu croire que Diller accepterait de jouer les seconds, de rouler pour le petit *frenchy*. Un an plus tard, Diller démissionnera de son poste à la tête de Vivendi Universal Entertainment, et l'année suivante, sa société USA Interactive engagera une action en justice contre VU pour lui faire payer 570 millions d'euros…

Ces temps-ci, Messier, qui a été un temps présenté comme dangereux, parieur sans limites emblématique d'une folle course à l'échalote, se refait une santé dans l'establishment français comme à l'international. De nouveau *bankable*, l'ex-messie Messier. Et il fait de nouveau ami-ami avec Diller, qui l'a soutenu dans le lancement de Messier Partners LLC, société de conseil spécialisée dans les fusions et les acquisitions…

Que les gens puissent avoir trois vies ou plus ne me dérange pas. D'autant que le système français n'est pas du genre à accorder facilement une deuxième chance. Ce come-back confirme en outre ce que j'ai toujours dit : avant que son ego ne fasse tout exploser, 99 % de ceux qui l'avaient rencontré se pâmaient devant Messier. Messier le banquier était brillant. Sans doute demeure-t-il plus intelligent et rapide que la plupart de ses coreligionnaires.

Mais qu'on n'essaie pas de nous faire croire qu'il n'y a pas eu des maladresses, et des mensonges. Et quiconque observe avec attention s'en rendra compte : ses tempes ont blanchi mais Messier n'a pas changé. Qui change d'ailleurs ?

Donc, ce 16 avril 2002, j'apprends que je suis viré de Canal. Ensuite ? Aussi incroyable que ça puisse sembler, je ne me rappelle pas grand-chose. Pas précisément en tout cas. C'est une constante : je fuis le regret comme la peste, et le présent ou l'avenir m'intéressera toujours plus que le passé. Qu'en l'espèce, ce soit aussi une façon de me protéger, est une hypothèse solide.

Ce dont je me souviens : la manifestation, quelques jours plus tard, devant le siège de Vivendi, avenue de Friedland.

Un conseil de surveillance de Canal doit entériner la décision de Messier. A mon arrivée, à 14 h 45, je découvre une foule composée de salariés de Canal, mais aussi d'abonnés, de quidams. Combien sont-ils ? 1 500, 2 000 ? Je n'ai pas les chiffres de la police, mais les photos de l'événement feront la une du *Hollywood Reporter* et de *Variety*.

« Lescure président. » « Messier t'es foutu, Canal est dans la rue. » Les slogans fusent, on me tape sur l'épaule, on m'encourage. Tendu comme une arbalète, j'avance avec difficulté, flanqué des représentants syndicaux de Canal. A l'entrée, les sbires hésitent à nous laisser passer, inquiets que la foule puisse suivre. Je les menace de « délit d'entrave », ils nous laissent finalement entrer. Vingt minutes plus tard, je ressors avec la confirmation de mon éviction.

Je ne retiens qu'une chose, cette phrase de mon ami Jorge Semprún, membre du conseil de surveillance, qui balance à un Messier dans ses petits souliers : « Vous me faites penser à Pétain. Depuis Pétain, je n'ai jamais vu de sanction prononcée pour une faute rétroactive. » Car Messier justifie officiellement mon licenciement par la perturbation de l'antenne de Canal, perturbation que j'aurais encouragée sinon téléguidée.

Je me souviens qu'ensuite Laurent Chalumeau (mon ami, écrivain, auteur pour Antoine de Caunes du temps de « Nulle Part Ailleurs ») m'a raccompagné à ma voiture. Et que j'ai dit au chauffeur, « Je ne sais pas où je veux aller ».

Et puis, j'ai eu envie d'appeler Jean-Luc Lagardère, dont les bureaux étaient tout proches. Lagardère que je connaissais depuis mes tout débuts, à la radio, que j'aimais et admirais pour sa loyauté, son esprit d'entreprise et d'équipe, sa disponibilité. De fait, il m'a immédiatement répondu, « OK, venez ». On a passé une heure ensemble, j'ai repris mes esprits.

A un moment donné, il a reçu un coup de fil, à l'évidence de Messier qui devait lui violoner que tout se passait tranquillement. Lagardère a répondu, en me souriant, « Tout de même, je vois beaucoup de monde devant votre immeuble... ». Cela faisait des semaines que Lagardère me disait que Messier perdait les pédales, qu'il était entièrement tourné vers les Etats-Unis et en négligeait les intérêts français de Vivendi. Des propos d'autant plus forts que Lagardère a toujours su gré à Messier d'avoir, quand il était chez Lazard, sauvé Matra-Hachette alors plombé par la faillite de La Cinq. Mais le pire est encore à venir, une semaine plus tard, avec l'assemblée générale des actionnaires de Vivendi Universal au sein de laquelle on doit voter mon licenciement à main levée.

Ce 24 avril 2002, le Zénith de Paris fait momentanément abstraction du choc Le Pen au deuxième tour de la présidentielle. 5 000 (petits pour la plupart et d'autant plus vociférants) actionnaires de VU emplissent l'arène du spectacle. Une grande tente attenante abrite le conseil « mondial » de VU.

La veille au soir, j'ai reçu chez moi un coup de fil de Marc Viénot, « figure du capitalisme français », comme disent les news magazines à longueur de portraits. Ancien président de la Société Générale, il est alors le n° 2 du conseil de VU. Viénot venait tester l'idée d'éviter un vote public façon jeux du cirque pour mon exclusion du lendemain. J'ai décliné, expliquant ne pas vouloir faciliter quoi que ce soit vu la façon dont j'étais traité. Il a alors raccroché sur un : « Vous m'excusez, je suis en train de cuisiner un soufflé, et ça n'attend pas. »

Le lendemain, donc, c'est grande foule au Zénith. De la sécurité partout et des centaines de salariés en tee-shirts « Messier, super menteur ». Au conseil qui précède l'AG, mon avocat a demandé la présence d'un huissier quand on en viendrait à mon cas. Problème : l'huissier exige que cette partie des discussions se fasse en français, pour que la scripte puisse suivre. J'ai alors vu dans le regard de la plupart des administrateurs français, à l'anglais rudimentaire, qu'ils prenaient à ce moment précis conscience que, depuis deux ans, ils suivaient des débats financiers de haut vol avec des écouteurs sur les oreilles, et une traduction laborieuse des chiffres…

On vote que mon exclusion va être soumise à la foule. Le Zénith voisin sourd de rumeurs d'impatience. « Il faut décider du dividende, ils attendent », dit Messier. Bernard Arnault, le seul administrateur à s'être inquiété de la trésorerie au fil des mois passés, fait remarquer que VU n'a pas de quoi régler de dividende. « On va vendre des actifs », affirme Messier. Les autres baissent la tête. Ce n'est qu'un tour de passe-passe. Arnault décidera peu après de démissionner.

Messier demande alors de pouvoir affirmer à l'AG que son conseil le soutient à l'unanimité. La majorité est contre un tel affichage. Mais un peu plus tard, devant la foule du Zénith, Messier demandera à Viénot le Jocrisse de prendre la parole, et ce dernier affirmera sans ciller l'unanimité militante du conseil derrière l'immense leader.

Je suis au premier rang. Des groupes manipulés par les gens de Messier conspuent les saltimbanques. Seul Henri Proglio, patron de Vivendi Environnement futur Veolia, vient me saluer, amical. Il partage mon jugement sur J2M.

Le vote de mon exclusion se fait à l'aide de boîtiers électroniques. 56 % de voix pour, le reste contre. Stupeur. Cette majorité est beaucoup plus faible qu'attendue. Blême, Messier invoque des manipulations électroniques (par mes « sbires », évidemment) et promet de porter plainte. Sans suite…

Je préfère évidemment retenir les mots dispersés par l'équipe de Canal dans les locaux, ces « Pierre, tu vas nous manquer », « Pierre for ever », un mur rebaptisé « Avenue Pierre Lescure », mon bureau rempli jusqu'à la gueule de ballons de baudruche, Anna au milieu... Bruno Gaccio m'a fait cadeau d'un album de photos de ce moment-là, avec cette dédicace en première page : « Je ne sais pas ce que tu penseras de ça dans vingt ans. Nous, on y pensera, et on y pensera longtemps. » Je n'en suis pas encore au stade de le feuilleter en toute décontraction, mais il ne me brûle plus les doigts.

Longtemps, une phrase d'André Rousselet m'a trotté dans la tête : « Faites attention, Pierre, quand vous devenez patron, ça devient toute votre vie, on y pense tout le temps même quand on n'a pas la solution. » Pendant et après, j'ai réalisé.

Pour le reste, je ne sais vraiment plus, et je n'ai pas envie de forer pour savoir. Quand et comment j'ai déménagé mon bureau, tout ça. Seules évidence et certitude, ces semaines-là ont été très compliquées. Et j'ai beaucoup dormi, car ainsi va mon métabolisme : quand je vais très mal, je m'allonge et je dors. Sachant que je suis la version quasi ultime de l'anti-suicidaire – non par conviction religieuse, je suis totalement athée, mais par incapacité pure et simple d'envisager d'en finir. Par ailleurs, j'avais conscience de ne pas être des plus mal lotis : j'avais ma fille, ma femme, mes amis, ma bimbeloterie. Et la musique.

Alors, non, je ne dirais pas que j'ai traversé une dépression. Sonné, en revanche, oui, je l'ai été, et violemment. Viré à 57 ans, âge où on cherche plutôt à consolider. Viré de la boîte que j'avais contribué à créer, avec laquelle je m'étais confondu pendant près de vingt ans. Viré de ma famille d'élection, de ma propre maison. Viré de mon boulot pour la première fois de ma vie, quand jusque-là, les opportunités m'avaient fait progresser et rebondir avec une fluidité idéale, en une sorte de partie de flipper ininterrompue et à chaque fois gagnante. *Game over*. Exit, Lescure. Comment allais-je me relever ? Pour la première fois, je me retrouvais sans plan B ou C, à l'arrêt, en plan, planté.

Pendant un temps, celui de la négociation de mes conditions de départ, on m'a alloué un bureau à Canal, dont je restais salarié. Un cagibi, avec une photocopieuse… Sur conseil de mon avocat, j'en ai fait des photos. Et autant dire que j'y ai rarement mis les pieds. Ils y tenaient à peine : 9 m^2.

Je suis parti avec un chèque de 2,9 millions d'euros. Somme considérable qui a fait grincer des dents ici et là sur le mode, « Lescure n'est pas à plaindre ». Très juste. Je n'ai d'ailleurs jamais escompté ni souhaité de commisération. Mais je répéterai ici ce que j'ai dit alors : ces 2,9 millions d'euros correspondaient à mes indemnités légales, à savoir mon salaire mensuel multiplié par mes années de présence (dix-huit). Et je ferai remarquer que ces indemnités sont largement inférieures (au bas mot de 1 à 3 millions) à celles perçues par mes collègues ou concurrents dans des circonstances similaires. Après, que ces 2,9 millions (ponctionnés fiscalement à 50 %) aient tout juste couvert mes impôts et arriérés, est un problème qui ne regarde que moi, panier notoirement percé…

Un épisode est venu alléger ces tout premiers mois post-éviction : la célébration de mon anniversaire, le

2 juillet, chez Danièle Thompson et Albert Koski, à Ramatuelle. L'idée est de Danièle, qui souhaitait alors me changer les idées, et l'occasion s'est muée en rituel en même temps qu'elle donnait naissance à une petite bande. Depuis 2002, chaque année, nous nous retrouvons ainsi, Jorge Semprún, Bernard Murat (directeur du théâtre Edouard VII), sa femme Zana, Denis Olivennes, ma femme Frédérique, Anna et moi, chez Danièle et Albert.

La toute première fois fut donc le 2 juillet 2002. J'y ai reçu, à 17 heures, un coup de fil de Philippe Labro – « Pierre, joyeux anniversaire, Messier vient d'être viré ! »

L'acmé a été atteint avec la mise en examen pour « faux et usage de faux » dont j'ai fait l'objet en juin 2008 suite au dépôt d'une plainte par la direction de Canal+. On m'a accusé d'avoir produit des avenants antidatés aux contrats de travail de quatre cadres, pour leur permettre de toucher des primes de départ. Je me suis même retrouvé en garde à vue au « Château des rentiers » – la brigade financière. Quelque trois heures, en compagnie d'un chef d'entreprise du Loiret entre autres, que le fait qu'on ne m'ait pas retiré lacets et ceinture laissait perplexe : « Si vous êtes avec moi, c'est que vous êtes en garde à vue, mais si vous pouvez garder vos lacets et votre ceinture, c'est que vous n'êtes pas en garde à vue... C'est suspect ! » Me rappeler ces instants-là me replonge dans une colère immense, un sentiment d'humiliation qui ne passera jamais. J'étais et je reste hors de moi, scandalisé, d'ailleurs je n'ai très vite plus rien répondu aux inspecteurs qui me faisaient miroiter cinq ans de prison pour abus de bien social. A un moment donné, il a été question d'un virement qui avait été opéré le 2 juillet sur un compte off-shore… « Le 2 juillet », répétait le préposé l'air entendu. Le 2 juillet, date de mon anniversaire. Là, j'ai dit, « Vous me prenez vraiment pour un con, vous pensez vraiment que j'aurais pu fomenter une rétrocommission sur des bonus perçus, à verser le 2 juillet… » Quand je suis ressorti, j'ai appris qu'à Canal, la direction avait immédiatement informé le comité d'entreprise et les délégués du personnel que j'étais en garde à vue pour abus de bien social. Il n'y a pas de petit profit. Depuis, plusieurs non-lieux se sont succédé. Trois en tout. Bertrand Méheut s'est pourvu en cassation. Dernier acte d'ici juin.

Ma position n'a jamais varié : j'ai assumé, revendiqué même, d'avoir signé des parachutes dorés. Il en allait du bien-être de Canal+, de la nécessité : il s'agissait de garder dans l'entreprise les meilleurs, qui sont d'ailleurs restés après mon départ. Oui, l'argent peut permettre de retenir les gens, s'en offusquer reviendrait à se cacher derrière son petit doigt. Quand de réelles compétences sont en jeu, je n'y vois pas d'inconvénient.

En revanche, non, je n'ai pas antidaté par de machiavéliques manœuvres informatiques que les experts se sont échinés à mettre au jour, si maladroitement que le juge en a conclu à un non-lieu – mais le parquet a fait appel. Sachant que, personne ne le conteste, mon propre intérêt n'est pas en cause, vu que je suis parti avec mes indemnités légales et pas une once de plus.

Au final, j'ai cette conviction : bien gérer est vital mais on ne peut gérer que ce qui a été créé. Et on ne peut créer du divertissement qu'avec le sourire, et du désir.

Dès les débuts de Canal, j'ai martelé le principe suivant : nous devons être enthousiastes, heureux d'être là.

Parce que si on se fait la gueule alors qu'on vend du plaisir et du divertissement, un jour ou l'autre, ça va finir par se voir à l'antenne... Donc : on se mobilise, on fait au mieux, on donne aux gens des raisons d'être heureux de travailler dans cette boîte (par la liberté et, oui, des avantages matériels). Et on se marre.

Ce parti pris pouvait irriter André Rousselet. Je me souviens de comités de direction où d'aucuns sortaient une ânerie. « Président », comme il aimait se faire appeler (je resterais pour ma part toujours « Pierre »), se penchait alors vers moi : « Et ça ne vous inquiète pas ? » Mais non, c'est même sain, nécessaire. Moi l'hypocondriaque avoué, assumé, pharmacie ambulante, j'ai toujours eu la conviction que l'incapacité à rire des difficultés faisait le lit de cellules malignes.

Au-delà de ces dommages collatéraux, de ces déceptions, mon éviction de Canal par Jean-Marie Messier a remis en cause un schéma qui me convenait parfaitement et que je croyais viable à long terme et même insubmersible. Un mode de fonctionnement axé sur le plaisir, l'intuition, l'impulsion. Agir en toute liberté, à ma guise, au gré de mes goûts et de mes affinités, et sans me soucier du lendemain : je m'étais habitué à ce luxe, avec succès. Au point d'en avoir souvent conclu à une chance de cocu.

II

Morceaux Choisy

Lescure ? Canal. Pour le grand public, je suis avant tout cela. Un homme de télévision, le cofondateur puis le patron de la première chaîne française à péage, qui a bouleversé le PAF qui prévalait jusqu'alors. La chaîne qui a apporté, entre autres, les Nuls-le foot-le film porno. L'expérience est, c'est vrai, fondatrice et capitale dans ma trajectoire.

Pour autant, je me définirais avant tout comme journaliste. La profession que j'ai exercée pendant trente ans, et qui reste fondamentalement ma disposition.

Etre au courant de ce qui se passe, savoir, voir, observer, lire, écouter, questionner, rencontrer ceux qui font ou qui savent, et transmettre l'information : ce besoin, ce plaisir, ne se sont jamais démentis. Tant mieux, d'ailleurs, car alors résonnerait le tocsin. J'ai récemment recroisé un ancien collègue de ma période radio dont je tairai évidemment le nom, il avait pris un sacré coup de vieux. Plus exactement : lui que j'ai connu vif, sur la brèche, aux aguets, avait l'air las, indifférent, éteint. Eteint, c'est ce qui m'a frappé. Comme s'il avait baissé le rideau. Eteint : ce que je redoute le plus.

Le journalisme, on pourrait croire que je suis tombé dedans tout petit. Mon père, François Lescure, fils de Pierre de Lescure qui avait cofondé avec Vercors les Editions de Minuit puis les Lettres françaises, était journaliste et a fait toute sa carrière à *L'Humanité* et dans les journaux du PC. D'abord rédacteur en chef du quotidien, puis de *L'Humanité-Dimanche*, puis de *France nouvelle*. Mais mes parents ont divorcé très tôt et je l'ai très peu côtoyé enfant. Il était surtout présent par des lettres qu'il m'envoyait régulièrement, au gré de ses déplacements dans la galaxie communiste. Budapest, Moscou, République démocratique allemande… Des lettres interminables et d'une affection débordante, dans lesquelles il n'arrêtait pas de me recommander d'être sérieux et de faire plein de choses, où il disait qu'il savait que j'avais fait ci et ça et que c'était très bien, et qu'il fallait que je sois très attentif avec ma mère (qu'il avait quittée), que je veille à bien m'en m'occuper. C'est plus tard, à l'adolescence, qu'il s'est concrètement soucié de moi. Quand on a pu échanger. Avant, il se préoccupait du prolétariat, il n'avait pas le temps.

J'étais à l'époque élève au lycée Turgot dans le IIIe arrondissement de Paris, et on déjeunait régulièrement ensemble au Self Rex, qui faisait à l'étage cantine pour l'adjacente *Huma* alors localisée boulevard Bonne-Nouvelle, en face du Rex, le Radio City Music Hall de Paris. J'aimais ensuite passer du temps à la rédaction, regarder, observer.

Dès ma première visite à *L'Huma*, dans les années 50, dans les immeubles effeiliens de la rue Réaumur, gamin en culottes courtes, j'avais été impressionné, et je le restais. A l'époque, le PC faisait 25 % aux élections, le journal tirait à 600 000 exemplaires, l'ambiance sur place était fascinante, cinématographique. Journalistes penchés sur leurs machines à écrire, clope au bec, téléscripteurs qui crépitent, « belins » (photos envoyées à distance)... Une ruche à fabriquer de l'information, qui suintait à la fois l'idée et l'huile de coude, l'aventure et l'artisanat. De quoi épater le gosse que j'étais, de quoi donner en filigrane le goût de la presse. Je l'avais de fait déjà en partie, en tant que lecteur, grâce au journalisme sportif alors abondant en grandes signatures, en vrais auteurs, brillants dans le récit comme dans l'enquête, l'analyse, le point de vue.

Dans le genre, *Miroir Sprint* était une mine. Maurice Vidal (spécialiste du cyclisme, volontiers polémiste, qui venait du *Libération* d'Emmanuel d'Astier de la Vigerie), Abel Michéa (autre pointure du cyclisme, anquetiliste notoire), Robert Barran (rugby, qu'il disséquait en fameux ex-troisième ligne du Stade Toulousain), Roland Passevant (boxe), etc. Avec eux, la performance, victoire comme revers, prenait une ampleur homérique.

Comme beaucoup de gens de ma génération, je suis né au foot en 1958, à l'époque où Reims était le club phare et fournissait toutes ses vedettes à l'équipe de France, les Kopa, Fontaine, Piantoni. Et puis, en 1958, la France s'est qualifiée pour la Coupe du monde en Suède, un événement majeur car non parasité par le décalage horaire : on allait pouvoir suivre les matches en direct à la télévision, une première. Mes grands-parents attendront l'assassinat du président Kennedy pour acheter un poste, mais ils me donnent la permission de suivre l'événement chez Patrick Delannoy, un de mes camarades de l'école primaire. Il habite comme moi à Choisy-le-Roi, avec sa grand-mère et sa mère qui tient un magasin de spiritueux de l'autre côté de la place de la Gare, et il a tout du petit garçon modèle. Devant l'écran, j'assiste à une véritable métamorphose, le voilà qui s'agite, se tord, exulte.

La France a été éliminée en demi-finale, 5-2 face au Brésil au terme d'un match somptueux, puis elle a fini troisième. J'en frissonne encore.

Dans *Miroir Sprint*, qui était un journal de gauche, proche du PC (« progressiste », disait-on alors), aux antipodes de son concurrent *But & Club* (publication du *Parisien*), je suivais passionnément François Thébaud alias « le Uhlan ». Spécialiste du football, il avait une analyse totalement politique. Il avançait par exemple que le jeu à la rémoise, très collectif, à base de courtes passes, était communiste, alors que le jeu italien basé sur le cadenassage de la défense (*catenaccio*) était capitaliste, typiquement de droite – « ultralibéral », dirait-on de nos jours… Thébaud pouvait comme ça comparer deux matches en de longues, très longues analyses. C'était réjouissant et souvent parfaitement convaincant.

Mon père était PC pur sucre et il a toujours voulu croire que l'homme peut se bonifier, qu'il y a en lui matière à espoir. Un jour, des années plus tard, alors qu'on déjeunait à la cantine du Self Rex, un gros malabar apparaît. Mon père me dit, « Regarde cette vulgarité ». Il m'explique que le type vient d'être élu secrétaire de la fédération Seine-Sud, qu'il s'appelle Georges Marchais. Or, quelque temps après, Marchais est élu secrétaire national. J'appelle mon père : « Dis donc tu dois être catastrophé… » Mon père : « Non non, il a beaucoup travaillé, je t'assure. Et Fiterman l'a fait beaucoup lire. »

Mon père n'a jamais envisagé de quitter le PC, même dans les vagues de défections. Il considérait depuis le XXe congrès que c'était déjà exceptionnel, d'avoir reconnu des erreurs historiques... Il était convaincu que le PC pouvait se régénérer de l'intérieur. Du moins jusqu'au moment, à la fin de sa vie, où il a compris que ça ne suffirait pas.

Mon père était un idéaliste, un sentimental, un généreux qui suscitait incroyablement la sympathie. C'était palpable quand je passais à *L'Huma*, à la façon dont on s'adressait à lui, dont on sollicitait son avis. J'en ai eu la confirmation à sa mort, en avril 1992, à 72 ans, des suites d'une attaque cérébrale. Ses obsèques ont rassemblé des vieux compagnons mais aussi, moins attendu, une foule de jeunes. Encore aujourd'hui, il arrive que des gens proches de *L'Huma* ou du PC viennent me dire, « J'ai beaucoup aimé ton père, quand je suis entré à *L'Huma*, il s'est occupé de moi, il m'a longuement parlé et aidé ».

Un fait a sans aucun doute contribué à son aura : il avait été, le 11 novembre 1940, co-organisateur avec Pierre Lefranc de la toute première manifestation d'étudiants contre l'Occupant. Condamné à mort par contumace, il avait été arrêté en juin 1944 à la frontière espagnole mais avait réussi à s'échapper et était dans la foulée parti représenter la direction de la Jeunesse communiste en Algérie (où j'ai été conçu) avant de revenir en France en mai 1945.

Grand, très mince, pourvu d'un grand nez qu'il m'a légué, il avait aussi belle allure, façon intellectuel, à la Raymond Aron. L'époque n'était pas encore aux papas poules, il y avait pourtant chez lui quelque chose de très bienveillant, de très doux, voire de très tendre. Quand je présentais « Europe Soir », entre 1975 et 1980, il m'affirmait : « Tu sais, les copains – il ne disait pas "camarades" –, ils disent que ton journal est vachement bien. » Je lui répondais : « Papa, t'es gentil mais Europe, c'est le groupe Matra-Hachette, qui vit du commerce des armes et qui espère que Giscard soit réélu : je pense que mon journal est honnête, mais de là à ce que les copains le trouvent vachement bien… » Il persistait : « Si, si, je t'assure. »

C'est l'un des aspects de sa personnalité que j'ai toujours admiré : il restait toujours très urbain, tolérant, sans pour autant transiger avec ses convictions. Je n'ai jamais perçu chez lui de mépris, je ne l'ai jamais entendu lancer d'anathème.

Il était du genre à acheter trois exemplaires du magazine féminin *Cosmopolitan* quand ma compagne d'alors, Katherine Pancol, y publiait un « psychodrôle », ces questionnaires du type, « pourquoi ne rappelle-t-il pas ? ». Trois exemplaires : un pour lui, un pour ma mère pour qu'elle soit au courant des activités de sa potentielle belle-fille, et un pour moi car, me connaissant, j'avais pu passer à côté…

Il m'a écrit tout au long de sa vie, des lettres affectueuses, solidaires, admiratives, jamais patriarcales. Exemple, en date du 28 mai 1986 : « Mon vieux, merci de ton coup de fil de mardi. C'est chic à toi, mais je ne pouvais pas te parler aussi détendu que je l'aurais voulu, du fait de la présence de copains de *L'Huma* qui ne faisaient qu'un saut pour me voir [il souffrait constamment du dos, à en être parfois cloué au lit, conséquence d'un tabassage par les Allemands pendant l'Occupation].

J'espère qu'on pourra s'apercevoir un jour prochain. En principe, je reprends le mardi 8 ou le mercredi 9, mais je n'ose plus trop m'avancer maintenant et je dérouille encore dur ; mais je veux de toute façon reprendre vite – surtout en étant en forme et même si je vais devoir faire gaffe au début – du fait des changements divers qui se font actuellement au journal dans un certain nombre de postes responsables (...). Oublié de te dire au fil que j'avais beaucoup apprécié ton salut amical enregistré – qui n'en était pas un, le jour de ton départ en vacances. Mais j'aimerais bien que tu me donnes la référence du disque ("avec une belle pochette") dans lequel est jouée *La Lettre à Elvis* et d'autres morceaux de classique interprétés par The Temptations dont j'ai une ou deux cassettes. Je les ai vainement cherchés dans trois ou quatre boutiques d'ici : sans référence précise, ce n'est pas facile. (...) Sinon, à bientôt, Pierre. Précise-moi les jours où passeront tes émissions. Un amical salut à Katherine. Je t'embrasse. »

Un geste, une attention, suffisait à faire fondre mon père, qui n'aimait rien tant que le plaisir de l'autre, à la limite parfois de la sensiblerie. Je me reconnais là. De même que je sais que le regret qu'on formule parfois à mon propos, « Lescure, il est là à 101 %, et puis d'un coup il n'est plus là », lui aurait été applicable.

Je n'ai jamais demandé d'explication sur sa décision de quitter ma mère (et moi, par la même occasion), on ne m'en a pas donné non plus. J'ai grandi dans son culte.

Mes grands-parents maternels avaient une passion pour « François », ils l'admiraient, l'adoraient. C'était à la fois doux et dur à vivre pour ma mère qui était revenue vivre chez eux, avec moi. La séparation était une décision de mon père, or, non seulement ils ne lui en voulaient pas mais ils étaient personnellement traumatisés, comme si un fils s'éloignait. D'ailleurs, s'ils ont quitté la SFIO au moment de Guy Mollet, principalement en réaction à sa position sur l'Algérie (Mollet était favorable à la poursuite de la guerre, soutenait *mordicus* de Gaulle en 1958), c'est avant tout pour ne pas déplaire à mon père. Ils n'ont pas adhéré au PC pour autant mais étaient ce qu'on appelait à l'époque des « compagnons de route ».

Ma mère n'a jamais cessé de l'aimer, de cela aussi je suis persuadé, et ils sont toujours restés en bons termes. Dans une sorte de recomposition (ponctuelle) avant l'heure, dans les dix dernières années de sa vie, mon père invitait toujours ma mère quand il dînait avec moi et Katherine Pancol. Ma belle-mère Jeannette ne faisait aucun problème. Jeannette est même la personne qui a ensuite rendu le plus souvent visite à ma mère atteinte d'Alzheimer.

Mon père venait d'une famille de grands bourgeois défroqués et ruinés. Son propre père a vécu de sa plume, comme romancier et comme critique. C'est comme ça que je me suis lié à Jorge Semprún, qui s'est souvenu que mon grand-père avait signé la toute première critique française du *Grand Voyage*. A l'époque, Canal négociait avec *El País* et le gouvernement espagnol, en vue de Canal+ Espagne : Semprún était ministre de la Culture, et dès notre première rencontre, le magnifique m'a glissé, « Toi, ça faisait un moment que je voulais te rencontrer ».

Mon grand-père se faisait appeler Pierre de Lescure par vanité, parce qu'à l'époque la particule faisait classieux, mais elle était indue : un lointain ancêtre par alliance l'avait fait supprimer, pour preuve de son républicanisme.

Fils de grands bourgeois désargentés, Pierre de Lescure était le prototype de l'intellectuel germanopratin, il a vécu sa vie entière dans le VIe arrondissement de Paris. Je revois une sorte de dandy, élancé, élégant, qui affectionnait les trenchs couleur mastic, ce détail m'est resté alors que je l'ai très peu côtoyé. Il faut dire que lui aussi s'était assez vite séparé de sa femme, Marthe dite « Mitou », et s'il s'entendait bien avec mon père, l'un comme l'autre était si passionné par sa propre vie qu'ils se croisaient plus qu'autre chose. Décidément, nécessité ou volonté (d'échapper à une éventuelle et terrorisante vacuité ?) : les hommes Lescure ont toujours été happés par leur activité.

Noble tout aussi désargentée, Mitou est restée une sorte de sainte toute sa vie, qui militait au Secours catholique mais aussi au Secours populaire, qui hébergeait toute la famille dans son appartement de loyer 48… Comme elle avait gardé des relations d'estime du temps où ses parents n'étaient pas encore ruinés, elle réussissait par cet entregent à rester dans les lieux.

« Mitou » : une femme très maigre au visage d'aigle mais au regard d'une totale bonté. Volonté de fer et énergie inépuisable, elle invitait tout le monde à manger alors que cuisinière en tout point catastrophique.

Chez elle, 15 rue Duguay-Trouin, toujours dans le VIe arrondissement de Paris, l'ambiance était foutraque, sympathique en diable. Se croisaient là ma grand-mère, ses deux filles, l'ex-mari d'une de ses filles, leurs enfants, un étudiant… Une espèce de communauté avant la lettre, au milieu des bouquins. Un phalanstère à géométrie variable mais qui restait vertébré, avec de la tenue, un port. Et tous ces gens étaient militants de quelque chose, à gauche.

Je me souviens que Mitou, parce que j'avais un jour montré de l'intérêt pour les timbres, m'offrait des « enveloppes premier jour », ces enveloppes frappées de timbres oblitérés par le « cachet premier jour » (de mise en circulation) : très belles, elles étaient illustrées sur la gauche de dessins en rapport avec le thème du timbre. Mitou était attentive à tout, et à tous. Un goût des autres, de l'altérité qu'elle avait clairement transmis à son fils, mon père. Quoique dans une version moins patiente et moins généreuse, j'ai l'impression d'en avoir aussi hérité. Et d'avoir constamment essayé de retrouver l'harmonie qui régnait là-bas, rue Duguay-Trouin, ce côté famille élargie, ouverte aux quatre vents, mais soudée par un tronc commun, des valeurs et aspirations partagées.

Mon père s'est marié cinq fois, a eu deux fils après moi. Roland est aujourd'hui le n° 2 de la Caisse des dépôts du Québec, il y est installé pour quelque temps avec sa jolie Suzy irlandaise et leurs trois enfants. Il a fait l'X, a travaillé à l'INSEE, à la prévision à Bercy et dans plusieurs groupes bancaires de haut vol. Et il est normal, et séduisant. Lui qui partait régulièrement en colonie de vacances en RDA… Jean-François est un cas plus compliqué, un garçon avec lequel j'ai peu échangé.

Leur mère, ma belle-mère, Jeannette Lescure, est une femme remarquable, au caractère pour le moins trempé et très engagée. Cadre à la RATP, elle était syndiquée CGT pure et dure. Il passait quelquefois dans son regard l'idée que son mari faisait le social-traître… Elle s'est d'ailleurs colleté Christian Blanc (alors patron de la

RATP, avant de passer à Air France puis Merrill Lynch) qui m'en a touché un mot, un jour, à l'occasion d'un conseil d'administration de Thomson : « Vous n'auriez pas un lien de parenté avec Jeannette Lescure ? – Oui, c'est ma belle-mère… – Jamais personne n'a autant perturbé mon boulot. » Voilà qui a dû coûter au contribuable quelques milliers de francs de l'époque en cigares, pour calmer les nerfs du « grand » homme.

Fille de petits agriculteurs bretons victimes du remembrement, Jeannette était venue à Paris suivre les cours Pigier, puis elle est entrée à la RATP et elle a gravi les échelons, par des concours internes notamment. Elle a entre autres remporté, haut la main, celui qui aboutissait à prendre en charge la gestion de Paris-surface, soit la gestion informatisée et technique de la circulation des bus à Paris – l'énoncé suffit à mesurer l'ampleur de la tâche. Donc : elle a mis en place le service tel qu'elle l'avait imaginé, et au bout de quatre mois, elle a repris sa délégation CGT, est repartie guerroyer ! Jeannette fait partie des gens qui m'impressionnent, qui ne dérogent pas sans pour autant virer psychorigides.

Je ne me suis jamais interrogé sur le fait que mon père soit parti juste après ma naissance, jamais, et il est trop tard – sans regret – pour revenir aujourd'hui sur la question. C'est un trait de caractère qui peut passer pour un manque de profondeur ou une forme de déni, mais je ne cherche jamais à disséquer, à analyser les choses quand elles sont inéluctables. Et il en va de la séparation de mes parents comme des avions : détestant être en retard, je peux être obsessionnel sur les préparatifs, l'heure du départ, mais si ensuite, malgré tout, je rate l'avion, je m'en moque… C'est fichu ? Soit. Résultat, face à l'imprévu, notamment à la difficulté, je suis toujours d'une humeur de rose, ça en surprend certains.

Refuser de ressasser n'empêche pas la fidélité ni le travail de mémoire. Depuis trente ans, je pense chaque jour ou presque à Jean-Michel Desjeunes, mon grand copain, mon complice, mon protecteur. Desjeunes qui s'est suicidé en se jetant du haut de son immeuble, en 1979. Mais son souvenir ne me tourmente pas et je ne suis jamais allé sur sa tombe. De même que je ne me suis jamais rendu sur celle de mes grands-parents maternels, à Choisy – Maman ayant opté, comme Papa, pour l'incinération, la question à leur propos ne se pose pas. Je sais de toute façon combien ces êtres me manquent.

J'estime avoir été chanceux d'emblée. Un enfant heureux, grandi en banlieue parisienne à l'époque tranquille, choyé sans excès par une famille ouverte, progressiste plutôt que normative. Il suffit de voir les photos de l'époque. Raie sur le côté, joues bien rebondies, je ne suis que sourires. J'ai l'air content, réjoui plus exactement, le regard brille comme un sou neuf.

M'arrangerais-je de l'histoire ? Mes parents se sont séparés très tôt, j'avais 6 mois, je ne me souviens pas avoir vécu avec eux réunis. La chose était plutôt rare à l'époque. Mais je n'estime pas en avoir souffert, et qu'on ne parle pas de la sempiternelle « résilience », je ne suis pas versé divan. J'ai bien vu un psy, après mon éviction à Canal, l'expérience a tourné court, deux séances : au prétexte du professionnalisme, de la distance à maintenir entre allongeur et allongé, l'intéressé a refusé le disque que je lui offrais après l'avoir évoqué lors de la première séance (un album du beau bizarre Christophe). Sans doute ne s'imaginait-il pas que chez moi, ça vaudrait fin de non-recevoir rédhibitoire.

Né à Paris, j'ai grandi à Choisy-le-Roi, chez mes grands-parents maternels. Ma mère s'y était installée avec moi à la séparation avec mon père. J'ai vécu là jusqu'à 22 ans, jusqu'à la mort de mes grands-parents.

Mes grands-parents sont locataires, dans le quartier de la gare, d'un grand appartement au sixième et dernier étage d'un immeuble en brique, sans vis-à-vis, d'où une belle vue sur la Seine et une grande impression de respiration. Dans ces 150 m^2 à pièces en enfilade, confortables mais sans chic outrancier, on vit à quatre, puis à six : mes grands-parents, ma mère, moi, auxquels viennent s'ajouter deux de mes cousins, les fils de mon oncle, quand à son tour il divorce.

Si mon père et ma mère n'incarnent pas le couple qui avance main dans la main, mes grands-parents compensent ce déficit. Auguste et Raymonde Baudoin. Lui cadre dans les chemins de fer, qui a commencé chef de gare à Château-du-Loir et a gravi les échelons jusqu'à intégrer les services administratifs de la SNCF à Paris. Elle, institutrice comme ses quatre sœurs, a fini directrice d'un groupe scolaire à Maisons-Alfort. Tous deux sont originaires de la Sarthe, où l'on part en vacances.

Plutôt petits, ils ne sont pas dénués de prestance, elle surtout, mince et vive, toujours tirée à quatre épingles, du chignon aux chaussures, col fermé par un camélia, tailleurs cintrés. Penchée sur son bureau ou en goguette, comme sur cette photo qui la montre marchant en gants blancs avec une amie dans Paris, boulevard de l'Opéra, elle ne renonce jamais à sa coquetterie, comme un principe de vie. Elle est drôle aussi, enjouée, avide de spectacles autant que de shopping, qui était l'occasion de virées parisiennes avec ses quatre sœurs.

Lui, bonhomme à pipe et béret, est plus réservé, et il laisse volontiers parler cette femme dont il est raide dingue. Il l'a toujours regardée avec admiration, comme étonné à vie d'avoir pu lui plaire. Homme sobre, généreux, spontanément égalitariste, mon grand-père prépare le petit déjeuner, cire les chaussures de la maisonnée, imagine des soupes dont le souvenir épate encore l'incapable de se faire cuire un œuf que je suis. Son bonheur vient du bonheur de sa femme, de leurs enfants, et de leurs petits-enfants. Quand ma grand-mère mourra, d'un cancer du sang, il lui survivra à peine six mois alors qu'il était jusque-là en parfaite santé.

Actualité politique et sociale, nationale comme internationale, mais aussi événements culturels, le nouveau récital de Mouloudji, la nouvelle pièce du TNP... Chez eux, les débats vont bon train, dont j'ai gardé le goût. Au moins deux fois par semaine, les uns ou les autres sont absents, partis soit au cinéma, soit au théâtre. C'est absolument naturel, c'est leur quotidien. En 1957, pour le réveillon de Noël, ma mère m'emmène à l'Athénée, où se joue *La Mégère apprivoisée*, dans une mise en scène de Georges Vitaly, avec Suzanne Flon, Pierre Brasseur. A l'entracte, un grand gaillard efflanqué passe dans les rangées avec le petit sabot de La Roue tourne, l'association chargée d'aider les anciens artistes tombés dans le besoin qu'avait créée l'acteur Paul Azaïs : moulé dans un collant orange, le quêteur a une gueule incroyable et il escalade le balcon avec une agilité stupéfiante. Il arrive jusqu'à nous, je suis émerveillé, c'est Scaramouche. Quelques années plus tard, je réaliserai qu'il s'agissait de Belmondo, alors au Conservatoire.

Mes grands-parents ont deux enfants. Ma mère, donc, qui est l'aînée, et Jean. Mon oncle Jean, l'une de mes grandes influences.

Jean, tout le monde l'adore. Il allie curiosité, fantaisie, esprit d'aventure, sens de la fête et de la communication, le tout porté par la conviction que la vie est un truc trop merveilleux pour qu'on en gâche une bouchée. Jean le jouisseur.

Il a fait à la fois des études littéraires et de géomètre. Comme géomètre, assez vite, il a intégré la filière publique : la plus grande partie de sa carrière s'est accomplie à la ville de Champigny-sur-Marne. L'époque est à l'explosion démographique et, notamment dans les municipalités communistes comme l'est toujours Champigny, les investissements sociaux se multipliaient, logements, écoles, salles des fêtes, équipements sportifs, culturels… Cette dimension est importante, capitale même pour Jean, qui est résolument de gauche, dans le sillage de ses parents militants SFIO. Avant de découvrir qu'il est géomètre, je le vois ronéotypant à la maison *Les Mains ouvertes*, la revue de poésie qu'il a fondée avec ses copains. Mais la ronéo sert aussi à reproduire les tracts du PC, type « Libérez Henri Martin », ce militant communiste, ex-maquisard, que les autorités militaires françaises tentent de faire condamner pour sabotage parce qu'il conteste l'action en Indochine.

Jean est engagé, communiste comme ma mère et mon père dont il admire l'action dans la Résistance, mais au moment du soulèvement de Poznan, en 1956, il n'hésite pas, claquant (ma mère en fait autant) la porte du parti. Il reste tout de même sympathisant. Trois ans plus tôt, le 5 mars 1953, jour de la mort de Staline, lui qui a un excellent coup de crayon, avait exécuté au fusain un portrait du Petit père des peuples, l'avait encadré et fait flotter au-dessus de l'appartement de mes grands-parents, à l'aide de deux ballons. Visible de tous... A l'époque, certains croyaient vraiment que les Russes pouvaient débarquer, le couteau entre les dents. Le lendemain, à l'école, j'ai eu droit à un « Eh, il paraît que c'est venu de chez toi, le portrait du tyran ». On était de toute façon déjà fichés « cocos », vu que mon oncle et ma mère distribuaient *L'Huma*. Sachant que Choisy avait la particularité d'osciller selon les scrutins entre gaullistes du RPF et PC, à trois cents voix près, et d'héberger le domicile de Maurice Thorez, alors grand manitou du parti.

Mon oncle était des « camarades » qui se relayaient pour assurer la garde nocturne de cette maison bien bourgeoise, située dans le chic quartier du Parc, et néanmoins propriété du PC. La période était aux débats politiques musclés (avant même la guerre d'Algérie et les troubles en métropole), et il n'était pas rare que les gars des CDH, les Comités diffuseurs de *L'Huma*, en viennent aux mains avec les tenants du RPF : le lieu était en permanence veillé par des camarades des différentes cellules.

Jean est aussi un vrai intellectuel. Dans la famille, tout le monde lit, journaux comme livres, mais c'est chez lui une vraie passion, qu'il sait communiquer. Je l'ai toujours vu mener en parallèle une lecture nouvelle et une relecture – poésie, documents, autant que romans : Aragon, Proust, Balzac, Flaubert, Stendhal... Je lui dois la découverte du plaisir de relire, de redécouvrir un livre.

Au plan privé, la passion, l'appétit, et pourquoi pas les plaisirs parallèles, prévalent aussi. Après avoir mené une vie de patachon, il s'est marié une première fois, avec une communiste dont il a eu deux fils. A la séparation, ces cousins viennent à leur tour habiter chez mes grands-parents, et Jean passe très souvent. Il véhicule jusque dans l'apparence, haute en couleur voire bariolée, une fantaisie réjouissante, basée sur la certitude que rien ne vaut – sauf un drame et encore – que la vie ne soit pas belle à tous les instants. Il peut par exemple partir s'installer du jour au lendemain à la campagne, parce que soudain toqué d'équidés. Même aux obsèques de ma mère, en 2004, il ne se départira pas de son enthousiasme fondamental, dans un discours qui l'évoque, elle, mais aussi mon père, leur couple, leur engagement.

Ma première « boum », à 13 ans, c'est un bal masqué organisé par Jean, sur le thème des années 30. Mon premier concert de rock, c'est avec Jean : Little Richard, à l'Olympia. Pour ses 70 ans, il organise une fête avec environ quatre-vingts personnes, il y a là ses amis, sa famille, et ses maîtresses…

Impossible de dire le nombre de femmes qu'il a pu nous présenter. Pour autant, il ne s'agit jamais de passades, toujours de rencontres importantes même si parfois éphémères. Toutes ces femmes sont du genre capiteux, aux physiques tranchés plus qu'évanescents, et intéressantes. Et puis, un jour, aux sports d'hiver, il tombe amoureux. De Mad (Madeleine), qui tient un salon de coiffure assez lancé et qui était la fille de fermiers relativement aisés de la Sarthe, dont est originaire toute ma famille côté maternel.

Jean et Mad vivent une vingtaine d'années ensemble, très heureux. Ils font mille choses, ont un fils, Guillaume. C'est alors que Jean rencontre Anne, dont il tombe raide dingue. Au bout d'un moment, il en informe Mad, en vue d'une séparation. Quelques jours plus tard, pour son anniversaire, ils offrent à Guillaume une moto trial. Guillaume propose à son père de l'essayer. Jean refuse. Pas Mad, qui est plus jeune. Elle s'élance. Mais soudain l'engin se cabre, retombe sur Mad : hémiplégie.

Mad subit plusieurs mois de rééducation – elle en conservera un léger handicap. Pendant toute cette période, mon oncle s'en occupe exclusivement. Ensuite, ils ont des conversations au cours desquelles il propose l'accord suivant : il ne la quittera pas (sauf si elle le souhaite) car elle a besoin de lui et il lui voue toujours une grande affection, un vrai amour. Mais ce sera sans renoncer à Anne. Qui par ailleurs adoube l'arrangement. En clair, Jean propose de se partager entre les deux femmes, de mener une double vie au su sinon au vu des deux intéressées.

Ma tante accepte, et pendant de nombreuses années, leurs vies fonctionnent comme ça. Jean fait à peu près trois jours avec l'une, et quatre avec l'autre... Quand j'appelle chez elle, Mad répond : « Ah, Pierre, comment allez-vous ? Non, non, votre oncle n'est pas là, je pense qu'il est au golf. » Elle sait que je sais, tous les amis de mon oncle sont au courant et le voient alternativement avec l'une ou l'autre, mais personne n'en parle ouvertement, et tout va bien.

Un jour, au début des années 90, mon oncle décide de concrétiser un de ses rêves : effectuer une traversée de l'Atlantique en paquebot. Ça me vaut un coup de fil en pleine nuit, qui renvoie à un autre appel diurne, que je lui avais passé quelques années plus tôt : avec André Rousselet, j'avais été invité à Orlando par Michael Eisner, le patron de Disney avec qui nous envisagions alors un partenariat, et j'avais réveillé Jean d'un : « Devine où je suis ? Dans l'avion Disney !!! » C'était la première fois que je montais dans le jet d'une entreprise privée, et j'étais comme un gosse – je suis souvent « comme un gosse ». Jean avait partagé mon enthousiasme, Jean n'a jamais été blasé.

Cette fois, deux ans plus tard, c'est lui qui lance : « Devine où je suis ? Sur le *Queen Mary II* ! Et tu sais quoi, faut que je te dise : à deux jours du départ, je me suis dit, c'est trop con, on ne fait ça qu'une fois dans sa vie, pourquoi en priver l'une ? Alors, je me suis renseigné, il restait une cabine de libre. Je les ai donc appelées toutes les deux, en leur proposant de dîner et comme ça s'est plutôt bien passé, j'ai parlé de la cabine disponible… » Et Jean, Mad et Anne de traverser ensemble, de voyager ensemble à travers les Etats-Unis.

A partir de là, il s'est partagé en trois. Il avait des activités avec Mad comme ce périple d'un mois et demi entre l'Australie et l'Argentine, d'autres comme le golf avec Anne, et d'autres tous les trois ensemble. A mon mariage, en 1996, il vient avec ses deux femmes… Mon oncle organise tout, toujours avec cet objectif de profiter de tout, de ne pas en perdre une miette. Prendre rendez-vous avec lui, ne serait-ce que pour boire un café, est très compliqué, il est toujours entre deux spectacles ou voyages.

Ses enfants et petits-enfants prennent cet arrangement plus ou moins bien et à la mort de Jean, ils font comme si Anne n'a que peu voire pas existé. Ce bannissement embaume Jean, le pare d'une « moralité » et d'une « normalité » factices. J'en perds toute envie de conserver un lien. Seule Mad a gardé de la tenue. C'était bien la femme de Jean.

D'aucuns objecteront qu'il a été le coq en pâte, comblé par ces deux femmes quand elles étaient contraintes de se le partager. Peut-être. Mais c'est mésestimer l'intelligence et la personnalité, forte dans les deux cas, des deux intéressées. Même amoindrie, Mad avait son libre arbitre, et elle ne m'est jamais apparue comme subissant une situation dégradante. Les trois protagonistes trouvaient leur compte, et la situation, à défaut de satisfaire l'orthodoxie, avait le mérite de trancher avec une hypocrisie assez répandue : voilà ce que j'ai fini par conclure après un temps d'adaptation.

Ceci dit, j'admets que l'exemple de cet oncle aux quinze vies, couplé à la rapide séparation de mes parents, a vraisemblablement contribué à ma difficulté à construire, à m'ancrer. Jusqu'à mon mariage avec Frédérique, en 1996, et le début d'une vraie famille avec notre fille Anna adoptée en 1999, je n'ai jamais vécu sur le mode du foyer, conservant toujours un « chez-moi » bien distinct. Pas des garçonnières mais des appartements-musées avant tout habités par mes diverses collections, entre lesquelles il faut zigzaguer, où personne ne peut vraiment se faire sa place, où j'ai moi-même de la peine à me frayer un chemin et à me poser.

Sans doute parce qu'à l'époque ma vie est surtout ailleurs, à Canal. J'avais peut-être aussi besoin de pouvoir me dire que rien ne me retient vraiment, que tout peut recommencer du jour au lendemain, y compris au plan sentimental. Oui, j'ai lu *Peter Pan*.

Fils unique, je suis resté le seul enfant de la maison chez mes grands-parents maternels, jusqu'à l'âge de 6 ans et l'arrivée de mes cousins. Je n'ai pourtant pas le souvenir de m'être ennuyé à Choisy. Très vite, j'ai échafaudé mon petit monde à moi, avec déjà des passions qui ne faibliront pas avec le temps.

A commencer par le cirque. Régulièrement, sur la place de la Gare, des chapiteaux sont dressés, et les préparatifs à eux seuls me transportent. Je peux, je veux y assister pendant des heures, à l'affût du moindre détail. De retour à l'appartement, je les reproduis, je joue tous les rôles, bientôt je suis un cirque à moi tout seul. Jusqu'à ce que mon oncle, encore lui, m'en fabrique une version réduite, en toile verte. L'été, à Château-du-Loir, dans la Sarthe familiale, je tanne mes cousins pour faire avec moi comme si, encore et encore. On mime la mise en place, on fait semblant de suer sang et eau à tirer les cordages, on imagine des numéros. La famille et les amis applaudissent poliment à nos « spectacles », assis sur des bancs.

Tous me font rêver, artistes en habit de lumière qui jaillissent, virevoltent, se plient sans jamais rompre, et toujours à la fin saluent sans trace d'effort. Fées et magiciens, êtres comme surgis d'une constellation mystérieuse, fabuleuse.

Mon héros ? Pas le trapéziste trompe-la-mort ou le dompteur marmoréen. Mon héros est le clown. Celui qui glisse, qui chute, qui gueule, qui pète, qui se fait botter les fesses, arroser. Attifé n'importe comment, chapeau de traviole, veste à carreaux et col pelle à tarte, pantalon trop court sur chaussettes qui tirebouchonnent. Je ris, mais pas seulement. Je suis saisi, ému, ébloui. Des années plus tard, peu après mes débuts à Radio Luxembourg, un long reportage sur le cirque Bouglione me fera accéder aux coulisses de cet enchantement. C'était l'époque où un reportage pouvait faire cinq minutes, où le must était l'ambiance sonore. Aujourd'hui, seule France Culture cultive le rêve et la raison. Je passerai quinze jours à assister aux répétitions, à traîner parmi les manutentionnaires dans le bruit des poulies, les cris de fauves, les engueulades entre un clown et une écuyère, je percevrai la montée d'adrénaline juste avant le début de la représentation, l'entrain puis la fatigue. L'admiration, l'éblouissement en ressortiront encore renforcés. *Sous le plus grand chapiteau du monde* de Cecil B. De Mille figure logiquement au premier rang de mes incontournables.

La radio aussi a le pouvoir de m'accaparer pendant des heures. Ça n'est pas par atavisme, on ne l'écoute pas vraiment dans la famille hormis pour les informations. C'est moi qui y viens tout seul, vers 8-9 ans : un copain d'école m'a alerté sur « La radio était là », une émission extraordinaire de Radio Luxembourg consacrée à l'histoire, qui fonctionne par reconstitutions très précises. Un foisonnement de comédiens, de bruitages, on entend jusqu'au cliquetis des armes, les pas dans le palais. Bataille d'Austerlitz, chute de l'Empire romain, avènement de Louis XIV, on s'y croirait. C'est « La caméra explore le temps » version audio.

Je me mets à écouter tous azimuts : les enquêtes de l'inspecteur Vitos, celles de Maigret, les Maîtres du mystère, puis les émissions sportives, de jeux, d'humour – « Ça va bouillir » de Zappy Max alias Max Doucet, et, évidemment, « Signé Furax » de Pierre Dac et Francis Blanche. J'ai encore en tête la chanson qui accompagnait l'odyssée de leurs Babus. « *Tout le monde y pue/Y sent la charogne/Y'a que le Grand Babu qui sent l'eau de Cologne/Tout le monde y pue/Ça fait mal au cœur/Y'a que le Grand Babu/Qu'a la bonne odeur.* » Je m'en tenais les côtes.

Souvent, aussi, je m'endors avec « Les Nuits du bout du monde » de Stéphane Pizella, diffusées sur Inter Variétés : des récits voyageurs, hypnotiques, où se mêlaient des sons d'une poésie et d'un exotisme inédits, et la voix enveloppante de Pizella. A mi-chemin entre Eric Ambler (pour l'aspect enquête), Joseph Kessel et Connaissances du monde, Pizella pouvait rendre palpable le monde entier, des ramblas de Barcelone aux favelas de Rio. Pierre Bouteiller m'a expliqué un jour que chez Pizella, 50 % relevaient de l'improvisation. Ça confortera l'idée d'une sorte de rêve, de déambulation magique.

Des années plus tard, je viendrai professionnellement à la radio par hasard, par des camarades du Centre de formation des journalistes, et ma notoriété ultérieure est surtout liée à la télévision. Mais tant comme simple auditeur que comme journaliste, ce médium garde ma préférence. Souplesse, réactivité, richesse du son qui rend inutile la description tout en préservant le mystère de ce qui ne peut être vu.

Et puis, déjà, je découpe, je classe, j'archive, je stocke. Des journaux, autre obsession. J'en suis familier, par ces grands-parents évidemment lecteurs de *L'Huma*, où je découvre d'abord les aventures de Pif le chien, puis la page Sports. On m'abonne plus tard à *Vaillant*, le journal des enfants de militants (« le plus captivant »), futur *Pif Gadget*. Les aventures de Placid et Muzo, les avatars d'A.Babord, Sam Billie Bill, *Les Pionniers de l'Espérance,* la BD de science-fiction scénarisée par Roger Lécureux et dessinée par le génial Raymond Poïvet, le courrier des lecteurs qui fleure bon l'endoctrinement : je dévore *Vaillant* de fond en comble. Dès l'adolescence, je me crée carrément mon propre fonds, à partir de journaux de mon choix, et de trois axes principaux : sport, cinéma, musique. Ma chambre a (déjà) des allures d'antre, avec ses amoncellements à la logique connue de moi seul, ce qui pose problème quand je la partage avec mes cousins.

Adulte, je reproduirai le schéma, y incluant d'autres collections, d'objets notamment... J'ai même eu une période housses de pressings. Le processus prendra des proportions telles qu'à un moment donné, même un vaste appartement ne suffira plus. Cette boulimie (névrose ?) muséale notoire s'est ralentie depuis mon départ de Canal (moins de moyens !) mais perdure sur le versant conservation. Persistance qui afflige ma femme Frédérique au point qu'elle a émis la demande expresse que notre chambre, celle de notre fille, et la cuisine, en restent préservées, sanctuarisées.

Comment dire ? J'ai *besoin* de ces journaux, de ces livres, de ces disques, de ces photos, de ces gadgets, de ces boîtes d'allumettes… Capharnaüm ? Moi, je m'y retrouve, et je m'y sens bien. Tous mes « trucs » à portée de main, que je peux regarder, consulter, écouter, quand bon me semble, pour me ressourcer, m'y replonger. Mes « trucs » m'évitent le cafard, car je suis prompt à m'ennuyer, bien plus à l'aise débordé que désœuvré. Même si avec le temps, j'ai pris goût à me poser, dans notre maison du Luberon essentiellement. Pas au point de déconnecter de l'actualité mais il y a du progrès, un léger mouvement vers le contemplatif. Aujourd'hui, la cueillette des pommes dans le verger d'à côté peut m'apparaître charmante, et l'arbre centenaire m'imposer le respect.

III

Baden-Powell et Elvis

Ma mère s'est manifestement inquiétée de mes pratiques solitaires, sachant que j'étais sociable mais dénué de véritable ami. En 1958, elle m'inscrit aux Eclaireurs de France. Laïcs, ils sont au scoutisme ce que les défenseurs de l'école laïque sont à l'Education nationale, plutôt à gauche, on dirait aujourd'hui la FSU, la FEN.

Choisy, à l'époque, est un concentré de banlieue, ville de petite superficie mais relativement peuplée, et à forte mixité sociale. Traversée par la Seine et le chemin de fer, elle est découpée en trois quartiers très différenciés. Le quartier du centre, où on habite, en face de la gare, est animé. La gare elle-même est magnifique, elle est d'ailleurs classée, elle émane de l'ancien réseau privé PLM, Paris-Lyon-Marseille. A deux pas, il y a le quartier du Parc avec le très joli pavillon de chasse donné par Louis XV à la Pompadour. De l'autre côté, quand on traverse le jardin de la mairie, on arrive à l'avenue de Versailles qui, comme son nom l'indique, vous emmène vers un autre monde ; au coin de cette avenue et de l'avenue Victor Hugo, on tombe sur la demeure de Maurice Thorez, alors secrétaire général du PC, où il vivait avec Jeannette Vermeersch et leurs enfants. De là, on part vers Orly. Je me souviens de mon grand-père, marcheur émérite, m'emmenant en poussette de Choisy à Orly voir l'aéroport : sept kilomètres aller, sept kilomètres retour, pour, comme dans *Dimanche à Orly* de Bécaud, aller voir « s'envoler des avions pour tous les pays ».

De l'autre côté de la Seine, on tombe sur les Gondoles, le quartier ouvrier. Un domino de petits pavillons très modestes, de petits jardins avec des cabanes à outils, et quelques HLM qui feraient aujourd'hui l'effet d'immeubles de Saint-Cloud. Le grand centre commercial de Belle-Epine n'est pas encore construit.

Choisy a une position géographique névralgique : la capitale est ralliable en treize minutes de train (Paris-Austerlitz), ou quinze (Saint-Michel, alors encore Quartier latin et épicentre de la culture montante), ou vingt (Orsay). Paris nous est naturel donc, quand aujourd'hui la situation est clairement plus enclavée, et plus clivée.

Dès l'âge de 10-11 ans, en parfait gamin urbain qui prend tous les matins le train pour aller au collège, à Savigny, j'ai pris l'habitude de me rendre à Paris. Que ce soit pour aller au cinéma ou acheter mes photos : j'étais tout le temps fourré à Paris. C'est comme ça qu'en 1961, je me retrouve place de l'Hôtel de Ville, où John Kennedy charme les Parisiens d'un : « Bonjour, je suis le monsieur qui accompagne Jackie Kennedy. » Enfant de culture communiste ou pas, je fais partie des éblouis. Ma famille « coco » n'est de toute façon pas fondamentalement hostile à Kennedy. Il incarne l'Amérique impérialiste, contre laquelle tous ont manifesté (contre le plan Marshall, contre l'Otan, « Ridgway Go Home ! ») et il les a déçus avec la lamentable affaire de la baie des Cochons (les manœuvres américaines au Vietnam n'ont pas encore viré au bourbier qui reviendra à Johnson). Mais l'homme au physique de « garçon coiffeur » (dixit de Gaulle) est aussi porteur d'une promesse, d'un possible progrès, étant entendu qu'à l'époque, rien n'a encore filtré des ambiguïtés de sa famille, de son père, de son grand-père – sympathies nazies, relations avec la mafia… Il est surtout une option moins pire que le sombre, paranoïaque, agité Nixon, aux airs de malfrat que toute la gamme Gillette ne parvient pas à raser de près.

JFK à l'époque, c'est un peu comme Obama au moment de son élection : on aurait voulu qu'il s'occupe aussi de la France.

La proximité avec Paris qu'on a, nous, enfants de Choisy, se traduit dans le comportement. On avance dans la vie et dans la ville en connaisseurs. Décomplexés, conquérants. Déjà au fait de la capitale, de son rythme et de son fonctionnement. La différence avec ceux qui habitent plus loin, à Juvisy par exemple, est nette : l'effort à produire est plus important, les choses moins évidentes, leur aisance (et leur aplomb) moindres.

Cette particularité se retrouve chez les Eclaireurs, où, à Choisy, nous avons une façon de faire toute personnelle.

Avec l'uniforme, pour commencer. Nous, on s'est dit, la chemise, d'accord, mais pourquoi pas avec un jean, pourvu qu'il soit propre. Et le chapeau, pas obligé : certains le portent bien, d'autres non, pourquoi se l'imposer ? Le foulard, en revanche, oui, mais pourquoi serait-il moche ? Autant en choisir un sympa. *Idem* des réunions : si on se voit tous les jours, il faut que ce soit par plaisir, pas par simple obligation. Les épreuves de totémisation ne relèvent jamais du bizutage, contrairement à ce qui se passe souvent ailleurs : il faut faire preuve d'un petit courage physique mais jamais au point de se faire mal, rien à voir avec ces « trucs de mecs », machos, qui tournent à la démonstration de virilité.

La troupe, baptisée Jean-Mermoz, compte alors trois patrouilles de dix éclaireurs, les Ecureuils, les Loups (dont je deviens le chef) et les Isatis. Au total, cela représente une quarantaine de garçons, de tous âges, de 9 ans à 18 ans. Le chef est Guy Mazarguil, garçon racé et rapide aux plans intellectuel comme physique (d'où son surnom d'Antilope moqueuse), charismatique et bienveillant, sportif et musicien, excellent organisateur. Il est aujourd'hui kinésithérapeute à Choisy.

Les activités sont classiques, en accord avec les principes de Baden-Powell : randonnée, escalade, découverte et protection de la nature, montage de tente, allumage du feu... C'est la manière qui diffère, et qui fait la différence. On se retrouve au local tous les jours alors qu'ordinairement, les troupes se réunissent une fois par semaine. On écoute de la musique, on échange des bouquins, on discute, en une sorte de réplique des échanges entre adultes. Beaucoup de gaieté, d'affection et de tolérance circule dans ce groupe, où chacun peut développer ses qualités propres, est valorisé par ses spécificités. Philippe Galland par exemple, le sous-chef des Loups, est non seulement cultivé et élégant, quasi dandy, mais matheux, réglant par son intelligence technique moult problèmes. Son nom dira quelque chose à certains : il est devenu cinéaste, avec des comédies à succès à son actif, *Le Quart d'heure américain, Le Mariage du siècle.*

Mon atout, c'est la musique, le cinéma, les livres. Que je fais découvrir aux autres, que je fais écouter, que je prête. La politique aussi me distingue, dont je parle volontiers. On me totémise « kamichi malicieux », référence à un échassier du Brésil qui vit dans les marais, une patte repliée. Comme moi, paraît-il, qui suis alors grand et maigre.

La troupe Jean-Mermoz a, comparée aux autres de la région Ile-de-France, un comportement beaucoup plus affranchi, au point de décrocher une réputation de « contestataire », du genre à prendre un peu trop de libertés avec la lettre. En réaction, on met un point d'honneur à démontrer à ceux qui nous prennent pour des poseurs, des « artistes » et des jacasseurs, qu'on est aussi bons dans les défis traditionnels. C'est notamment le cas à la soule, ce jeu qu'on dit ancêtre du rugby et qui est l'occasion de matches entre troupes d'Ile-de-France.

La défiance que la troupe Jean-Mermoz suscite, et qu'elle assume non sans une certaine crânerie, est palpable lors des grands rassemblements du mouvement. A l'époque, le QG des Eclaireurs d'Ile-de-France est le château de Dammaries-lès-Lys – futur palais de la Star Academy. Les propriétaires sont un couple d'homosexuelles, dont l'une descend de la richissime famille européano-argentine Lopez Ros. L'ensemble de la structure obéit à une sorte d'autocratie qui nous pèse par moments. Alors, avec Guy Mazarguil, on se monte des fantasmes de complot, on soupçonne des manœuvres destinées à nous écarter des organes dirigeants...

Cette phase scoute peut apparaître anecdotique. Toujours est-il qu'elle m'est restée comme un marqueur. J'en ai tiré deux enseignements fondamentaux.

D'abord, à titre personnel, j'ai réalisé que j'avais une capacité de fédérateur et d'accélérateur. Ensuite et surtout, ex-gamin solitaire qui se bricolait son petit manège enchanté intérieur, j'ai réalisé qu'effectivement, concrètement, l'union fait la force, qu'à plusieurs, moyennant motivation et plaisir de faire les choses ensemble, on peut niquer la terre entière. Même dépourvus de physiques de forts des Halles.

J'ai alors compris qu'on peut tout conquérir, à commencer par la liberté. La liberté de choisir, de ne pas subir, de faire triompher envies et convictions.

Je resterai chez les scouts jusqu'à mes 19 ans, âge auquel j'intégrerai le Centre de formation des journalistes (CFJ).

GUY MAZARGUIL,
ami d'enfance et compagnon de scoutisme

Ça ne m'étonne pas du tout que Lescure cite sa période scoute comme fondatrice. Elle l'a été pour nous tous, au sens positif : on s'en souvient avec le sentiment d'une grande liberté et d'une grande solidarité. On échangeait beaucoup tout en faisant l'expérience des responsabilités. On a vraiment vécu une période bénie.

Lescure avait 13 ans quand il s'est inscrit aux Eclaireurs de France. J'en avais deux de plus, et j'étais en sorte le grand frère qu'il n'avait pas. Il me courait un peu après, comme on court après un aîné. Il faisait du vélo derrière moi, faisait de l'athlétisme parce que j'en faisais…

Après quelques mois passés aux Scouts de France dont l'ambiance ne m'avait pas séduit, j'avais fondé à Choisy-le-Roi une patrouille « libre » avec un camarade dont le frère aîné était déjà aux Eclaireurs. Donc, nous étions laïcs et acceptions tout le monde, sans regard pour la religion, ce qui permettait un brassage de gens très intéressant.

Au départ, on était sept à huit garçons. Progressivement, les effectifs se sont étoffés, bientôt il y a eu deux, trois patrouilles. Cette troupe avait pour nom Marcel-David, du nom d'un ancien maire SFIO de Choisy. Plus tard, des patrouilles de filles et de louveteaux se sont constituées, et un clan de routiers pour ceux qui avaient dépassé l'âge d'être éclaireurs. C'est comme ça qu'on est allés se balader, dans un vieux car, dans le Portugal de Salazar, et en Pologne, en passant par l'Allemagne. Lescure est par ailleurs parti en Allemagne avec la vieille mobylette que je lui avais revendue. Pour acheter des disques, entre autres…

Autant les études ne nous passionnaient pas, autant les Eclaireurs nous faisaient vivre. Ce qui ne veut pas dire qu'on rêvassait dans une bulle. On avait par exemple, en cette époque de guerre d'Algérie, deux camarades dont le père avait été emprisonné car son bistrot avait été repéré comme un des lieux où s'effectuaient des collectes d'argent pour le FLN. L'aîné des garçons, brillant en classe, servait d'écrivain public pour les autres. Pour autant, ces garçons portaient le foulard scout, étaient des camarades comme les autres.

J'ai bien connu la famille de Lescure. La grand-mère était une petite femme très dynamique, une directrice d'école en retraite qui dirigeait la maison. Son mari était un grand-père très vif, retraité de la SNCF qui était toujours prêt à aller faire des courses et à rendre service. La mère de Lescure était charmante, très douce. Je n'ai jamais rencontré son père. Mais je sais que Lescure allait régulièrement le voir à Paris, d'où il revenait d'ailleurs avec des tas de disques qu'il était allé dénicher chez ses fournisseurs attitrés.

C'est de fait la première chose qu'on remarquait quand on entrait dans sa chambre : d'impressionnantes piles de disques et de journaux dans lesquelles il se repérait sans problème, on se demande bien comment. Très organisé. Des années plus tard, j'irai avec ma femme dîner chez lui, et je retrouverai le même dispositif. Avec cette spécificité : pour éviter que le plancher ne s'écroule sous le poids des mètres cubes de disques, les piles étaient disposées dans les coins, le long des murs !

Il faisait très bien partager tout ça. Pas une semaine ne passait sans qu'il nous fasse découvrir quelque chose. Des chanteurs américains, anglais, « Ecoute ce son »... On écoutait aussi Radio Luxembourg, « la station des étoiles », et on essayait de recopier ce qu'on pouvait... sur des chants scouts. Moi, je jouais de l'accordéon, un autre éclaireur grattait la guitare... Un clarinettiste nous a rejoints, puis un joueur de trombone à coulisse, un pianiste, et Lescure s'est mis à la batterie : au bout du compte, ça a donné un petit jazz band qui nous permettait de briller lors des « challenges », ce qui nous plaisait bien, nous qui faisions un peu les malins. Mais tout ça restait quand même très bon enfant, même si effectivement, il est arrivé qu'on se monte un peu la tête, qu'on imagine des volontés de nous ostraciser comme lors du rassemblement à Dammaries-lès-Lys. Il faut dire que 68 commençait un peu à frémir même si on était encore à quelques années du fameux mois de mai. Le rapport à l'autorité, à l'ordre établi, se modifiait insensiblement. A notre niveau, sans virer rebelles, on se permettait de questionner le fonctionnement de l'association qui avait tout de même un petit fond militaire, le doigt sur la couture du pantalon.

Lescure avait une curiosité qui le faisait embrayer y compris pour des choses qui lui étaient complètement étrangères. Bricoler par exemple, fabriquer n'importe quoi à partir de bouts de bois et des ficelles, n'était *a priori* pas dans son ADN. Il venait quand même d'un milieu « intello » alors que dans ma famille, on était plutôt artisan. J'avais notamment un oncle qui était un grand ébéniste du faubourg Saint-Antoine, à Paris, et dès mon plus âge, j'ai vu des gens construire des meubles, des instruments de musique. Mon père qui travaillait dans les assurances était aussi un bricoleur hors pair, capable de construire des bateaux en acajou, des banjos… Résultat, j'avais une aisance manuelle que Lescure n'avait pas et qui, je crois, l'impressionnait. Mais ça ne l'empêchait pas d'y aller. Vif, curieux, très adaptable, très collectif, il était toujours partant pour se lancer dans des aventures et ne lâchait rien, comme en toute chose d'ailleurs.

Je me souviens d'une course à pied, à laquelle mon entraîneur avait proposé qu'il participe à mes côtés. Je faisais beaucoup d'athlétisme à l'époque et je courais très vite, j'en avais tiré ma totémisation d'« antilope moqueuse ». Lescure qui était novice s'est bien accroché.

Son évolution ne m'a pas du tout surpris. Il était déjà journaliste. Dès qu'il y avait un journal de groupe, il en était à l'origine, ça lui était comme naturel. Je me souviens notamment d'un rassemblement national de routiers sur les bords du lac de Serre-Ponçon, entre les Hautes-Alpes et les Alpes-de-Haute-Provence, au cours duquel Lescure avait créé avec d'autres, comme Philippe Galland, un petit journal qui se faisait au jour le jour l'écho de l'événement. J'ai toujours pensé qu'il avait eu très tôt l'idée d'exercer cette profession, avant même le bac. Une année, il avait aussi écrit une pièce de théâtre.

Il a été mon témoin de mariage, ensuite nos vies respectives ont fait que l'on s'est moins vus.

Il a évolué dans un milieu très différent du mien mais chaque fois que nous nous revoyons, je reconnais le Lescure du temps des scouts et je suis convaincu qu'il le restera.

L'idée du scoutisme vient donc de ma mère. Paulette Baudoin (son nom de jeune fille) n'est pourtant pas de ces protectrices débordantes d'affection. Discrète, elle parle très peu d'elle-même, n'engage jamais de conversation vraiment personnelle. Contrairement à son frère, solaire, cette petite femme (1,48 m), est dans l'effacement plus que le rayonnement, et dans la souffrance plus que dans la (ré)jouissance. Jean qui rit, Paulette qui subit.

Engagée, militante tout au long de sa vie, elle a pour ses convictions une énergie qui s'évanouit dans le privé, où elle se montre fatiguée, abattue. Elle souffre notamment des hanches, problème qu'a encore aggravé la grossesse et qui lui interdit d'avoir un autre enfant. Après une manifestation, et Dieu sait qu'elle bat le pavé, elle peut souffrir le martyre pendant deux jours. Je ne la verrai jamais pleinement heureuse, que ce soit dans sa vie professionnelle ou privée. De mon côté, je n'ai pas l'esprit de sérieux, et je n'ai pas envie de l'avoir... On parle assez peu, peut-être même qu'inconsciemment je l'évite, plus rassuré par l'assurance de ma grand-mère.

Le fait d'avoir été quittée par mon père accentue sans doute une nature réservée, et la cohabitation avec ses parents, aussi généreux et chaleureux soient-ils, au fond la peine : voilà ce que je réaliserai et comprendrai plus tard. Au point d'avoir aujourd'hui de la compassion pour elle quand le plus souvent, je me suis irrité de sa morosité. Lestée par le sentiment de ne pas être capable de tout assumer elle-même, et de ne pas être totalement libre alors qu'elle avait un esprit d'indépendance très poussé.

Je me souviens de ma mère comme d'une petite souris farouche, à l'air préoccupé, au sourire rare et dans tous les cas toujours retenu. Des photos de jeunesse la montrent pourtant jolie, pimpante même dans des chemisiers clairs à manches ballons, mais progressivement, un voile semble s'être s'installé. Une grande mélancolie, un linceul. Comme sur ce cliché où, allongée de côté sur le lit de sa chambre de Choisy, les genoux repliés, elle a le regard pensif, le front comme toujours un peu froncé. Moi, bébé, assis par terre, je souris au photographe, aux anges.

La décision de retourner vivre chez ses parents a reposé sur des motivations à la fois psychologiques et matérielles : déjà ébranlée par la séparation, il lui aurait été difficile de vivre seule avec moi. Et puis ma mère ne commencera à vraiment occuper un emploi confortable et stable qu'une fois devenue la secrétaire d'un des directeurs de la Banque commerciale pour l'Europe du Nord (BCEN), en clair la banque russe à Paris : une banque classique mais celle par qui passe l'argent venu de Moscou pour financer le PC – pour le dire vite. C'est d'ailleurs par des camarades du parti qu'elle l'intègre. Ce directeur, Gilbert Lasfargues, est un type intéressant, qui a notamment fait, plus tard, une grande carrière dans l'import-export, au sein de Sucres et Denrées, en Afrique, en Amérique du Sud). Il est l'un de ces ex-crypto-communistes qui excellent dans l'économie libérale, tout en restant social, très intellectuel, lisant énormément, allant au théâtre, au cinéma... Il respecte beaucoup ma mère, ils deviennent quasi amis.

Avant cela, ma mère a travaillé dans des publications militantes, *Antoinette*, le mensuel féminin de la CGT, puis à la *Vie ouvrière*. Des journaux où chacun fait un peu tout, elle sur le versant fonctionnel plutôt que rédactionnel. Petite souris, petite main.

Elle avait rencontré mon père quand ils étaient étudiants à la Sorbonne, elle en histoire-géo, lui en anglais. Leur histoire a duré sept ans, de 1938 à 1945, l'année de leur mariage et de leur quasi immédiate séparation. Même si lui a refait sa vie plusieurs fois ensuite, j'ai l'idée d'un amour initial absolu, des deux côtés.

Ma mère a de très bonnes relations avec ses parents, mais non dénuées de tensions, liées je pense à son déficit de sérénité et de bonheur. Avec elle, tout tourne vite au drame. Elle ne peut par exemple accepter que mon oncle, alors si amoureux d'une Israélienne qu'il s'est passionné pour la Torah, se fende d'une blague sur la guerre des Six Jours. Ma mère, qui milite alors à France-Palestine, rétorque, « on ne plaisante pas avec ça ». Elle adore son frère pourtant, et ne juge en aucun cas sa vie. Mais voilà, elle n'est pas du genre à badiner, surtout avec les grandes causes. Attitude sans doute louable. Mais les gens incapables de plaisanter, de relativiser, non seulement m'ennuient mais m'irritent, ou me glacent, je fuis leur compagnie.

J'ai l'impression d'avoir raté ma mère, d'être passé à côté de sa véritable sensibilité. Je l'ai jugée distante quand elle était manifestement très attentive, comme le prouve cette décision de m'inscrire aux scouts et comme d'autres situations l'attesteront. Elle observait, enregistrait, analysait, mais en silence. Et la communication était entre nous comme impossible, empêchée. C'est comme ça qu'un soir de 1972, parti lui annoncer que je quitte RMC pour Antenne 2 où je vais présenter le journal de 23 heures (décision d'importance, qui signifie entre autres que je reviens à Paris), je sors d'un dîner en tête à tête avec elle sans en avoir dit un mot. J'avais oublié de parler de ma vie, j'avais juste pris des « nouvelles ». Quant à Canal, elle ne comprendra jamais trop de quoi il s'agit ni ce que j'y fais. Elle ne regarde pas la télévision, et ne me pose pas de questions. Dans sa tête, je travaille toujours à la radio. De mon côté, j'aurais pu prendre le temps de lui expliquer, de l'intéresser.

Ni elle ni moi ne faisions preuve d'affection. Cela frappera aussi bien Katherine Pancol que Catherine Deneuve, les femmes de ma vie dans les années 70 et 80 : ma mère n'ose pas me toucher, et réciproquement. J'y vois, de part et d'autre, un excès de pudeur, tueur d'expressions d'affection.

Elle a quitté le PC suite aux événements de Poznan. Elle pleure néanmoins d'émotion, comme tous les camarades, quand « Maurice » (Thorez) revient de Moscou où il était parti se faire soigner suite à une attaque. Et elle conservera toujours une passion pour les questions politiques ou sociales de fond, les pays pauvres, mal traités, mal équipés, la colonisation, les gens qui subissent. Mon père a révélé cette sensibilité, l'a exacerbée et ancrée dans l'engagement, mais avant cela, il y a eu l'influence de ses parents : mon grand-père était à la SFIO, qu'il a quittée à cause de l'Algérie – sans pour autant virer communiste comme ses enfants. Ma grand-mère directrice d'école était résolument laïque. Très impliqués dans la vie sociale, ces gens-là votaient systématiquement à gauche. Manifester était aussi une tradition familiale, qui m'incluait : pour Henri Martin, le soldat réfractaire, pour la libération de Jacques Duclos, brièvement incarcéré lors d'une manifestation anti-Ridgway (le général américain qu'on accusait d'utiliser des armes bactériologiques en Corée), contre la guerre d'Algérie, contre l'OAS, contre la guerre du Vietnam… Je me souviens de moi pleurant face à un dessin du grand Mittelberg (qui se renommera TIM) en une de *L'Huma* le 19 juin 1953, le jour de l'exécution d'Ethel et Julius Rosenberg : on y voit Eisenhower avec des dents en forme de chaises électriques. Cela faisait des semaines qu'autour de moi, on se mobilisait pour sauver les Rosenberg – je comprendrai plus tard que les choses étaient sans doute moins incontestables que ce qu'on martelait dans ma famille, mais aucun crime ne fera de moi un partisan de la peine de mort. Et je n'oublierai jamais la procession immense, silencieuse, saisie d'horreur et de révolte à la fois, qui a accompagné les obsèques des victimes de Charonne, en 1962. Notre famille s'y était rendue au grand complet.

Tous les ans, aussi, on allait écouter les Chœurs de l'Armée rouge au Palais des Sports et je me suis tapé toutes les pièces sociales d'Armand Salacrou. Cette famille ne fonctionnant ni au sectarisme ni à l'ostracisme, je pouvais dans le même temps m'emballer pour le rock, les pin-up. De même qu'on pouvait tout à fait lire Céline ou Drieu La Rochelle, si la littérature était bonne. On peut être simultanément vertébré et souple, sans aller jusqu'à la contorsion, la compromission : cette équation m'est restée, avec une méfiance collatérale des esprits intégristes.

Après mon père, qu'elle n'a jamais fini d'aimer comme le prouvera Alzheimer (elle en oubliera qu'ils sont séparés), je pense que ma mère a eu trois ou quatre histoires importantes – dont elle ne m'a rien dit. La dernière lui a fait acheter *ex subito* une petite maison dans le Val d'Aoste… Elle avait l'habitude de voyager beaucoup, seule ou en groupe, pour la cause ou pour le simple plaisir. Afrique du Sud, Mexique, Etats-Unis, Chine, Cuba. Mais tout de même, ce petit village du Val d'Aoste, il fallait le dénicher. Je pense qu'un homme est à l'origine de cette trouvaille. Elle gardera cette maison jusqu'aux premiers signes d'Alzheimer, mais je n'y suis jamais allé, à l'époque très occupé par Canal. De son côté, elle n'a pas insisté pour que je vienne.

Les premiers signes d'Alzheimer apparaissent quand elle a 68 ans. A l'époque, elle habite Vincennes, elle s'est perdue deux ou trois fois. Le premier signe qui m'alerte est la répétition en boucle des mêmes questions. Je me souviens d'un déjeuner où, à force de devoir me répéter, je me suis énervé. Je la vois encore me répondre, désolée : « Tu sais bien qu'il ne faut pas trop me poser de questions… »

Quelque temps plus tard, elle consulte, et il est établi qu'elle présente les symptômes d'Alzheimer. On est en 1987, et cette maladie comme son nom ne relèvent pas du langage courant. Ma mère aurait par ailleurs subi un accident vasculaire cérébral passé inaperçu. A partir de là, une garde-malade veille sur elle, mais progressivement son état s'aggrave.

Elle emménage alors dans un établissement semi-médicalisé, Les Hespérides, rue de Vaugirard à Paris, où elle finira sa vie. Elle y côtoie entre autres le général Alain de Boissieu et sa femme, fille du général de Gaulle, cela donne lieu à une scène surréaliste dans un ascenseur, un jour où je lui rends visite. Le général de Boissieu s'adresse à moi, voix grave, port martial : « Je voulais vous dire, monsieur Lescure, que mon épouse et moi-même, comme les autres habitants de cette résidence, apprécions beaucoup les discussions avec votre mère. » Ma mère : « Grand con ! » De Boissieu est resté impavide. Devant Frédérique, ma femme, qu'elle ne reconnaît jamais, ma mère s'écrie : « Mais il se marie tous les mois ! »

C'est quand elle s'est mise à perdre la tête que ma mère m'a fait le plus rire. Pour ne pas pleurer.

Adolescent, je ne suis pas franchement dans les clous de la scolastique tout en menant ma barque sans trop de problèmes. Rivé dans ma chambre à mes lectures et archivages, ou vaquant hors les murs, humant l'air du temps dans Paris où je déniche toujours de nouveaux livres, de nouveaux disques, de nouvelles photos de mes actrices favorites, ou alors affairé chez les scouts, je ne suis pas un premier de la classe, loin s'en faut. Je me souviens avoir enregistré, en troisième, en maths, 0,25 au premier trimestre, 0,50 au second, et 0,75 au dernier. Commentaire du prof, non dénué d'humour : « En progrès constant »…

Heureusement, je marche assez bien à côté, en français notamment. J'adore déjà raconter des histoires, imaginer une suite à un texte, me perdre dans les détails et anecdotes, à mes yeux très signifiants. Un prof me marque particulièrement : Emmanuel Beau de Loménie, en charge du français et du latin. Petit, large, il a une belle gueule de bourgeois qu'il n'est pas. Il est exemplaire de ces hommes de la IVe République qui n'ont pas résisté, pas collaboré non plus, mais qui sont fondamentalement de droite, la droite conservatrice, et qui peuvent à l'occasion de tel ou tel événement basculer dans ce qu'on appelle l'extrême droite. Leurs convictions, à l'époque : les pauvres doivent rester à leur place, l'Algérie doit rester française, les communistes sont des terroristes, ils vont débarquer le couteau entre les dents, fusiller les hommes, éventrer les femmes. Je sais tout cela. Mais Beau de Loménie n'en demeure pas moins passionnant, excellent passeur, capable d'embarquer une classe par sa seule faconde. Troublant. Moins facile à rejeter spontanément que des tenants d'idées semblables mais moins lettrés. Plus dangereux, donc.

La philo, en revanche, me laisse de marbre. Disserter, théoriser, quelle plaie. Passer trois heures sur « Pensez-vous que le bonheur dépend plus de soi que des autres ? », désolé, je ne peux pas. Je réponds oui ou non, je donne trois exemples, et point à la ligne. Une page et demie. Le prof : « Eh bien dites donc, Lescure, vous ne vous êtes pas foulé ! » Moi : « Il y a tout ce que je pense. » Où, quand, quoi, qui, comment, le contrat est rempli.

Comme je me débrouille aussi en histoire et en anglais, le prof de maths sympa, intelligent, me dit, « Je ne vais pas vous bloquer pour ça, les maths, vous n'êtes pas fait pour, c'est tout ». C'est vrai, les chiffres ne m'intéressent pas, comme l'apprendront plus tard mes banquiers.

A cet âge-là déjà, je dépense plus que mon argent de poche, plus tard je dépenserai systématiquement plus que mon salaire, aussi confortable soit-il. Insupportable légèreté d'enfant gâté ou façon pour le fils de communiste de ne pas accorder d'importance au capital, les deux options sont recevables. Une certitude : compter contraint, restreint, et c'est une des sensations que je redoute le plus. Mais avec l'âge, et le souci d'assurer au minimum l'avenir de ma fille, cette inaptitude à thésauriser m'est de moins en moins facile à ignorer et encore plus à assumer.

En classe, cancre à la Prévert, je rêvasse, je m'évade, la tête encore et toujours à mes archives, à l'actualité, à mes photos d'actrices, à mes articles sur le cinéma ou la musique. Mes copains sont forcément fans de l'une ou l'autre de ces disciplines. A commencer par Joël Chevreau, dont je fais la connaissance à 12 ans, en 1957, au lycée Turgot, dans le IIIe arrondissement de Paris – j'ai été renvoyé de celui de Savigny pour chahut, rien d'héroïque. Chevreau est capital, décisif : il me fait découvrir un chanteur du nom d'Elvis Presley.

Dans la famille, on a toujours écouté de la musique. Classique (ma mère, avec un penchant marqué pour les compositeurs d'Europe de l'Est, Tchaïkovski, Dvorak, Smetana). Chanson française à texte (ma grand-mère aime Brassens, Brel, Ferré, Trenet). Grandes voix (la soprano Mado Robin émeut mon grand-père aux larmes dans *La Romance de la rose*). Jazz (mon oncle, fin connaisseur de Duke Ellington, Armstrong, Count Basie). Précisément, c'est grâce à Jean que j'ai découvert ma propre voie, le rock auquel il m'a initié en m'emmenant au tout premier concert de Little Richard, puis aux prestations de Paul Anka, Bill Haley, ou encore des Platters, que Bruno Coquatrix invite à l'Olympia sous forme de « tickets » avec des gloires hexagonales tels Lucette Raillat, Colette Renard, Mouloudji.

Quand soudain, donc, Chevreau me prête un disque, le n° 5 de la série RCA, Elvis Presley. Révélation. Voix inédite, impensable, ni blanche ni noire, langoureuse, sensuelle, et tonique à la fois, capable de plongeons abyssaux dans les basses comme de montées inédites dans les aigus. J'ai connu depuis d'autres chocs musicaux, d'autres vertiges de l'écoute, mais jamais à cette échelle, jamais avec une telle ampleur. Et bien sûr, il y a l'attitude Elvis, cette sexualité manifeste, ostensible, qui ne tient pas qu'à ses fameux mouvements de pelvis. La chevelure de jais, le rictus, la démarche souple : même hors scène, même sanglé dans un uniforme de l'armée, Elvis est la lascivité incarnée, l'antithèse du modèle masculin WASP qui domine alors, jusque dans le rock. De Gene Vincent à Eddie Cochran en passant par Johnny Cash, une virilité plutôt classique était à l'œuvre. Elvis apporte un truc non seulement métissé (entre blues et rock, Noirs et Blancs), mais androgyne, l'écouter suffisait à donner l'impression d'enfreindre des tabous. Aujourd'hui, tout ça est acquis, acté, archivé, mais à l'époque, quel choc, et quelle révolution.

Chevreau me révèle aussi l'existence de Radio Luxembourg en langue anglaise, « Your station of the stars » qui fait la part belle à la musique, en particulier le samedi soir avec son « Top Twenty » présenté par Barry Alldis. A cette époque, Radio Luxembourg est la seule en Europe à diffuser en continu les dernières nouveautés, auxquelles s'ajoutent des émissions comme « Sunday Requests », « Let's take a spin », « The Postal Bingo Show ». Une caverne d'Ali Baba musicale, majoritairement élaborée à partir des studios londoniens de Radio Luxembourg.

Les dés sont jetés : la musique devient ma nouvelle obsession, avec Chevreau pour idéal alter ego. Jamais lassés, jamais rassasiés non plus. Non seulement on échange les disques, les impressions, mais on procède à des hit-parades hebdomadaires, chacun de son côté, que l'on compare et défend argumentaires sans fin à l'appui.

Dès lors, c'est la ruine. Tout mon argent de poche file dans l'achat de disques, d'Elvis bien sûr mais aussi des Everly Brothers, Buddy Holly, Lonnie Donegan, etc. Décharger des camions aux Halles étoffe mon pécule, me permet de tourner à environ cinq disques par mois. Sachant que j'écume aussi la presse spécialisée, du magazine belge *Juke-Box,* jusqu'à *Disco Revue*, le premier journal français consacré au rock qu'a créé Jean-Claude Berthon, un rockeur fou de Nancy. Classement des meilleures ventes de disques en France, avec l'aide de correspondants répartis dans toute la France, évaluation de la popularité des chanteurs à partir de consultations de lecteurs, *Disco Revue* a inventé des modes de traitement de l'information musicale qui n'existaient pas dans l'Hexagone.

Je ne maîtrise pas complètement l'anglais, peu importe, je lis le *Melody Maker* et le *New Musical Express.* Je suis abonné à *Fab Four,* magazine à la gloire des Beatles, et à *Elvis Monthly*, qui me permet de suivre pas à pas mon idole. Quand viendra « Salut les copains », l'émission sur Europe 1 puis le journal, j'embraierai aussitôt. Les yéyés ne m'ont pourtant pas intéressé, pas une seconde. Mais je veux, j'ai besoin d'être au courant, une micro-information dans un coin, sur telle collaboration entre tels chanteurs, sur tel album en cours d'enregistrement, suffit à éclairer ma journée. Et je me tisse des fils, dans ma petite cosmogonie intérieure. C'est mon côté « serial », jusqu'au-boutiste, qui me fait aller par passion au bout du bout de certaines choses, alors que je peux me désintéresser d'autres en deux secondes.

Avec Chevreau, on faisait en somme du Nick Hornby (*Haute fidélité*) avant l'heure : la musique était le mètre étalon de nos existences, la source de la majorité de nos plaisirs comme de nos déceptions. A ce détail près que contrairement au héros de Hornby, cette fixette musicale ne m'a jamais confronté à des interrogations existentielles type, « What came first, the music or the misery ? [...] Did I listen to pop music because I was miserable ? Or was I miserable because I listened to pop music ? » (« Qu'est-ce qui est venu avant : la musique ou le malheur ? [...] Est-ce que j'ai écouté de la musique parce que j'étais malheureux ou est-ce que j'étais malheureux parce que j'écoutais de la musique ? »).

La musique me fait depuis l'enfance du bien, même quand elle décuple un moment de blues, comme par exemple *Bad News From Home*, la chanson de Randy Newman (album *Land of Dreams*). « *You can run but you can't hide/You said you loved me but I know you lied* » (« Tu peux fuir mais tu ne peux pas mentir/Tu disais que tu m'aimais mais je sais que tu mentais »).

Après avoir écouté ça, après avoir touché le fond, je ne peux que remonter.

La musique m'accompagne, me touche et me dope, me saisit ou m'enveloppe, elle est un compagnon de route, mon opium à moi. Si je devais partir sur une île avec le minimum vital, il va de soi qu'un lecteur de CD arriverait en tête de liste.

Il y a peu, je discutais avec Dan Jemmett, le metteur en scène du *Donneur de bain* que le théâtre Marigny a accueilli en mai 2010. Soudain, je l'entends raconter que la veille, il est allé écouter dans un bar « un chanteur génial mais quasiment inconnu, Chris Smither ». Chris Smither, c'est un chanteur de country contemporain que j'ai découvert il y a longtemps déjà, par le plus grand des hasards : un ami, en référence à *San Antonio Rose*, un de mes morceaux préférés (dans la version de Floyd Cramer, le pianiste d'Elvis), m'avait rapporté un exemplaire du *San Antonio Examiner*. Dans un coin, en rubrique culture, un article évoquait un chanteur à la relance après avoir tâté de la prison pour vagabondage et pas mal d'errances en tous genres (alcool, drogues). Intrigué, j'ai aussitôt commandé son album *via* Gibert, et suis tombé aussi sec sous le charme. Dans les jours suivants, je prenais commande de ses trois autres albums.

Un parfait exemple de mon fonctionnement, Smither : je lis un truc qui pique ma curiosité ou j'entends un titre qui me plaît, et alors je me démène pour tout savoir et tout avoir de l'auteur, par le biais d'Internet notamment.

Le plus grand frisson de ces cinq dernières années, je dirais que je l'ai eu avec Micah P. Hinson, ce chanteur-compositeur folk d'Austin, Texas, que j'ai récemment fait venir à Marigny.

Tout a commencé en 2005, une fois de plus par un entrefilet paru dans un magazine musical, *Uncut* en l'espèce. Un surdoué de 25 ans mais déjà pas mal cabossé, voilà ce qui était annoncé. Comme d'habitude, j'ai trouvé mon bonheur chez Gibert musique, boulevard Saint-Michel.

La pochette déjà me plaisait, d'un érotisme pas si éloigné des pin-up. Le chant lui-même m'a foudroyé. Une voix ancestrale et inédite à la fois, brute et soyeuse, poignante et impérieuse. Tout ça chez un gamin de 25 ans dont Internet me révélait bientôt un physique de *nerd*, lunettes à la Elvis Costello, pull informe. Un ovni, Hinson.

Je le verrai pour la première fois en concert en Espagne, au festival Primavera de Barcelone, entre Antony and the Johnsons et Steve Earle. Je le ferai venir une première fois au théâtre Marigny en 2008, peu après ma prise de fonctions. J'ai d'ailleurs frôlé la catastrophe : huit jours avant le concert, la billetterie affichait 200 réservations, pour une salle de 900 places… Autant dire que j'ai épluché mon fameux carnet d'adresses de fond en comble, pour limiter la casse. Mon discours était toujours le même : « Promis, je vous inviterai plus tard à plein de trucs, mais là, faites-moi confiance, payez votre place (25 euros), vous ne serez pas déçus, et vous m'enlèverez une grosse épine du pied. »

On n'a pas fait salle comble, mais pas un four non plus. Et c'est sans trembler que j'ai récidivé en octobre 2010, avec un taux d'occupation similaire mais sans avoir eu, cette fois, à me transformer en VRP dans la dernière ligne droite : le nouvel album de Micah P. Hinson avait suscité suffisamment d'intérêt médiatique pour m'en dispenser. Ça m'a d'ailleurs valu ce message téléphonique savoureux, du couple Jospin-Agacinski : « Monsieur Lescure, des impératifs familiaux nous empêcheront d'assister au concert, mais sachez que ce que vous en dites nous a donné très envie d'aller écouter ce monsieur Hinson. » Depuis, j'imagine Lionel Jospin et Sylviane Agacinski écouter « monsieur Hinson » comme moi, yeux fermés, jambes croisées sur le bureau ou le canapé, et l'idée me ravit.

A Marigny, il n'est pas rare que je me passe un disque. Des oreilles intriguées viennent parfois se renseigner. « Au fait, Pierre, c'était quoi, ce que j'ai entendu tout à l'heure ? » Prosélyte malgré moi, et pour mon plus grand plaisir. Ces parenthèses m'apaisent ou me relancent, me sont dans tous les cas bénéfiques.

J'ai procédé dans l'emballement de la même façon pour des écrivains. De roman noir américain notamment, autre passion au long cours. A commencer par l'immense, impeccable en tous points, Dashiell Hammett.

Hammett, comme chacun sait, est le fondateur de la veine « hard-boiled » (dur à cuire) et le personnage de Sam Spade immortalisé au cinéma par Humphrey Bogart reste l'archétype du privé solitaire, désabusé, miné par une hyperconscience de la réalité, cette Amérique urbaine dont il côtoie le Mal, à rebours des mythes. Corruption, criminalité, appât du gain et du pouvoir, mensonge, duplicité, orgueil, bassesses… Groupe ou individu, la gangrène est généralisée, et ce bilan, Hammett, qui fut un temps détective à la Pinkerton, célèbre agence de Chicago, l'impose dans une absence totale de pathos et d'effets.

Des dialogues, des comportements (d'où l'appellation « écriture béhavioriste »), des faits, zéro circonvolution : voilà la méthode Hammett. Cinglante, imparable, implacable, *cut*. Aux antipodes de ce qui prévalait jusque-là dans le genre, le *whodunit* à la Agatha Christie, avec Hercule Poirot en limier à chapelet de déductions. C'est la fameuse phrase de Chandler : « Hammett a sorti le roman policier du vase vénitien et l'a jeté dans la rue. » Un tireur d'élite, Hammett, dont la précision et la concision en font un nouvelliste hors pair. Je reste par exemple sidéré par *A la morgue*, un texte de 1923 (en VO, *The Dimple*), d'à peine trois pages.

Un type, écrivain, dont la femme a passé la soirée au théâtre, s'aperçoit soudain, à 3 h 15 du matin, qu'elle n'est pas rentrée. Il téléphone au couple qu'elle accompagnait au théâtre, la bonne répond qu'il y a eu un grave incendie, au théâtre. Refoulé de l'hôpital, sans nouvelles de sa femme, l'écrivain contacte alors le préfet de police, un de ses amis. Ils se rendent ensemble à la morgue. Et là, à un détail trop intime pour n'être qu'anecdotique que le préfet désigne dans un cri, l'écrivain comprend que sa femme le trompait avec le préfet. « Je te dis que c'est elle ! (Sa main se tendit vers un genou lisse et rond.) Regarde ! La fossette ! » La nouvelle se conclut comme ça, sur un K.-O. – Hammett était amateur de boxe. Pour moi, un sommet de noirceur dépouillée.

Hammett était aussi un compagnon de route des communistes, soutien des « Loyalistes de la guerre civile espagnole », président du New York Civil Rights Congress de 1946 à 1955. Ça lui a valu d'être une des « sorcières » harcelées par la Commission des activités antiaméricaines du sénateur paranoïaque McCarthy. A ce propos, il faut absolument lire *Interrogatoires* (aux Editions Allia), où il rapporte, mot à mot, en 64 pages, trois des séances de mise sur le grill par McCarthy et ses sbires. Hammett seul contre tous, qui ne se renie pas. Qui ne balance pas, qui fait même de l'humour parfois. Qui répond quand on lui propose d'établir une liste de livres pour lutter contre le communisme : « Si je devais lutter contre le communisme, je crois que je ne distribuerais pas de livre du tout. » Hammett qui répète en boucle, stoïque : « J'invoque mes droits garantis par le cinquième amendement de la Constitution américaine, et je refuse de répondre car la réponse pourrait me porter préjudice. » Hammett qui objecte, quand on l'accuse de critiquer le gouvernement américain par la société qu'il met en scène dans ses livres : « Vous savez, on ne peut rien écrire sans prendre position d'une manière ou d'une autre par rapport aux problèmes de la société. » La classe, Dashiell Hammett, qui par ailleurs portait beau, élancé, élégant, crinière blanche, sourcils et moustache noirs – un air d'Errol Flynn. Mais la grandeur morale a un prix : Hammett passera cinq mois en prison, et ses livres seront retirés des bibliothèques publiques jusqu'à ce qu'Eisenhower décide leur réintégration. Hammett mourra à 67 ans, en 1961, miné par des problèmes d'argent, l'alcoolisme et un cancer du poumon.

Donc, j'ai dévoré Hammett – qui, tout décisif qu'il soit, n'a pas tant écrit que ça, il faut dire. *Idem* de Horace McCoy (connu pour *On achève bien les chevaux*), de James Cain (*Le facteur sonne toujours deux fois*), ou encore de William Riley Burnett (*Quand la ville dort*)… Imaginer qu'il existait des textes de Burnett que je ne connaissais pas, c'était intenable et j'ai tanné l'éditeur

François Guérif (Rivages) pour en avoir le cœur net. Burnett ou le sens inné de la tragédie, jusque dans d'improbables westerns alors qu'il excellait avant tout dans l'immersion urbaine, comme le prouve le triptyque *Quand la ville dort*, *Rien dans les manches*, *Donnant donnant*. J'accorderais une mention spéciale à *Rien dans les manches*, où figure un gangster de 30-40 ans qui aime sa femme et son fils de manière extrêmement moderne : on se croirait dans un film policier réalisé par Claude Sautet.

La même maniaquerie, la même curiosité obsessionnelle, a pu me faire organiser des voyages dans le seul but d'acquérir un poste de radio dont j'avais entendu parler, et ces pièces pouvaient coûter 60 dollars comme 900, peu importe. Ça n'était pas la valeur qui comptait, plutôt le fait que je puisse les avoir pour moi, les regarder à tout instant, en profiter. Je ne sais pas résister, je ne veux pas savoir résister, j'apprends à le faire avec difficulté.

Autre exemple, une photo de Paulette Goddard prise en 1935, et que j'avais découverte au détour d'*Un siècle de portraits*, un recueil de *Vanity Fair*. L'actrice y est stupéfiante, belle bien sûr, mais surtout incroyablement moderne. Les cheveux lâchés, un foulard à pois autour du cou, elle affiche un sourire plein, d'une confiance renversante. A la fois fraîche et affranchie quand ça ne fait alors même pas quinze ans que les femmes américaines ont obtenu le droit de vote – les Françaises attendront la fin de la Deuxième Guerre mondiale… Dès lors, je n'ai eu de cesse d'acheter ce livre, j'ai fait le tour des librairies pour le commander, l'offrir, j'étais malade de cette photo… Si seulement je pouvais avoir un tirage… Mon vœu a finalement été exaucé : n'y tenant plus, j'ai récemment contacté le patron de *Vanity Fair* Graydon

Carter. La photo de 1935 est dans mon bureau. Je suis amoureux.

J'ai aussi obtenu un tirage, très grand, d'une photo prise par Slim Aarons lors d'une soirée en 1957, qui réunit Clark Gable, Van Heflin, Gary Cooper et James Stewart : on est le 31 décembre 1957 chez Romanoff's, épicentre des nuits hollywoodiennes de l'époque, à Beverly Hills. Ils sont comme droit sortis d'un roman de Fitzgerald, beaux et chic à tomber, mais décontractés comme jamais aussi. Alors, certes, les trois stars d'entre eux, Gable, Cooper et Stewart, étaient des conservateurs patentés, qui ne cachaient pas leur vote ultrarépublicain. Gable votera d'ailleurs Nixon, l'année de l'élection de Kennedy. Ravagé par la mort dans un crash de sa femme adorée l'actrice Carole Lombard, il s'était pendant la guerre engagé dans l'armée de l'air, en était revenu bardé de médailles. Mais c'est à James Stewart que revenait le titre de première star engagée dans le conflit, un an avant Pearl Harbor. Membre de l'US Air Force, il en était ressorti avec trente et une missions à son actif et une rafale de décorations, dont l'Air Medal, la Distinguished Flying Cross, la croix de guerre et sept étoiles pour autant de victoires en combat aérien… Il a fini avec le titre de général de division des unités de réserve. Quant à l'ineffable Cooper, il avait déclaré un jour pour se résumer, « Papa est un vrai Occidental et je suis son fils ». Bref : une brochette de types de droite, ultrapatriotes, pas exactement mon type de beauté. Mais comme acteurs, tous m'ont à un moment ou à un autre transporté, et ce que je retiens avant tout de cette photo est l'image magnifique, magique, idéale (idéalisée ?) de la camaraderie. Elle figurait en bonne place dans mon bureau à Canal.

Ma collectionnite aiguë a cependant des limites dont j'ai fini par prendre conscience.

J'ai deux obsessions principales, les pin-up et les objets ménagers du quotidien, américains. Je suis du genre à devenir fou devant un presse-agrumes.

Le point de départ de cette frénésie remonte à mes 13-14 ans, période où j'accumulais les disques, et les photos de pin-up auxquelles je suis venu après les comédiennes. Ensuite je suis arrivé aux pin-up américaines des années 40-50. J'écumais Paris pour trouver des clichés, j'ai entre autres fait la fortune d'un vendeur près de la gare Saint-Lazare.

Adulte, j'ai commencé à vraiment avoir les moyens d'acheter dans les années 1987-88. La toute première chose que j'ai collectionnée, à en devenir malade, ce sont les postes de radio. Je leur ai sacrifié des sommes phénoménales. A un moment donné, avant que je ne fasse une vente à Sotheby's en mai 2004, je pouvais me prévaloir de la plus belle collection mondiale dans le genre... Elle comprenait notamment plus de cinquante radios

Catalin. Ce modèle est emblématique des années 30, faisait alors partie du quotidien de la plupart des foyers américains. Sa particularité, outre les couleurs orange, vert, bleu, d'une gaieté à rebours de l'époque (la Dépression), était le matériau dont elle tirait son nom, le catalin, une résine de phénol-formaldéhyde. Proche de la célèbre bakélite, mais différent par son côté translucide et dans son processus de fabrication, le catalin a la propriété de ne pas être figé, de continuer à évoluer. Donc, avec le temps, au contact de la lumière et de la chaleur, il peut plus ou moins bien évoluer. D'où la nécessité, tous les trois-quatre ans, de frotter doucement l'objet à la peau de chamois ou avec des papiers suédois du plus fin grammage. Et alors le miracle s'opère : la couleur se réchauffe, reprend vie, pas à l'identique mais marbrée, ce qui est encore plus beau. Au fur et à mesure des années, on assiste ainsi à une succession de mues. Fascinant.

J'ai acheté une de mes plus belles radios en 1990. Une Sparton 1186 Nocturne en miroir bleu, de 1936, très grande (1,15 m), *a priori* destinée aux lobbies (halls) d'hôtels chic. Une radio pareille, c'est le rêve d'une vie, il n'y en avait alors que deux en circulation. C'est un de mes « dealers » américains qui m'a mis sur le coup. La Sparton « vivait » dans le Connecticut où je me suis évidemment rendu sans tarder pour voir la merveille. Laquelle m'a coûté 12 000 dollars. Problème : comment la rapatrier en France ? En raison du miroir, lui faire prendre l'avion, en soute, était trop risqué. La seule possibilité était que quelqu'un la prenne en « bagage accompagné », dans un avion mixte ligne-cargo… Le vendeur venait de se marier, n'avait pas encore fait de voyage de noces : j'ai payé le voyage Connecticut-Paris au couple, qui a donc convoyé la radio, en kit.

Cette Sparton a été dessinée par Walter Dorwin Teague, figure du streamline, ce courant du design qui a accompagné la politique du « New Deal » voulue par Roosevelt pour relancer la consommation aux Etats-Unis. Une autre figure, sinon LE maître du streamline, est Raymond Loewy, une de mes idoles, qui a une grande responsabilité dans mon engouement pour les objets ménagers. On doit entre autres à Loewy un livre fondateur, *La laideur se vend mal*, et la ligne esthétique des bus Greyhound, la bouteille de Coca, le paquet de Lucky Strike, il a aussi dessiné des hélicoptères, des locomotives… Une sorte de Don Draper (*Mad Men*), un type capable de modeler l'image des marques sur lesquelles il travaillait.

Je défendrai toujours pied à pied les logos et autres signes de reconnaissance qui ancrent une marque dans la mémoire collective. En changer frénétiquement comme l'ont fait bon nombre d'entreprises françaises ces dernières années, m'apparaît à l'inverse risqué et imbécile, une perversion née de la capacité des publicitaires à faire croire que « c'est très important de savoir se renouveler ». Voir le logo de Suez, ou celui de Vivendi, que plus personne n'est capable de décrire de mémoire. C'était d'ailleurs symptomatique de l'orgueil de Messier : il a changé le logo de Vivendi quatre fois… en un an. Autant de façons de marquer son territoire, quitte à ce que ce territoire perde tout contour aux yeux du reste du monde. Soigner l'image de Canal, en conforter la spécificité : cette nécessité s'est d'emblée imposée comme une priorité à laquelle nous avons accordé beaucoup d'attention.

Par exemple en diffusant des programmes qui ne feraient à coup sûr pas de gros scores mais qui auraient un impact sur une partie, fût-elle minime, de la population visée. Le golf est une bonne illustration de la démarche. Le golf n'intéressait que 8 % des téléspectateurs. Mais parmi eux figuraient des parents qui ne validaient l'abonnement à Canal voulu par leurs ados précisément que pour cela, parce que la chaîne leur permettait de suivre le tournoi d'Augusta, en Floride, dont les places sont bloquées cinq ans à l'avance. Additionnés, ces microsuccès ont profondément œuvré à l'image de Canal. *Idem* de l'esthétique de l'habillage (le graphisme, les couleurs, le logo, la patte Robial) : on lui a apporté un soin quasi obsessionnel et je suis convaincu que nous avons eu raison.

Donc, j'ai acquis ma fameuse Sparton. Triomphe intérieur. Mais pas sans borne. Il y avait toujours un modèle qui me manquait. Je n'arrêtais donc pas. A Paris, j'allais à Vanves, à Saint-Ouen, à Londres, à Camden Lock, à New York au Pier Show, etc. A un moment donné, il m'a fallu absolument un exemplaire de ces radios tchèques en bakélite, en circulation dans les années 30-40. J'ai eu du mal, mais j'en ai trouvé, *via* un couple d'antiquaires anglaises. Contrairement à de Greef, avec qui, dans les années 80-90, j'ai sillonné les flea markets (marchés aux puces) américains, j'étais tout bonnement incapable d'attendre, de marchander. Lui peut revenir trois fois après repérage pour faire baisser le prix, objectif qu'il atteint souvent. Moi, on pouvait me vendre à peu près n'importe quoi, dès lors qu'on me prenait par le bon côté. Et j'étais du genre à appeler mon banquier en pleine nuit pour être en mesure d'acheter un truc.

En vrai accro, j'avais un réseau de dealers, à l'échelle mondiale. On fonctionnait par fax, coups de fil, polaroids. A Paris, je comptais parmi les ravitailleurs mon complice Pierre Boogaerts. De Greef et moi, qui procédions de façon très méthodique et méticuleuse, notant le moindre contact, le moindre vendeur potentiellement intéressant, l'avons aussi mis sur des pistes.

A l'époque, tout ça a des airs de bimbeloterie, aujourd'hui on comprend que ces objets racontent aussi une époque, une sociologie, y compris les pin-up, *a priori* anecdotiques. Les pin-up et leurs poses coquines, light, attestent à la fois la pudibonderie qui régnait alors outre-Atlantique, et un début d'affranchissement. Elles sont signifiantes et patrimoniales. Soixante ans plus tard, tout le monde se pâme devant le « Burlesque » et adore *Tournée*, le film de Mathieu Amalric : j'y vois plus qu'un simple retour en grâce du kitsch dont bénéficient ces collectifs de vieux chanteurs qui remplissent les salles dans une nostalgie qui me dépasse. Le signe d'une aspiration à plus de naïveté, à une séduction plus ludique que frontale, à l'heure du grand déballage intime. A un peu de tendresse dans un monde de brutes. Car, la soi-disant « sulfureuse » Bettie Page comprise, il y a dans l'imagerie des pin-up quelque chose de gai et d'exubérant, rarement vulgaire. Sans compter la dimension gentiment humoristique de l'affaire qui a pu donner par exemple cette aquarelle que j'ai toujours, signée George Petty, figure du genre : une jeune femme en déshabillé mauve est au téléphone, la mine soucieuse. « He does not smoke, he does not drink, I don't know what I'll do to amuse him » (« Il ne fume pas, ne boit pas, je me demande bien quoi faire pour le distraire »). Délicieux, non ?

Un autre de mes pourvoyeurs en pin-up, mais aussi en revues érotiques et en images publicitaires, était le New-Yorkais Joseph Vasta. Chaque fois qu'il venait à Paris, une ou deux fois par an, Vasta me contactait, et on pouvait aller comme ça jusqu'au bout de la nuit à Canal, passant au tamis les photos, journaux, vieilles pubs qu'il apportait par sacs entiers, sous cellophane, étiquetés – origine, prix. Il me connaissait par cœur, savait exactement ce qui me plaisait.

Je continue de voir Vasta, même si je n'achète plus.

Convoiter, acheter, me mettait dans une sorte de transe. Et j'adorais ensuite me retrouver, chez moi comme à Canal, entouré de « mes trucs », mes objets. J'ai notamment habité, rue Danton, seul, un appartement immense où je stockais mes collections, mes postes de radio, mes pin-up, mes bouquins, mes K7 et mes laser discs avant les DVD… Tout était posé, étalé, un vrai capharnaüm. Mais je m'y sentais bien.

Un jour, je n'ai plus pu. Pour commencer, c'était l'après-Canal, mes moyens avaient chuté et j'étais conscient du côté boulimique de mon comportement. Et puis, je n'ai jamais oublié l'épisode suivant.

On est en 1987, Canal+ a trois ans. Nous sommes logés dans la tour Olivier-de-Serres, à la porte de Versailles. Quand un matin, ma secrétaire m'informe de la présence à l'accueil d'un certain Claude Tabet qui affirme bien me connaître. Elle attend ma réaction, habituée à ce genre de chanson. Sauf que là, je suis tout bouleversé. Claude Tabet. Je demande qu'on le fasse monter.

A la fin des années 60, fondateur du concours de la chanson La Rose d'or d'Antibes à Juan-les-Pins, Tabet m'a fait entrer au jury alors que je travaillais à Radio

Monte-Carlo. Il avait à l'époque un physique de play-boy italien à la Rossano Brazzi. Le teint mat, cultivé, généreux, volubile, orgueilleux et séduisant en diable, il avait participé à la bataille du Monte Cassino au côté du général de Monsabert, s'était lancé dans la radio dans les années 50, en collaboration cette fois avec Francis Blanche. Ça vous pose un homme.

Lors de cette rencontre initiale, il a la soixantaine, vient d'épouser une jeune Suisse de bonne famille de dix-huit ans. Et il partage son année entre l'Hôtel provençal qui jouxte la pinède de Juan-les-Pins, et l'hôtel Napoléon avenue Mac-Mahon, à deux pas de l'Etoile, où il mène grand train.

Donc, 1987. Vingt ans plus tard. La porte de l'ascenseur s'ouvre sur Claude Tabet. Un bon 80 printemps. Ridé, creusé, en costume prince-de-galles bien entretenu mais pas frais, des bottines à bouton, un petit gilet à l'ancienne, une canne à pommeau pour aider à la marche.

Dans mon bureau, il m'explique malgré un dentier mal arrimé, qu'il est à sec, qu'il doit une note à l'hôtel de Paris à Levallois, et qu'il se propose pour ce faire d'écrire des textes pour les Nuls, prêt à être rémunéré à la blague retenue. « A l'américaine, mon cher Pierre. »

J'espère avec élégance, je lui réponds qu'on verra ça à la rentrée, que je suis charrette et qu'il me remboursera à l'automne les 50 000 francs que je lui offre pour l'hôtel de Paris. « Pas de problème, lance Claude. Je dois toucher – enfin – mes droits d'auteur pour les textes de présentation de La Rose d'or. Ils me doivent dix ans de droits ! »

Claude est repassé à Canal+ huit mois plus tard. A sec. Il voulait vraiment travailler, urgemment. « Vous me connaissez, mon vieux… j'ai touché mes droits… et je me suis installé à l'hôtel Napoléon où j'ai repris la vie d'avant ! Et j'ai tenu six semaines… »

Je lui ai re-filé un coup de main, et il est reparti, petit et un peu plus courbé, son regard vif et malicieux un peu plus voilé. Je sais qu'il s'est installé en Corse, chez son ami Dominique Pado, ancien journaliste et sénateur. Claude est mort au printemps 1998.

J'ai réalisé en outre que cette collectionnite pouvait, telle que je la pratiquais, c'est-à-dire sans limites, avoir un côté excluant, égoïste. Elle ne laissait notamment aucune place à une quelconque vie de couple, encore moins de famille : circuler dans l'appartement rue Danton était tout bonnement impossible. Mon histoire avec Frédérique, qui deviendra ma femme, a ainsi commencé ailleurs, chez elle, et Frédérique n'a connu que tardivement mon appartement.

Et puis, au fur et à mesure, il est devenu évident qu'à moins d'habiter un château, et encore, il faudrait me séparer d'une bonne partie de cet amas. Frédérique aussi est chineuse (avec un penchant pour les années 40), mais les choses avaient pris chez moi des proportions ingérables. D'où la vente aux enchères de mai 2004, à Sotheby's – j'avais, aussi, cette fois encore, besoin d'argent frais pour payer les impôts. Crève-cœur ? Pas du tout. Même voir partir la Sparton ne m'a pas ébranlé. Avantage de ma fameuse sérénité face aux situations inéluctables. Le succès de la vente (on a vendu trois fois plus que prévu) m'a ravi… à 99 %. A l'exception des petits appareils photo Kodak à soufflet : j'avais toute une collection de « Vest pocket » et de « Kodak kid », de couleurs pastel, dont j'étais fou, et je me dis que j'aurais dû la garder, même si elle est très bien partie.

Reste à faire le tri dans les pièces stockées dans le Luberon, dans un immense hangar à température idoine. Pour l'heure, emballées, elles ont l'allure de fantômes d'une autre époque. De fait, c'est vrai, *the party is over*. Mais les belles endormies méritent sans doute meilleur traitement. Je m'en préoccuperai peut-être à ma retraite, que je remets toujours à demain.

IV

L'eldoradio

Alors qu'on pourrait spontanément l'attribuer à une sorte d'atavisme paternel, le journalisme est, après mon inscription aux Eclaireurs, l'autre grande intuition de ma mère.

1963 : j'ai 18 ans. Je suis ce gamin-furet, qui va de-ci de-là, à sa guise, plein d'intérêts et d'assiduité, hormis en matière scolaire. A la maison, ça ne pose pas problème. Le chômage n'existe pas, même pas à l'état de concept, sa peur ne leste pas encore les esprits, surtout pas dès l'enfance comme c'est le cas désormais. Au contraire, baby-boomer, je bénéficie de l'optimisme général, de la confiance dans l'avenir, que partage ma famille malgré sa sensibilité aux tensions existantes, guerre froide, bourbier du Vietnam qui s'esquisse, décolonisation douloureuse.

L'époque est à l'enthousiasme, on frôle l'insouciance. L'état d'esprit est le suivant : on a fini de reconstruire, on peut profiter, s'amuser. Tout le monde gagne plus que l'année précédente, l'idée de progrès est quasiment inscrite dans la Constitution. Le refus du laborieux, du pénible, me vient de là – de cette confiance qu'il existe toujours une alternative, des projets, des possibles.

18 ans, donc. Je n'ai aucune idée du métier que je pourrais exercer, l'orientation n'est qu'une activité scoute que j'adore. Bac obtenu ric-rac, j'envisage une fac de lettres. L'idée est avant tout de continuer sur cette lancée « je-prends-mon-pied ». Sachant que les filles ne constituent pas encore un pôle d'intérêt : au lycée, je suis tombé raide dingue d'une fille de mon âge mais plus mûre que moi, Anne-Marie Riand. Chevelure châtain foncé, pâle, l'air un peu grave, elle a quelque chose d'une Kate Winslet d'alors. A côté, je fais vraiment petit garçon – j'aurai longtemps l'allure d'un gamin. Autant dire qu'avec elle, j'en suis resté au stade de l'amoureux transi. Echalas à grand nez, j'ai de toute façon conscience de ne pas être un piège à filles, et, combinées à une certaine timidité, mes obsessions diverses achèvent de faire de ma vie sentimentale de l'époque un désert. Rien de grave, au demeurant : j'ai décidé, je suis persuadé que j'épouserai un jour Audrey Hepburn, mon actrice préférée, ce ravissement de grâce et de légèreté dont je sais par les magazines qu'elle n'est pas heureuse à la ville. Mon scénario : je la rencontre dans deux ou trois ans, l'aborde, et elle retrouve le sourire ailleurs qu'à l'écran... Encore aujourd'hui, je garde pour « Audrey » une affection sans bornes. D'autant qu'elle reste une manière de perfection : dans les cinq dernières années, plus de trente livres ont paru sur Audrey ou y faisant référence. Dont le joli « Comment rester une Audrey dans un monde de Paris (Hilton) ? ».

Le journalisme, ma mère m'en parle comme ça, un jour, au débotté, alors que je viens d'avoir le bac : « Tu devrais essayer d'intégrer le Centre de formation des journalistes. » Dans la foulée, elle contacte Jean-Luc Bellanger, mari d'une de mes tantes paternelles et dont le père, Claude Bellanger, ancien résistant, avait cofondé et dirigeait *Le Parisien libéré*. Jean-Luc était très à gauche et germanophile. Son père en revanche, penchait nettement à droite et *Le Parisien libéré* en faveur de l'Algérie française – *L'Aurore* en plus populaire. Mais pour défendre ses causes, ma mère pouvait faire preuve d'une volonté et d'une endurance insoupçonnables. Et là, c'était moi, sa cause.

L'idée était que Bellanger me permette d'accéder au concours d'entrée au CFJ, qui fonctionnait alors par cours de perfectionnement, le soir, de 18 h 30 à 23 heures. Ce concours n'était ouvert qu'aux gens de 20 ans alors que je n'en comptais que 18.

La directrice, madame Richet, me reçoit, estime que je ne suis pas assez mature, que je n'y arriverai pas, mais bon, si tout le monde insiste… Je passe l'été à réviser, chez mon père, un appartement assez modeste dans un HLM de Montreuil. Pour une fois, pour la première fois, histoire, géographie, culture générale, je m'emploie vraiment, et en septembre, je réussis l'examen.

Me voilà donc parmi des étudiants qui ont en moyenne 25 ans, qui pour certains ont déjà des enfants et des problèmes de baby-sitting, quand moi je suis surtout préoccupé par mes classements de disques.

Je me mets au premier rang, sage comme une image. Mais dès le deuxième ou troisième jour, un type à belle allure, « smart » comme on dit à l'époque, me tape sur l'épaule pour me proposer de dîner après le cours : ainsi commence mon amitié avec Jean-Michel Desjeunes,

Jean-Robert Cherfils, et Patrick Pesnot. Ce trio me persuade un peu plus tard de choisir l'option radio quand jusque-là je ne pensais que presse écrite, même si, contrairement aux « rookies » de l'époque, mon fantasme n'était pas de décrocher une place au Bulletin de l'étranger du *Monde*. La radio, dans mon esprit, n'est pas quelque chose de sérieux mais une source d'amusement et de détente qui rime avec musique. L'information, la vraie, relève de la presse écrite, du type de celle que lit ma famille, du type de celle que fabrique mon père.

Mais Desjeunes-Cherfils-Pesnot sont convaincants, enthousiastes, et avec eux, j'entrevois très vite le prolongement de l'alliage amitié-solidarité-efficacité découvert aux Eclaireurs. Des copains, des camarades, des grands frères, ils ont ce potentiel-là, bientôt on forme une petite bande très soudée que j'ai hâte de reconstituer sans cesse. Sachant que les horaires du CFJ me laissent le loisir de vaquer à ma quête de disques, de photos, d'aller au cinéma, d'écumer les librairies… La vie est belle, fluide, variée.

La formation radio est assurée par Georges Fillioud, futur ministre socialiste de la Communication et alors grande voix d'Europe 1 – il sera contraint de quitter la station pour avoir, en février 1966, signé l'appel lancé par le Mouvement national pour l'union des gauches. Fillioud est un excellent pédagogue grâce auquel je découvre une autre écriture, basée sur le rythme et la concision, ce qui me convient parfaitement, moi qui bouclais les dissertations de philo en une page (voir plus haut).

Plus globalement, le CFJ est une nouvelle révélation. Soudain, étudier devient passionnant, j'entrevois une profession à la fois compatible avec ma curiosité tous azimuts et avec ma tendance à l'obsession : il faut décortiquer les faits, les recouper, en tirer une histoire, tout ce que j'aime. J'apprends à le faire avec précision, réactivité, rigueur. Dans l'encadrement, des personnalités mettent la barre assez haut en termes d'exemplarité. A commencer par Philippe Viannay, le créateur avec Jacques Richet du CFJ, figure de la Résistance, grand animateur de la presse française au sein de *Défense de la France*, futur *France-Soir*, puis de *France Observateur*, du *Nouvel Observateur* et du *Matin*. Viannay se doublait d'un écolo avant l'heure, avait avec sa femme également résistante fondé à la fin des années 40 l'école de voile des Glénan avant de co-initier le Conservatoire du littoral, en 1975. Les interventions de l'historien François Furet me restent aussi en mémoire, claires, précises, révélatrices d'enjeux.

C'est Philippe Viannay, grande carcasse échevelée, qui viendra nous annoncer larmes aux yeux l'assassinat de John Kennedy, le vendredi 22 novembre 1963 à Dallas. Ce sera ma première nuit de veille journalistique, les yeux rivés sur les dépêches et la télé, les oreilles collées au poste de radio. Avec l'émotion qui le dispute au besoin de compréhension et à l'exercice de restitution de l'information.

A la sortie du CFJ, les places en radio étaient réservées aux trois meilleurs de l'option, je n'en faisais pas partie. J'entre en stage au *Provençal*, à Marseille, tandis que le trio Desjeunes, Cherfils et Pesnot rallie Radio Luxembourg, future RTL. Agréable expérience, *Le Provençal*, où je reste six mois, rédacteur aux pages locales. Le journal a alors son siège en plein centre-ville, dans le quartier de l'Opéra, où se croisent des populations très différentes, ouvriers, prostituées, souteneurs, tout ça dans une ambiance chaleureuse, rien de tendu. J'apprécie, je me laisse porter, j'envisage d'y rester.

C'est aussi l'époque, 1965, où je me fais réformer, comme beaucoup et en toute bonne conscience vu qu'on est alors à peu près en paix partout. Une nouvelle fois la chance, d'avoir échappé à la guerre, d'Algérie cette fois, et de ne pas avoir eu de copain ou de parent envoyé là-bas. Evidemment, dans ma famille communiste, et en particulier du côté de mes parents qui étaient très amis avec Henri Alleg, on était pour l'indépendance de l'Algérie et la décolonisation. Mais ces grands légitimistes ne soutenaient pas forcément les déserteurs, ni les « porteurs de valises » des réseaux Jeanson, et les accords d'Evian les satisferont.

Je suis réformé au prétexte d'être « subictérique » – sujet à de graves jaunisses. J'avais le foie fragile, depuis un épisode d'enfance, mais je me suis bien débrouillé aussi, m'imbibant de gin-fizz la veille de l'examen médical : le type à l'hôpital militaire de Percy a effectivement conclu, « subictérique ». RSF par conséquent – Rejoint Ses Foyers. Dans les jours suivants, je signais un contrat pour travailler à RTL.

Car voilà : je suis au bord d'accepter une embauche au *Provençal* quand Jean-Michel Desjeunes me fait venir à Radio Luxembourg. Il a convaincu Jean-Pierre Farkas, le directeur de l'information, et Philippe Gildas, son adjoint, de me recevoir, l'entretien se solde par mon engagement. Gildas deviendra mon ami, avec ce rituel : chaque nuit (on doit être à la station à 4 heures du matin), lui qui est domicilié à Saint-Maur fera un crochet pour me chercher à Choisy.

Sous ses airs bonhommes, inoffensifs et rigolards, Gildas, également passé par le CFJ, entré à RTL après avoir commencé comme secrétaire de rédaction à *Combat*, est un excellent journaliste et plus encore grand chef des infos, simultanément réactif, précis et fluide. A RTL, avec d'autres jeunes comme Christian Brincourt, Guy Darbois, Yves Courrière, Philippe Alfonsi, il est de ceux qui ont envie de faire bouger les lignes, de sortir de la radio de papa.

Au départ, je suis chargé des résultats des courses, et puis, progressivement, on me teste, à blanc, sur les faits divers, des petits reportages. Le tout premier a pour sujet le meilleur ouvrier de France en pâtisserie. L'occasion d'une vraie leçon de journalisme.

J'ai posé toutes les questions possibles, je reviens assez content de moi. Après avoir écouté l'interview, Farkas me dit : « Viens voir, petit... T'es d'accord que c'est chiant, hein ? Et il n'y a qu'une question que t'as pas posée, qui est celle que j'aurais posée, et qu'a posée le journaliste d'Europe qui a fait le même reportage : “Et chez vous, qui fait les gâteaux ?” » Il avait raison, elle aurait apporté, outre l'information, une touche de fantaisie, de décalage, qui aurait fait la différence. Une remarque comme celle-là fait gagner deux ans – à la fameuse question, le pâtissier a répondu, « Ma femme ».

Là-dessus, sur proposition de Desjeunes qui fourmillait d'innovations sur le métier, on met au point un journal matinal à trois voix. Un journal très écrit mais dit sous la forme du dialogue, de l'interaction, bien plus décontracté que le ton déclamatoire et sentencieux alors en vogue : on s'était dit que, pour toucher le plus grand nombre, il fallait se rapprocher de la manière de parler des gens, et traiter des sujets qui les intéressaient. Pour autant, on s'interdisait le bon mot pour le bon mot, on demeurait absolument journalistes. Jean Farran, nommé en 1967 à la direction de la station (que Jean Prouvost, le propriétaire de *Match*, a rachetée et renommée RTL), nous dira tout de même, un brin ébouriffé : « Les enfants, on va dire que la limite, c'est "Et ta sœur", d'accord ? »

La radio, à l'époque, c'est l'eldoradio. On y gagne plus d'argent qu'à la télé. C'est d'ailleurs une fois embauché à Antenne 2 que je connaîtrai mes premières vraies difficultés financières, plombé par mes impôts : même comme patron de la rédaction, je gagnerai moitié moins qu'à la radio – pour un poste de directeur d'antenne, il est vrai.

A RTL, on souque plus que ferme, je dors quelque chose comme quatre heures par nuit. Je n'en tire aucune gloire, je n'ai pas l'impression d'avoir été un stakhanoviste, c'est juste que j'aimais ça et comme j'ai quasiment toujours occupé des postes qui me passionnaient, travailler les deux tiers du temps était mon mode de vie. Le tiers restant étant dévolu à dormir ou à me divertir – aller au concert bien sûr, l'époque est phénoménale, au-delà même de l'axe Beatles/Rolling Stones –, mais aussi, surtout, voir les copains, discuter, imaginer encore et toujours ce qui est possible, faisable, nouveau, prometteur, intrigant, excitant. Ça se passe en boîte, au Bus Paladium, au Saint-Hilaire : je ne danse pas mais j'écoute de la musique en buvant du gin-fizz, et je cause, je cause…

L'équation est simple : si je n'ai pas de plaisir à être au boulot, si je ne me sens pas chez moi au boulot, eh bien j'essaie d'en changer le plus rapidement possible.

A l'époque, le journalisme n'est pas encore un métier sinistré, personne n'est contraint à la frilosité.

Desjeunes est le plus doué d'entre nous. Il a non seulement une très bonne voix, du velours, mais une approche très moderne, novatrice, du métier. Et dans ce journal du dialogue, il est la pierre angulaire. Le fil conducteur et le lien, entre Cherfils qui a en charge l'actualité et moi qui développe une partie plus magazine, où je cultive une prédilection pour les faits divers, les procès, le sport, et bien sûr la musique. Mon ton aussi diffère, plus décontracté, voire blagueur. L'idée est que l'information prévaut, doit être donnée avec précision et rigueur, mais que 1/ elle n'est pas forcément que politique ou économique, et que 2/ la manière n'est pas soumise à une doxa figée dans le marbre.

Cela reste mon équation aujourd'hui : 51 % de fond, 49 % de forme.

Parallèlement, on écrit des textes pour Georges de Caunes (moi) et Philippe Bouvard (Desjeunes), qui ont été recrutés pour des émissions généralistes, qui mêlent récits, musique, opinions... C'est à Jean Farran, le directeur de la station, conscient de la montée en puissance de la télévision, que revient cette intuition-là, de la plus-value que peut apporter la « star ».

Beau, élégant, charmeur, de Caunes, co-inventeur du journal télévisé, fait rêver tout le monde avec son indépendance farouche vis-à-vis de l'ORTF, ses expéditions au Groenland aux côtés de Paul-Emile Victor, ses reportages en Amazonie, son séjour en solitaire aux îles Marquises. Bouvard, lui, s'est fait remarquer comme chroniqueur au *Figaro*, langue bien pendue voire polémique, qui prolonge et renouvelle une veine bien française.

Je vois d'ici des fronts se plisser, des moues s'esquisser. Ce « 51 % d'information-49 % de forme », il est vrai ténu, ne préfigure-t-il pas l'*infotainment*, cette dérive, cet alliage bâtard entre information et *entertainment* (divertissement, donc), quand le journalisme ne devrait être qu'information ? Il peut effectivement y avoir dérapage, quand le journaliste passe du côté obscur de la force, du côté du bla-bla, du packaging, de l'emballage. Quand le commentaire en sangsue saigne l'information à blanc, jusqu'à laisser l'article vide de tout élément nouveau, vain, donc. Je suis le premier à fulminer à la fin d'une page de jacassage, d'où je ressors sans avoir rien appris hormis les états d'âme du plumitif, qui brasse, qui brasse – des effets (de « style ») plutôt que des faits, du « ressenti », du soi-disant humour. Il y a certainement un public pour ça, notamment en France, je n'en suis pas.

Mais je suis convaincu que maintenir l'équilibre reste possible. Même en ces temps où l'information est de plus en plus instantanée, comme jaillie de la boîte quand à mes débuts elle était encore l'apanage des professionnels qui avaient au moins ce pouvoir, d'être ceux qui la dénichaient, qui la révélaient, qui la faisaient circuler. Le « scoop » n'était pas rare, sans même que le journaliste ait besoin de partir pour des contrées reculées.

Aujourd'hui, Internet, téléphone portable : en deux secondes tout peut se savoir, le quidam passe de témoin dont on aurait autrefois filtré, passé les dires au tamis, à la position d'émetteur brut de décoffrage, souvent sans limites. Phénomène pas inintéressant, qui produit des images inédites et dont le côté amateur décuple encore l'impact. Les attentats du 11 septembre, ceux de Londres et Madrid, plus récemment les « révolutions » dans le Maghreb : sans le citoyen lambda au cœur de l'événement, une partie de la réalité nous aurait échappé.

Mais, en parallèle, que de déchets. Images sorties de leur contexte, rumeurs, atteintes à la vie privée, *sex tapes*, agressions filmées par un des participants... Tous les « documents » amateurs n'ont pas la portée instructive de la vidéo du passage à tabac de l'Afro-Américain Rodney King par le LAPD, la police de Los Angeles, en mars 1991.

Donc, le journaliste se retrouve à courir derrière « l'info ». Le bandeau « dernière mise à jour » des sites Internet, dont l'unité de mesure est la minute, l'atteste : l'époque est au sprint, qui dépasse le seul objectif d'informer au plus vite et le plus complètement, d'apporter vraiment quelque chose. Il faut occuper le terrain, se montrer dans le coup alors que dans 90 % des cas, tous disent la même chose au même moment. Les vraies révélations sont *in fine* rares, le lecteur n'a pas tous les jours droit aux carnets de la comptable de Liliane Bettencourt publiés par Mediapart, ou à la vidéo du « Quand il y en a un, ça va. C'est quand il y en a beaucoup qu'il y a des problèmes » d'Hortefeux, diffusée par LeMonde.fr et Dailymotion (rappelons que la chaîne parlementaire Public Sénat avait retenu ces images pourtant tournées par ses propres équipes).

WikiLeaks me laisse aussi sur la réserve. Lancé en 2006, le site spécialisé dans la fuite anonyme de documents et de renseignements, a connu sa première heure de gloire avec la diffusion d'une vidéo montrant une bavure de l'armée américaine en juillet 2007 à Bagdad (onze civils tués dont deux photographes de l'agence de presse Reuters). Entreprise paranoïaque et irresponsable, prête à balancer n'importe quoi au prétexte que la vérité est partout empêchée, ont rétorqué Washington mais aussi certaines grandes voix de la profession comme Bob Woodward, héros du Watergate.

Je demande à voir.

WikiLeaks a permis de lever le voile sur certains scandales, blanchiment d'argent, erreurs militaires (dont certaines françaises) en Afghanistan, et la volonté d'informer en toute transparence, de déjouer la censure en cours dans les pays non démocratiques notamment, semble prévaloir. WikiLeaks revendique par ailleurs analyse, pluralité des points de vue, expertise, « grâce à une communauté planétaire d'éditeurs, de relecteurs et de correcteurs bien informés ». L'affirmation reste à vérifier, et les journalistes qui s'emparent de ces données doivent évidemment se barder de circonspection, voire de méfiance – mais après tout, ils sont censés le faire vis-à-vis de toute source. Un site comme Wikipédia a déjà brouillé les cartes, qui fournit en un clic des données que le grand public mais aussi nombre de journalistes prennent pour argent comptant : avant, le métier consistait à vadrouiller sur le terrain *puis* à s'asseoir devant la machine. Le mouvement inverse est ces temps-ci à l'œuvre, avec une part de vadrouille de plus en plus restreinte voire escamotée.

Le journalisme à mes yeux est un job basique : il s'agit de voir, regarder, écouter, questionner, recouper, raconter, et s'il y a une dimension archiviste, historienne, elle vient dans un deuxième temps.

Travailler le fond, approfondir l'information vu que tout le monde l'a déjà à l'état liminaire, voilà l'alternative, y compris pour la presse quotidienne, qui a pourtant, dans la plupart des cas, renoncé au reportage au long cours. Faute de moyens, bien sûr : la crise dans ce secteur, en particulier en France mais aussi dans le reste du monde, n'est un mystère pour personne, et elle est directement liée à la désertion du lectorat, dont les habitudes changent, prioritairement en faveur d'Internet. Evolution sur laquelle je ne pleurnicherai pas en vieux con. De même, la mise en concurrence du livre papier avec le livre numérique sans m'enthousiasmer ne me glace pas d'effroi : voyons voir. En termes de confort de lecture, les récentes tablettes apportent des améliorations qui pourraient bien me convertir au journal voire au livre numérique. Mais je veux croire que le livre numérique se nourrira surtout de biographies, de documents, et que le roman restera l'apanage du papier. Le rapport au roman est autre, le papier est en soi romanesque.

Pour l'information, mon interrogation demeure : pourquoi ne pas faire payer cette production sur le Net, au même tarif que celle sur papier ? Ce contenu serait-il de moindre qualité que celui de papier – vaudrait-il moins le coût ? La gratuité favorise peut-être le clic, mais elle conforte aussi l'idée d'un métier qui au fond n'a plus vraiment de spécificité voire de nécessité. La publicité peut compenser ce manque à gagner, objectent certains... J'ai connu perspective plus enthousiasmante. Il suffit de feuilleter les magazines féminins, toujours plus dépendants de la pub, soumis aux oscillations des budgets de marques qui à l'occasion insèrent des « communiqués » d'une ressemblance confondante avec le reste de la publication. Sans compter les retours d'ascenseur notoires mais imperceptibles pour le lecteur lambda, entre pubs et « vrais » articles.

La presse ne peut se passer des annonceurs. Elle devrait en contrepartie élever son niveau d'exigence. Un magazine comme *Vanity Fair* regorge de pubs, ça n'aura échappé à personne, mais chacun de ses numéros offre au minimum trois sujets fouillés, qui racontent de fond en comble une personne, un événement, un phénomène, et il est palpable que le journaliste a passé du temps sur sa copie, qu'il a eu du temps pour enquêter comme pour rédiger. Evidemment, un tel journalisme nécessite des moyens financiers, dont Conde Nast, le groupe propriétaire de *Vanity Fair*, peut se targuer. En France, on paie mal les journalistes mais on les laisse faire des livres...

Les patrons de presse ont aussi une part de responsabilité éditoriale : à vouloir à tout prix rendre compte de tout, à commencer par ce que rapporte déjà la concurrence, bien des titres ont perdu de leur singularité, de leur impact – de leur identité. Maisons au service personnalisé qui virent aux supermarchés, où on trouve tout mais rien de spécifique. Pourquoi le lecteur ferait-il preuve de fidélité ?

Le champ du récit s'est particulièrement rétréci à partir des années 90, quand jusque-là, grâce à un magazine comme *Actuel* notamment mais aussi dans un quotidien comme *Libération* et ses pages société, on avait droit à des plongées au long cours, non seulement incarnées, vibrantes, mais instructives, révélatrices. La crise, en matière de presse comme pour le reste, est mondialisée. Mais je constate qu'en Italie, en Espagne ou en Allemagne, l'offre reste conséquente, tant quantitativement (nombre de titres) que qualitativement : opinions, enquêtes, scoops. En retour, le lectorat local reste solide, malgré un effritement. Idem chez les Anglo-Saxons et les Japonais. Quasiment seule, la France... Cette autre exception mériterait une ample réflexion.

A mes yeux, Philippe Garnier est en France le dernier des Mohicans de ce courant-là, des journalistes-passeurs-griots. Un des rares « Gaulois » à exceller dans le *story telling*.

J'ai commencé à le lire dans *Rock & Folk*, au début des années 70. A l'époque, il était disquaire au Havre, tenait une petite boutique du nom de Crazy Little Thing, avec un prisme punk anglais. Il a commencé dans le journalisme un peu par hasard et paradoxalement : en tant que lecteur, il se fendait régulièrement de lettres d'insultes à *Rock & Folk*, si bien qu'un jour la direction du magazine l'a mis au défi de s'y coller... C'est comme ça qu'il a commencé par chroniquer des disques, des concerts. Ont succédé des sortes de cartes postales des Etats-Unis où il est ensuite parti (il vit toujours à Los Angeles). Il était question de musique – Garnier produisait à l'occasion, *via* son label Sponge Records : les Real Kids de John Felice ou le Rocky Erickson, ex-Spades et 13th Floor Elevators, chanteur-guitariste génial, paranoïaque, à la vie jalonnée d'internements psychiatriques.

Mais Garnier a très vite élargi son champ, il pouvait par exemple consacrer un article entier aux hamburgers... Avec lui, on est vraiment sorti des clous de ce qui se faisait alors en matière journalistique. On peut y voir l'influence de Grover Lewis, ce journaliste du *Rolling Stone* américain, le vivier du journalisme *gonzo* dont les figures connues sont Hunter S. Thompson (*Las Vegas Parano*), Lester Bangs (*Fêtes sanglantes et mauvais goût*), Greil Marcus (*Lipstick Traces*). Grover Lewis était l'idole de Garnier, qui l'a rencontré plus tard et par hasard aux Etats-Unis, ils sont devenus amis, ça a donné *Freelance*, un livre typique de sa façon. Un hommage-rhizome, sous le signe du détail maniaque, de la connaissance encyclopédique et volontiers digressive, j'adore.

Musique, cinéma, roman noir, Garnier est un connaisseur dans tous les cas jusqu'au-boutiste, qui passe des vies entières au tamis de sa curiosité cannibale (Dashiell Hammett, David Goodis, Phil Spector), qui ouvre des voies dans l'historiographie hollywoodienne, interviewant têtes de pont comme petites mains avec la même précision abyssale, pour « Cinéma, cinémas » par exemple, pour *Libération* aussi, *Vogue*, pour ses livres. C'est bien simple, il me suffit de voir sa signature pour être déjà embarqué, *on the road again*. Je sais d'emblée que le voyage aura un goût de poussière, de sueur et d'obsession, avec le fric, la désillusion et souvent la folie en épices d'un récit épique.

On a commencé à faire connaissance en 1998, au moment de la Coupe du monde : comme j'avais appris qu'il était en France, et que Canal avait une loge, je l'ai invité avec son père à assister à un match. Il était étonné mais moi je me souvenais qu'il s'intéressait au foot, notamment anglais, Arsenal, Chelsea.

Au moment de la fusion avec Vivendi, j'ai commencé à passer la moitié de mon temps à Universal, à Los Angeles donc, et on s'est mis à se voir régulièrement. On déjeunait chez lui et sa femme Elizabeth Stromme, tout en haut de Sunset Boulevard, puis il prenait la vieille Taunus, et il me faisait sa visite de Los Angeles. J'avais l'impression de me retrouver dans un film tiré d'un de ses articles. On faisait par exemple la tournée des hôtels qu'on trouve dans tel bouquin de Chandler… Au moment de la sortie de *L.A. Confidential* de Curtis Hanson, Garnier m'a entraîné dans un circuit des maisons d'architectes qu'on voit ou qu'on aperçoit dans le film. J'ai eu aussi droit aux grands cimetières de Los Angeles, à commencer par celui situé derrière la Paramount, qui accueille notamment les tombes de Douglas Fairbanks Jr., d'Errol Flynn, mais aussi de nombre d'immigrés russes de la dernière génération, qui s'offrent des concessions-mausolées, las vegassiennes en diable… A l'entrée, un système GPS permet de se repérer entre les caveaux, des *biopics* de certains défunts sont même à disposition – d'aucuns, on n'est jamais trop prévoyant, font carrément réaliser de leur vivant de courts films hagiographiques. Dans un coin, repose Joe-« L'été indien »-Dassin, rapatrié de Tahiti.

Tout du long, Garnier, guide-druide, a fait preuve de sa précision insensée, encyclopédique, labyrinthique, enchaînant anecdotes et microdétails.

Un journaliste comme Garnier, feuilletoniste, littéraire, en France, est extrêmement rare. Pour le souffle, l'ampleur, on pourrait le rapprocher de François Caviglioli, gloire de *Paris Match* puis du *Nouvel Observateur*. Caviglioli a obtenu la reconnaissance avec sa couverture de l'affaire Ben Barka, s'est illustré dans le reportage à l'étranger (la chute de Saïgon) avant de s'en tenir aux faits divers. L'occasion de partir dans des descriptions, grandioses, qui renvoient le compte-rendu de base au simple rapport de police. Mais Garnier, lui, décolle carrément, va profiter d'un fait divers type assassinat d'une starlette pour partir dans un vrai roman, qui va remonter jusqu'aux fondements du cinéma américain, convoquer Howard Hawks et John Huston pour un duel au soleil, avec la mafia en embuscade.

L'*infotainment*, nous nous y sommes vraiment mis, avec Jean-Michel Desjeunes, en 1968. Eh oui, en 1968, cette année pourtant débordante d'actualité, d'événements, ce tournant dans la société française. Où sommes-nous donc allés trouver la dimension *entertainment*, où avait-on la tête alors que la révolution était en cours dans l'Hexagone ?

A Monte-Carlo. A RMC, très exactement. On y avait débarqué au printemps, pour mettre en œuvre la refonte complète que Jean Gautier, alors directeur de la station, souhaitait pour contrecarrer une perte de vitesse majeure et une image de radio ringarde perchée sur son rocher doré. Dans cette optique, il avait fait plancher René Cleitman, patron de la régie d'Europe, et les deux valeurs montantes de RTL, Philippe Alfonsi et Desjeunes. Desjeunes qu'il débauche au final, et qui, donc, m'embarque dans ses bagages comme il le fera si souvent.

Notre projet : animer la tranche clé 18 h 30-22 h 15. L'équipe : Desjeunes comme toujours en fil conducteur, velouté et fluide donc, moi en charge de l'information et de la musique à laquelle on accorde une place de choix, Jacques Bal responsable de la réalisation et de l'humeur, et Claudine Giraud en douce voix de la pub – Claudine, beauté à l'italienne qui était à la ville la fiancée de Jean-Michel, est LA voix qui a fixé l'ADN de FIP. Roulez jeunesse, on est remontés comme des coucous, convaincus de tenir une formule qui marchera.

L'émission s'intitule « Monte-Carlo Magazine ». On a renoncé à « Radio Caroline » vu l'hostilité du prince Rainier. Dommage, il s'agissait pour nous de rendre hommage à la radio pirate du même nom, qui émettait en langue anglaise à partir d'un bateau voguant dans les eaux internationales de la mer du Nord, avec pour animateur phare, en 1964-65, « Emperor Rosko », pseudo de Michael Pasternak, fils du producteur de cinéma Joseph Pasternak qui a même fait tourner Elvis Presley, c'est dire. Un sacré pistolet, Rosko. Au départ fils de bonne famille passé par de chic pensions suisses et françaises, d'où le pseudo-bilinguisme, il est venu à la radio par Eddie Barclay (ami de son père), s'est mué en histrion qui fait en 1966 les belles heures de RTL avec « Minimax » (« un minimum de bla-bla, un maximum de musique »). Démocratie oblige, il s'est rebaptisé « President Rosko », mais son perfectionnisme (sa maniaquerie ?) le fait agir en autocrate, qui veut tout faire seul, lancements des disques, jingles, pubs. Ça lui vaudra un préavis de grève des techniciens de RTL. A 67 ans, il est aujourd'hui toujours plus ou moins en activité, après être reparti en Angleterre, puis aux Etats-Unis.

Donc, on lance « Monte-Carlo Magazine », le 16 avril 1968. *No comment*… Une « révolution » pour l'humanité, la bérézina pour nous.

Toute la presse française a les doigts dans la prise, nos collègues sont sur les barricades... On se sent soudain comme au sanatorium. Losers de première catégorie, bientôt au chômage technique : vu l'ampleur de l'actualité parisienne, notre émission laisse place à des « spéciales » en direct de là où ça se passe. Musique de générique à 18 h 30, depuis la Principauté, et Desjeunes lance : « A vous Paris ! ». Sentiment de déconfiture complète. Et moi qui me prévaux d'avoir du nez...

Cela étant, au-delà du strict intérêt journalistique, je dois dire que mai 68 ne me fait pas plus d'effet que ça, y compris *a posteriori*. D'accord, la France de De Gaulle était engoncée, et on y étouffait. Mais à bien y regarder, mai 68 était un mouvement de petits-bourgeois qui n'a pas franchement fait avancer la cause des plus à plaindre, les ouvriers des usines où les intellos partaient en immersion comme l'anthropologue va au contact de tribus reculées.

En outre, un certain nombre de valeurs et de choix de société prônés par les « révolutionnaires » relevaient pour moi du truisme, à commencer par l'égalité entre les femmes et les hommes. Dans ma famille, les femmes ont toujours été à égalité avec les hommes, voire dominantes. Ma grand-mère était une femme qui existait à plus de 50 % dans son couple et ma mère avait dû s'assumer seule. Quant à mon oncle, son amour passionné pour les femmes les a toujours mises en lumière de façon gratifiante : il les aimait belles, mais avant tout pour leur personnalité, chaque fois bien marquée, et il nous les présentait comme telles. Mon père, s'il s'est marié à cinq reprises, l'a chaque fois fait car tombé profondément amoureux et qu'épouser est alors la moindre des choses, sachant qu'il n'était ni conservateur ni bourgeois, pas du genre à épouser par simple respect des convenances.

Et bien sûr, j'étais favorable à la légalisation de l'avortement, pour que chacune puisse être maîtresse de son corps et pour partie de son destin. C'était pour moi comme pour mes amis une évidence, résultat, on n'en débattait donc pas. Sans doute aurait-on dû militer un peu plus en sa faveur, et pour d'autres causes.

C'est une constante : je peux prendre position, mais militer, non. Je n'ai d'ailleurs jamais souhaité ni pu travailler dans un journal d'opinion. Ce qui n'empêche pas de donner un point de vue, par la façon d'aborder les sujets notamment, et personne ne pourra dire que j'ai été un jour de droite. Dans le même temps, à chaque fois qu'on a suggéré que Canal était « de gauche », j'ai toujours estimé et répondu que c'était ridicule. Si globalement on était plus de gauche que de droite, et s'il est quasiment certain qu'aucun lepéniste n'y travaillait, pour le reste, cela restait une question ambiguë, à la réponse plus composite que la caricature.

Non seulement il n'y avait pas de mainmise socialiste, mais Canal irritait le PS plus qu'autre chose. A commencer par André Rousselet, certes intime de Mitterrand, mais qui n'était pas encarté et qui a toujours été indépendant, violemment indépendant. Il faut par exemple se souvenir que peu après la création de la chaîne, nous nous sommes retrouvés en opposition violente avec Laurent Fabius, alors ministre du Budget, qui soutenait ouvertement le projet de conversion de Canal en une télévision privée commerciale en clair que nourrissait Jean Riboud (alors PDG de Schlumberger). Ce bras de fer a failli nous faire boire la tasse définitivement.

J'ai participé à de nombreux séminaires ou réunions initiés par la gauche : le bilan a toujours été une perte de temps. Ça tournait en boucle, ça ratiocinait, or je n'aime pas le débat pour le débat ou alors oui mais entre amis, pour le plaisir du bretteur, la beauté du geste. Là, on faisait mine d'être prêts à décider quelque chose mais trop souvent les postures prévalaient.

L'affiliation m'a de toute façon toujours dérangé, gêné aux entournures comme un costume trop étroit. Il n'est qu'un « parti » dans lequel je me reconnais vraiment, et il n'est pas politique. Progressiste, voilà l'étiquette qui m'irait.

Il faut dire que j'ai grandi dans les années 50 avec ces fameux « compagnons de route » du PC, les progressistes, qui étaient assez nombreux pour former un groupe à l'Assemblée nationale. Ils ne changeaient pas « la ligne du parti », mais ils ouvraient l'horizon politique et social, dans un temps où la SFIO en était bien incapable. Mes parents avaient une franche estime pour Pierre Cot, grand résistant et député à la Libération (son fils Jean-Pierre deviendra lui-même ministre en 1981, chargé de la Coopération et du Développement).

Les idées des « progressistes » s'exprimaient beaucoup, précisément, dans un quotidien du nom de *Libération*, dont les caractères du logo rappelaient fort le graphisme du *Monde*. Son directeur et fondateur, Emmanuel d'Astier de la Vigerie, avait une classe folle et pleine de modernité. Idéaliste courageux, d'Astier avait même lancé une édition vespérale de son *Libération* nommée *Ce soir*, et les deux titres ont abrité et éduqué toute une génération de très grands journalistes, dans toutes les rubriques, de ceux qui font naître les vocations. C'est aussi d'Astier qui, plus tard, a créé le novateur *L'Evénement*.

En revanche, je me sens désormais bien plus libre pour exprimer certaines positions. A commencer par mon exaspération devant le délitement de la politique culturelle dans l'Hexagone : il est loin le temps où, grâce au TNP, puis à de Gaulle et Malraux, puis ensuite à Jack Lang mais aussi Jacques Toubon et Catherine Tasca, un vrai souffle animait les décisions publiques dans ce domaine, au point de constituer une spécificité nationale. Or dans un pays comme la France, qui a moins que d'autres le sens profond du collectif, une impulsion de cette dimension, et un service public fort, relèvent de l'absolue nécessité.

Dans le même temps, pour avoir travaillé dans le service public, à la télévision, je sais les pesanteurs administratives, syndicales, structurelles, qui entraînent une perte de temps et d'énergie abyssale. Elles n'existent pas à la BBC, ni dans le service public allemand. L'Angleterre comme l'Allemagne sont pourtant des terres de syndication bien plus fortes que la France, où les derniers grands mouvements sociaux ont d'ailleurs été lycéens ou universitaires plus que professionnels : la preuve, selon moi, que les syndicats sont ici corporatistes, politiques, désormais dépourvus de la notion d'intérêt général qui devrait les animer. Ça donne par exemple ce que j'appelle les « grèves-thromboses », qui paralysent complètement plutôt que de faire avancer le processus.

Je peux avoir un côté très dirigiste. Je serais par exemple partisan de rendre le vote obligatoire, pour renforcer la démocratie. La démocratie est un luxe avec lequel on ne devrait pas pouvoir plaisanter. Aussi infinitésimale soit-elle, le citoyen a une voix, et il doit l'utiliser : s'il n'a pas participé au vote, alors il n'a pas le droit de participer à la vie du pays... Tyrannie à l'envers ? Face à la dépolitisation croissante, et vu les dégâts que le pouvoir actuel cause à la chose publique, il y a à mes yeux urgence et nécessité d'adopter des mesures solennelles.

Ces temps-ci, l'immédiateté prévaut, on légifère à tout bout de champ, et dire que l'avènement de Nicolas Sarkozy accélère la déliquescence du sens de l'État et du respect qu'on peut prêter à la politique, relève de la lapalissade. Quelqu'un qui est capable d'instrumentaliser la mémoire de Guy Môquet dont il ne connaissait pas le nom trois semaines plus tôt... Quelqu'un qui peut être, paraît-il, charmé par la culture, la beauté, le raffinement (Carla B., donc), mais qui passe la première partie de sa vie au côté de Balkany... Je ne peux pas, je ne veux pas comprendre.

L'Europe est au bord du gouffre, elle pourrait même imploser, la chute des idéologies politiques se confirme pour laisser place à une polarisation religieuse, une nouvelle forme de fragmentation avec risque de jacquerie mondialisée. S'il est un moment où une hauteur de vue s'impose, c'est aujourd'hui. Jusqu'ici, jusqu'à Sarkozy, il y avait tout de même une conscience politique au sommet de l'État français, et elle était assumée. Même de la part de Giscard : on ne légalise pas l'IVG, on ne ramène pas la majorité à 18 ans sans avoir une certaine vision de sa fonction. Et que Mitterrand se soit inquiété de la réunification allemande ne me choque pas. Se poser des questions plutôt que sacrifier sans hésitation au « sens de l'Histoire », prendre de la hauteur, soupeser, évaluer : cela suppose une forme de courage, qui présuppose il est vrai un ego sans faille. Nicolas Sarkozy dispose indubitablement de l'ego et du courage. Peut-être d'ailleurs d'un courage plus physique et provocateur qu'intellectuel et idéologique.

Passées les heures chaudes de mai 68, « Monte-Carlo Magazine » marche très bien. Desjeunes et moi faisons exactement ce qui nous plaît, et ça plaît, que demander de plus ? Mais on diversifie encore les traitements, émissions spéciales, multiplexes, grands directs, concerts. Entre les flashes, et quand je ne suis pas en reportage, j'ai le nez plongé dans la discothèque de RMC, exceptionnellement bien achalandée : mon cahier des charges inclut la programmation de soixante-quinze disques par jour.

La nuit venue, on va boire un verre, dans une boîte de l'arrière-pays niçois où je frôle parfois l'embrouille avec le patron, qui me signale que la jeune femme à laquelle j'adresse plein de compliments et des sourires enjôleurs, c'est la sienne. Bientôt, je rencontre Hélène Vida, ma première compagne.

Très belle, exotique, avec des airs de Senta Berger (actrice autrichienne que personne ne connaît plus en France hormis Eddy Mitchell qui m'a déniché pas mal de copies de ses films), Hélène est à l'époque comédienne, mais en panne de rôles. Elle manque d'argent, et le directeur des programmes de RMC, sous le charme, l'a engagée pour faire les pubs. Donc, tous les soirs, on travaille côte à côte. Et vu qu'elle est loin d'être bête, je lui fais de la place…

Quand on rentrera à Paris, elle se lancera pour de bon dans le journalisme : en 1976, elle est la première femme à présenter le « 20 heures », sur Antenne 2, où elle assurera ensuite le journal de 18 h 30, puis « Antenne 2 midi ». Elle sera aussi la première à avoir l'idée d'interviewer autrement les hommes politiques, sur leurs modes de vie, leurs goûts, leurs couleurs… De Mitterrand à Chirac, tous s'y prêteront, et cette approche s'avérera non seulement novatrice mais une mine d'enseignements et de renseignements.

Nous vivrons ensemble cinq-six ans, avec son fils aujourd'hui chef d'orchestre. Après notre histoire, elle deviendra la compagne du compositeur et chef d'orchestre Rolf Liebermann. Elle-même compte trois livrets d'opéra à son actif.

Donc à Monaco, la vie est douce auprès de cette belle Hélène, dans cette radio qui a retrouvé une certaine cote et où j'ai toute liberté d'action. Si bien que lorsque Jean-Michel Desjeunes et Jacques Bal décident de rallier Paris, en 1970, je reste sans problème à Monte-Carlo.

Je fais venir d'Europe Jean-Robert Cherfils, grand pro de la radio et autre compère du CFJ. Aidés, poussés par Christian Geldreich, as de la réalisation technique qui se double d'un prix Nobel de musique anglo-saxonne, on continue à tenter, improviser, bidouiller. On joue même les Orson Welles à la petite semaine en faisant croire, pendant plusieurs heures, à un tremblement sur la Côte d'Azur, région sismique notoire. Le prince Rainier, décidément très à cheval sur son rocher, s'en plaint à la direction, de même que l'ambassadeur des Etats-Unis face à l'effroi de ses riches compatriotes abonnés à la Riviera.

En revanche, nos faux concerts en direct de Las Vegas, où on fait par exemple chanter en soi-disant duo Dean Martin et Michel Delpech, ou Sheila avec Sinatra, ne font tiquer personne. Ils nous valent même cette lettre fondante d'un vieux couple, qui nous remercie d'avoir réuni deux de leurs chanteurs préférés.

V

Un pied dans la lucarne

Un frère, un mentor, longtemps mon ange gardien : Jean-Michel Desjeunes est capital dans ma trajectoire, au plan professionnel comme personnel. Il avait quatre ans de plus que moi, et régulièrement, je me demande quel homme il serait aujourd'hui, ce qu'il ferait, quelles idées l'animeraient. J'aime à m'imaginer qu'on serait sur la même longueur d'ondes, qu'il m'épaterait encore et toujours, et que je ferais un alter ego valable, toujours prêt à embrayer, à apporter la touche de concret qui cadrait sa sensibilité parfois nonchalante quand j'ai besoin de m'enthousiasmer, de faire, d'avancer – ou alors je laisse tomber. « Tout vient à qui sait attendre », prétend l'adage, je n'y crois pas une seconde, et tant pis pour les galons de stratège.

Jean-Michel Desjeunes s'est suicidé en 1979. Il s'est jeté du sommet de son immeuble, proche de l'avenue Foch, dans le XVIIe arrondissement de Paris. C'était un mercredi, il était 14 heures, il avait demandé la clé au gardien, pour pouvoir accéder à la terrasse tout en haut, au prétexte qu'il voulait prendre une photo. Il avait 38 ans, était père de deux enfants.

On m'a appelé à Europe 1, où on travaillait encore tous les deux. Il n'avait pas de papiers d'identité sur lui, on m'a demandé d'aller reconnaître le corps. Et puis sur place, on m'a épargné cela… juste quelques vérifications administratives.

Cela faisait quelque temps déjà que Desjeunes n'était plus que l'ombre de lui-même. Fils d'un imprimeur et d'une mère haut fonctionnaire à la Commission européenne, il était pourtant un surdoué du journalisme, avait tout pour en devenir une star. Une très belle gueule doublée d'un charme à la Drucker jeune – cette bienveillance intelligente, non dénuée de distance et d'esprit critique mais habilement tamisés. Un sens aigu de l'information comme du divertissement. Une aisance naturelle, tant à la radio qu'à la télévision. D'emblée, dès le CFJ, la profession l'avait repéré comme vecteur d'évolutions à succès, mais départi de la brutalité des hussards. Seule ombre au tableau : de grands passages mélancoliques, liés à un diabète qui le faisait redouter une amputation, mais aussi à une vie sentimentale compliquée, orageuse.

L'implication et l'euphorie professionnelles ont un temps fait office de contre-feux, jusqu'à ce que l'alcool le mette définitivement sous l'éteignoir. A partir de là, il a enchaîné les cures de sevrage. Nécessaires mais de plus en plus lourdes et lestées de médicaments, elles l'ont laminé. Si Jean-Michel est resté à l'antenne jusqu'à son suicide, c'est grâce à René Cleitman, le patron d'Europe[1],

1. René Cleitman dirigeait les programmes, Etienne Mougeotte l'information, et Europe 1, pour la dernière fois de son histoire, comptait trois points d'avance sur RTL.

qui a toujours voulu croire qu'il s'en sortirait, qu'il pouvait redevenir le prince des ondes.

Je me souviens d'une interview de Jean-Loup Dabadie, qui aimait beaucoup Desjeunes et qui est un excellent client, bavard, enthousiaste, un réservoir à anecdotes : Dabadie ne pouvait même plus parler tant il était tétanisé par le côté zombie de Desjeunes.

Cette fois-là, le médecin de Jean-Michel nous avait prévenus, Jacques Bal et moi, qui tâchions de veiller sur lui, par des déjeuners réguliers entre autres : « Attention, faut pas le lâcher, cette dernière cure, elle était pour éléphants. » Curieux diagnostic. On ne l'a pas lâché, mais ça n'a pas suffi.

Notre amitié aussi s'était détériorée. Ou plutôt : elle avait évolué, et Desjeunes l'acceptait mal. Au mitan des années 1970, j'étais tombé amoureux d'une jeune journaliste, Katherine Pancol, et cette histoire m'emportait, me transportait. Elle me détachait aussi, c'est vrai, de Jean-Michel, alors que pendant plus d'une dizaine d'années, on avait avancé fusionnels, cimentés, aimantés par le journalisme, passant même le temps « off » ensemble – j'ai toujours fonctionné comme ça dans mes périodes de célibat, partant souvent en vacances avec Alain de Greef quand j'étais à Canal.

Desjeunes a jugé que c'en était fait de notre aventure professionnelle commune, et quand il s'est suicidé, notre amitié était dans un entre-deux où je voulais assumer mon affranchissement tout en ayant la conviction qu'on finirait par se retrouver. Car Jean-Michel me complétait, m'apportait une sensibilité et des points de vue singuliers. Encore aujourd'hui, je pense que je n'aurais jamais pu me lasser de lui.

Me lasser m'arrive pourtant, régulièrement, au point d'en dérouter ou d'en décevoir certains. Des gens que je ne vois plus, dont je ne recherche plus la compagnie, parfois après l'avoir beaucoup sollicitée. Notre échange ne m'intéresse plus, ne m'apporte plus assez, tout simplement. A l'enthousiasme succède alors le sentiment de perdre du temps : les dés sont jetés, les jours dès lors comptés. Car ronger mon frein me gonfle, littéralement comme le prouvent les photos de l'époque Canal-Vivendi – j'ai depuis perdu une bonne dizaine de kilos.

Plutôt en rester là, donc.

Mais j'ai la conviction que je n'aurais jamais eu à dire cette phrase à Jean-Michel.

C'est Jean-Michel Desjeunes qui m'a ouvert les portes de la télévision, un jour de 1972. Toujours en poste à RMC, je suis de passage à Paris : je vais voir Desjeunes, qui a intégré Inf 2, le service informations de la deuxième chaîne en couleurs – on est encore au temps de l'ORTF, cette structure chargée du service audiovisuel public qui ne date que de 1964 mais a déjà des allures de brontosaure, et qui va bientôt rendre l'âme, laisser de l'air frais entrer dans le PAF. On discute boutique, quand soudain, Desjeunes me parle du journal de 23 heures : ils cherchent un présentateur. Ni une ni deux, il organise une séance d'essais qui mène à une proposition d'embauche, le soir même. Que j'accepte, faisant illico mes valises de RMC – avec Hélène Vida à mon bras. Toujours ces coups d'accélérateur que j'accueille avec bonheur, sans trop réfléchir ni m'en faire.

La télévision, j'y suis allé sans appétence particulière. Sans fascination et sans trac. J'ai grandi sans, elle est entrée dans la famille sur un coup de feu, l'assassinat de Kennedy – en apprenant que Lee Harvey Oswald avait été tué par Jack Ruby « en direct », sous les yeux de millions de téléspectateurs, mon grand-père avait lâché au dîner : « Là, il va peut-être falloir acheter un poste... » Hormis pour ce genre d'événement majeur, type Coupe du monde de foot ou premier homme sur la lune, je ne lui ai longtemps supposé aucun intérêt. A mon arrivée, je n'y connaissais rien, mais j'ai vite compris qu'à 80 %, tout y est maîtrisable, donc on ne va pas se mettre martel en tête. J'ai de toute façon cette conviction que pour tout ce qu'on ne connaît pas, il existe des gens qui, eux, savent ; des gens qui peuvent expliquer, transmettre. L'inconnu ne me fait pas peur, m'intrigue plutôt.

Ce n'est en fait qu'aux Etats-Unis que j'aurai la révélation des possibilités de la télévision, que je comprendrai qu'elle peut véhiculer de l'information, mais aussi de la création et de l'émotion : à la fin des années 70, Katherine Pancol s'est installée à New York, et les allers-retours transatlantiques me font découvrir une mine, qui me rive à la lucarne.

Trois choses m'ont sidéré. Le jeu, pour commencer. Tous les jeux en vogue aujourd'hui en France existent déjà là-bas et connaissent un succès énorme : « Le Juste Prix » (*The Price is right*), « La Roue de la fortune » (*Wheel of Fortune*). Souvent, sur le coup de midi, je dis, « Non, non, moi je ne sors pas, je veux voir le jeu ». J'adore ça. Littéralement, presque physiquement. Il faut dire que ce concept n'existe pas encore en France, cette idée que le jeu est non seulement ludique mais que le joueur est de la chair à spectacle.

Evidemment, il y a une carotte, une cagnotte, plein de choses à gagner. De l'argent, une maison de campagne, une cuisine, un camping-car, que sais-je encore. Mais il y a surtout une mise en scène du jeu à partir de deux-trois principes simples : il faut répondre oui ou non, ou alors il faut trouver la réponse à partir d'un choix ouvert dans une sélection (c'est le fameux QCM devenu un lieu commun de notre PAF) ou encore il y a quelqu'un (« ambassadeur » ou « parrain ») qui peut vous mettre sur la voie ou répondre pour vous, et vous validez sa proposition. A partir de là, tous les jeux se déclinent, jusqu'à l'actuel « Qui veut gagner des millions ? ». On a juste aménagé le principe, avec une autre disposition, des lumières, des musiques... Au fond, c'est toujours le même jeu qu'il y a quarante ans. Et dans quarante ans, on y jouera encore, dans des versions adaptées à l'époque, sur le Net, les tablettes numériques et leurs successeurs.

J'ai été fasciné. Par le fait qu'à partir d'un jeu simplissime, qui n'est au fond qu'un petit bac, on arrive à une émission qui connaît un succès massif, transversal, *coast to coast* et du Nord au Sud. Il y avait aussi une variation du morpion, qui deviendra « Motus » en France. On me parle toujours des « Enfants du rock », mais je suis tout aussi fier de « L'Académie des neuf », le jeu qu'on a adapté avec Jacques Antoine, prix Nobel français en ce domaine. C'était sur Antenne 2, sous la présidence de Desgraupes, et la chaîne avait vraiment mis les moyens, pour cette adaptation d'*Hollywood Squares*. L'animateur (jusqu'en 1987, où Yves Lecoq lui succédera) en était Jean-Pierre Foucault, que j'avais connu à RMC. Très brillant, intelligent, cultivé et réactif, Foucault, sous ses airs de *boy next door*. Et pour chaque case, on a fait venir des comiques de première catégorie : Daniel Prévost, Sophie Garel, Jacques Chazot, Jean Lefebvre, Micheline Dax, Jean-Marc Thibault, Patrick Topaloff...

ça plaisantait mais ça répondait aussi aux questions, et les mauvais en culture générale passaient un mauvais moment.

Lancée en 1982 et programmée pendant neuf ans, l'émission a connu un énorme succès. Pour nous, ça a été tout bénéfice : à l'époque, les formats ne s'achetaient pas, n'étaient pas commercialisés. Il faut dire que les Américains ne s'intéressaient pas à la France, encore moins à sa télévision. Des années plus tard, à Canal, on récidivera en copiant un des jeux américains les plus fameux, *Jeopardy* : très bien produit, diffusé dans les cases en clair et animé par Philippe Risoli, « Star Quizz » a très bien marché et a même décroché un 7 d'or.

Seconde révélation, les séries. Je découvre le fonctionnement par épisodes « bouclés », qui n'exigent pas une fidélité systématique : ils racontent à chaque fois une histoire de A à Z, tiennent à la fois seuls tout en contribuant au continuum de l'ensemble. S'il ne fallait en retenir qu'une, je choisirais *Hill Street Blues* : créée par Michael Kozoll et Steven Bochco, *HSB* raconte la vie d'un commissariat américain, dans une grande ville non identifiée, autour d'une dizaine de personnages. Affaires plus ou moins compliquées, états d'âme des flics, relations entre eux, coups de filet et coups de sang… Tout cela semble aujourd'hui une évidence, c'était tout simplement la première fois. Du *police procedural* pur sucre, on pense inévitablement au *87e District* du grand Ed McBain, et on s'attache au capitaine Frank Furillo et ses collègues aussi efficacement qu'à l'inspecteur Steve Carella et ses acolytes Meyer Meyer, Cotton Hawes, Bert Kling. Je parle là d'un temps que les moins de 20 ans ne peuvent pas connaître, toujours est-il qu'*Hill Street*

Blues a ouvert une voie royale (Bochco a ensuite récidivé avec les tout aussi fameux *New York Police Blues* et *La loi de Los Angeles*) dans laquelle s'inscrivent moult succès actuels – *Cold Case*, *Les Experts*, *NCIS*, ou encore *The Wire*. Diffusée de 1981 à 1987 sur NBC, *Hill Street Blues* arrivera en France en décembre 1984, sur Canal, avant que La Cinq puis FR3 ne reprennent le flambeau.

D'une durée moyenne de 47 minutes, chaque épisode de *Hill Street Blues* constituait un petit film en soi, d'une grande densité, qui supposait un énorme travail d'écriture. Et la réalisation était soignée, d'une sobriété au diapason de l'intention. Au total, quelque chose d'à la fois bien plus attractif et exigeant que ce qui se faisait alors en France où beaucoup avaient encore la bouche en cul de poule devant la télévision tout en ne faisant en rien bouger les choses. Je me suis dit, « Voilà, il est possible d'allier les deux, ambition et qualité commerciale ». Ça m'a aussi rappelé la qualité des *cartoons* des années 40, ultra inventifs et débridés.

Au fond, il en allait des séries et des jeux comme du dessin animé : pas effarouchée, pas lestée par des considérations artistico-hiérarchiques, la production télévisuelle américaine avait une longueur d'avance, jouait une fois de plus les pionnières. Un rôle qu'elle a continué de tenir. Pas forcément pour le meilleur (on lui doit aussi l'avènement de la téléréalité avec *An American Family* en 1973), mais il est évident qu'elle a élargi le champ des possibles, et en ce début des années 80, j'en suis resté baba. Et enthousiasmé à l'idée de trouver une version française de cette équation *entertainmen*t + qualité.

Le troisième choc est négatif : les films l'après-midi, qui, sur les grands réseaux commerciaux, sont tous coupés, charcutés par la publicité – à l'époque le câble et encore plus le satellite sont très peu développés aux Etats-Unis. C'est comme ça qu'un après-midi, je me prépare à savourer pour une énième fois *Guerre et Paix* avec ma chère Audrey Hepburn, Henry Fonda, Mel Ferrer, Vittorio Gassman, quand la séance tourne au cauchemar : exit, par exemple, la scène du bal. Et il en va ainsi avec toutes les scènes « qui ne servent à rien », qui n'ont pas d'enjeu scénaristique : il y a une pub toutes les sept minutes, or compte tenu de la syndication, les émissions doivent impérativement finir à l'heure, résultat on coupe tout ce qui dépasse. Mon sang de cinéphile ne fait qu'un tour… Du coup, pendant des années, je me suis demandé comment la télévision française pourrait asseoir sa programmation et ses succès sur le cinéma. Comment les cinéastes pouvaient-ils se mettre à ce point entre les mains de la télévision ? Il faudrait que le cinéma se mette vite à envisager un autre relais, car un jour, la télévision commerciale ne fera plus de cinéma, ou alors beaucoup moins.

C'est arrivé beaucoup plus tard que je ne l'avais imaginé, mais c'est arrivé. Et ça a conforté l'idée que nous avions, Alain de Greef et moi, de foncer sur le projet Canal quand on nous l'a proposé : on avait déjà appris comment fonctionnaient HBO et son concurrent Showtime, ou encore les chaînes à péage canadiennes (First Choice et Premier Choix), qui, bien sûr, ne coupaient pas. Il était donc bel et bien possible de combiner télévision et cinéma, dans le respect des spécificités de l'un et de l'autre. Sans amputer ni l'un ni l'autre. Ce serait la télévision à péage. Hertzienne à sa naissance. On connaît la suite.

Ci-contre : En 1955 à Saint-Jean-de-Luz, mon grand-père maternel, Auguste Baudoin. Un look à la Simenon.

En-dessous : Même année, ma grand-mère Raymonde Baudoin, directrice d'école à Maisons-Alfort. Elle recevra les Palmes académiques. Elle m'a surtout fait découvrir l'élégance.

Paulette Baudoin, ma mère. Je ne suis pas encore né, elle se fait déjà du souci…

Un véritable oncle d'Amérique ! Il habitait New York. On allait le chercher chaque année au Havre, à la descente du Transatlantique.

Mon père, François, au Luxembourg. C'est juste avant la guerre. Il a vingt ans.

1947, j'ai deux ans et ma mère ne sait pas encore comment me peigner.

1950, je ne connais pas encore la signification du mot « aiguillage ».

Un vague air de Lou Ravi. En tout cas, vraiment l'âge de l'innocence.

Ma première bande :
« La patrouille des Loups », troupe Jean-Mermoz, Choisy-le-Roi.

Chez mon père, en 1963. Je prépare le CFJ. Le couvre-lit rappelle, avant l'heure, les carrés de Canal+.

En vacances en Bretagne,
avec ma mère.

Heureux, à l'évidence...

1968, Radio Monte-Carlo (en Principauté). Avec Claudine Giraud, la première voix de FIP, et Jean-Michel Desjeunes.

1982, Antoine et moi avec le rocker Jack Scott, qui avait peur de venir en France à cause des ministres communistes !

Le premier générique des « Enfants du rock », janvier 1982. Signé Etienne Robial et Mathias Ledoux.

Frédérique et Anna. Notre fille a deux ans…

… dix ans plus tard, Anna et moi sur le « red carpet » cannois.

On est en 2000. La traditionnelle cloche vient de résonner à Wall Street, Vivendi entre au Stock Exchange.

Michèle, la tante de Frédérique, vient de nous marier. La lecture du livret de famille nous laisse songeurs…

Entre Jean-Marie Messier et Barry Diller, même un échange amical ressemble à un bras de fer.

C'était à la première du *Grinch*. Ce qui est bien avec les reines, c'est qu'on les reconnaît de dos.

Sur le bateau de Canal, au festival de Cannes, André Rousselet entouré de René Bonnell, le patron du cinéma, et de Daniel Toscan du Plantier. Je m'occupe de la cloche.

Edgar Bronfman et moi allons rejoindre J2M sur les fauteuils du cinéma. Mais d'abord, on l'écoute…

C'est l'époque de la complicité. Nous sommes à Sun Valley au rendez-vous annuel des moguls. Edgar Bronfman, Jean-Marie, Antoinette, sa première femme, et moi.

C'est bien avant l'arrivée du numérique, et avant le lancement de Canal. Sur paperboard, les esquisses de grilles, et un logo vite abandonné.

Mercredi 24 avril 2002, à l'entrée de l'AG des actionnaires de Vivendi, qui vont voter mon renvoi à une courte majorité. Les salariés ont créé ce tee-shirt. Je ne dors plus avec…

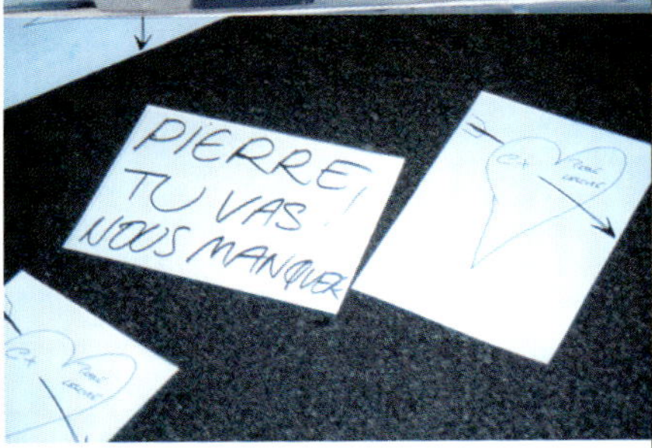

Au quai André-Citroën, de Caunes, Gildas, Moustic, Gaccio, et tous les autres ont organisé un concert pour me soutenir. Le lendemain, 21 avril, Le Pen est au second tour, et on parlera d'autre chose.

Vendredi 26 avril, après le « Nulle Part Ailleurs » spécial et mon dernier jour à Canal, les équipes du ménage ont eu beaucoup de boulot.

Donc, à Inf 2, en ce tout début des années 70, je commence par présenter le journal. Celui de 23 heures, parfois de 20 heures, dans une alternance avec Jean-Michel Desjeunes, Jean-Pierre Elkabbach chef adjoint de la rédaction (dirigée par Jean-Claude Héberlé) et Jean-Marie Cavada, chef du service étranger. Du rythme, des « angles » plus affûtés, des nouvelles formes de traitement inspirées du modèle américain (vignettes, titres, appel à de « grands témoins ») : Héberlé et Elkabbach modernisent résolument l'approche du JT dans l'Hexagone, démarche rapidement couronnée de succès. Pour ma part, je parviens assez vite au constat suivant : comme présentateur, je ne suis pas mauvais, mais pas décisif non plus, bon en « lancements » de sujets mais dénué de véritable présence à l'écran, peut-être trop jeune. Seul mon regard est accrocheur, or le présentateur ne peut être constamment cadré « serré ». Et alors on me « perd ». Je le sens avant que mes chefs ne le remarquent. Peu importe, la fabrication a ma préférence, que je vais pouvoir satisfaire à la tête du service Vie moderne, panachage de faits divers, de faits de société et de culture. Au départ toisée, perçue comme une rubrique bancale, de bric et de broc, l'affaire s'est imposée dans sa capacité à saisir l'air du temps, à sortir de l'axe politique-économie-international. De très bons reporters y officiaient, à commencer par Michel Thoulouze.

Quand soudain, 1974, éclatement de l'ORTF, qui est scindé en sept sociétés indépendantes : trois chaînes de télévision (Télévision Française 1 alias TF1, Antenne 2 et France-Régions 3), la Société française de production (SFP), Télédiffusion de France (TDF), Radio France, et l'Institut national de l'audiovisuel (INA). Rien d'affolant à mes yeux, plutôt un coup de pied intéressant dans la fourmilière, qui va peut-être permettre de faire évoluer un peu les choses, en termes d'autonomie par rapport au pouvoir, notamment – ce ne sera pas vraiment le cas, mais bon, il était permis de rêver.

Tout le monde ne l'entend pas de cette oreille, loin s'en faut. Cris d'orfraie des syndicats, assemblées générales à n'en plus finir… C'est reparti pour une de ces séquences qui me fatiguent autant qu'elles me hérissent, où dans l'appréhension du changement et de la perte des avantages acquis, on s'arc-boute sur le passé en agitant les menaces de l'avenir. On est pourtant dans les années 70, le premier choc pétrolier vient d'avoir lieu mais le chômage est embryonnaire, « la crise » est loin d'être un concept incontournable, ni *a fortiori* l'éteignoir compréhensible qu'elle est devenue.

Jean-Claude Héberlé et Elkabbach sont virés par Michel Poniatowski dès le lendemain de l'élection de Giscard, tout simplement parce qu'ils n'ont pas ciré les mocassins du futur président pendant la campagne (on ne peut pas dire que l'un comme l'autre soient de dangereux gauchistes). De fait, ça avait été annoncé, tout au long de l'année 1973, les menaces et les pressions s'étaient multipliées : « Si on passe, vous allez sauter. »

Résultat : à Antenne 2, l'information tourne en rond. Donc, je m'emmerde. Et Desjeunes avec moi.

Jean-Michel et moi n'hésiterons pas une seconde quand René Cleitman, patron des programmes d'Europe 1, nous appellera quelque temps plus tard pour nous débaucher. L'idée en revient à Jean-Luc Lagardère, propriétaire d'Europe, qui nous a croisés à la mi-temps de la finale de la Coupe de France qu'on avait choisie pour décor d'un JT en direct. A partir de ce seul aperçu, il avait dit à Cleitman : « Ces jeunes gens, il faut les engager ! »

De 1975 à 1980, je suis à la fois rédacteur en chef adjoint à Europe, présentateur d'« Europe Soir » puis présentateur des journaux du week-end, sans pour autant renoncer à des émissions musicales. Il y avait pourtant à Europe une triple muraille de Chine entre les programmes et l'information, mais je l'avais franchie car dans tous les cas – « Pierre qui roule n'amasse pas mousse », « La discothèque de... » – je ne faisais pas youpi ! : j'informais sur la musique en racontant la genèse des grands succès, en présentant les nouveautés, en interviewant des chanteurs. « La discothèque de... », notamment, a été l'occasion de dévoiler des pans inattendus de la personnalité de certains, type Claude François en fin connaisseur du rhythm'n'blues, Brassens en passionné de jazz, Aznavour en mémoire stupéfiante des big bands américains. Point d'orgue de ce va-et-vient, « Coca Cola Music Story », où je raconterai l'histoire du rock, entre deux flashes d'info par mes soins également assurés. Et alors, et après ? Jamais je n'ai été pris en défaut de confusion des genres. Tout au plus ai-je été perçu, en interne et par les auditeurs, comme un électron libre, pas trop dans le moule de ce qui se faisait jusque-là. Electron libre, ça me va.

Parallèlement, je continue à vivre une belle histoire d'amour avec Katherine Pancol.

Je le dis sans forfanterie, elle confirme d'ailleurs : c'est Katherine qui m'a dragué. Elle vivait en couple pourtant, mais l'époque était comme on disait alors « très libre » et à l'évidence, cette très jolie jeune femme, à croquer, pétulante, enthousiaste, culottée, a dans un premier temps juste pensé passer un bon moment. Poussée par Michel Thoulouze, ami commun qui voulait absolument nous marier, elle a donc peu ou prou fait mon siège. Se coltinant des dîners où je m'endormais. Ou venant écouter des dizaines de disques dans mon appartement, d'où je la raccompagnais en tout bien tout honneur, *old school* quand elle était le prototype de l'affranchie. Je me souviens notamment d'un jour où je dictais « Europe Soir », et où je l'ai vue débarquer en jeans, chemise à carreaux, boots. En amazone. « Allez, on va dîner ! » C'est aussi *in petto* que notre histoire s'est concrétisée : elle est venue s'installer chez moi en pleine nuit, munie d'un sac qui contenait ses affaires, et de Kid, son chien, un bâtard blanc et roux.

Avec Katherine, on a vraiment imaginé nos vies ensemble, et les finir ensemble. Quand bien même il était entre nous convenu qu'une certaine liberté d'action prévaudrait dans notre couple. Elle en a d'ailleurs amplement usé, bien plus que moi, j'en ai parfois souffert. Mais je voyais bien qu'il y avait chez elle un besoin de casser certaines entraves, de s'affranchir d'une gangue, alors je tolérais, je digérais… Un jour, Kid a fait une turista sur mes disques. Voyant ça, je me suis dit, « Mon gars, si tu acceptes un truc pareil, c'est vraiment que tu es fait aux fers… ». J'ai accepté.

Elle, jolie, vive, curieuse de tout, ultrasociable, pleine de fantaisie, très volontariste. Moi, affable et toujours partant. On a vécu ensemble des moments extras.

On a beaucoup voyagé, en particulier aux Etats-Unis. C'est comme ça que nous nous sommes retrouvés aux premières loges de l'élection de Carter, le 2 novembre 1976.

On était partis pour trois semaines, en vacances. A notre arrivée à New York, où Katherine avait pas mal d'amis, on se laisse convaincre que contrairement à ce qui se dit en France, la partie s'annonce serrée entre le président sortant Gerald Ford (républicain) et Jimmy Carter (démocrate, gouverneur de Géorgie quasi inconnu).

Et si on suivait Carter pendant la dernière semaine avant le scrutin ? Je vends l'idée à Etienne Mougeotte, alors patron d'Europe, Katherine à Roger Thérond, à *Paris Match.*

Et tout se passe très bien : on sympathise avec plusieurs membres de l'équipe Carter, attendris par ce couple de jeunes journalistes français qui s'intéressent à leur poulain. De notre côté, on découvre les démocrates sudistes, une engeance particulière entre progressisme et traditionalisme. La famille Carter ne manque pas de sel, à commencer par Billy, le frère du futur président, déjà complètement parti, qui vit dans une caravane… On fournit des reportages, des analyses, des interviews, je rencontre entre autres Andrew Young, militant des droits civiques qui deviendra le premier Noir nommé ambassadeur des Etats-Unis auprès des Nations unies, et sera le maire d'Atlanta de 1981 à 1989.

Résultat, le 2 novembre 1976, Katherine et moi avons été les seuls journalistes français dans la place, quand Carter a été élu. Katherine en a décroché la une de *Paris Match* et six pages intérieures, moi trois heures dans la matinale sur Europe, avec les félicitations de Mougeotte et Lagardère, pour avoir fait vivre les choses en direct.

Je nous revois encore, comme des gosses qui auraient réussi un bon coup, à deux doigts de Carter quand tous les autres avaient misé sur Ford. Là-dessus, on est partis le cœur léger pour Houston, Texas. La vie était très joyeuse.

Mais le cœur a ses raisons, etc. : une Catherine a eu raison de ces amours-là.

Avec Katherine, une amitié a cependant succédé, changeante mais persistante, et essentielle.

Aujourd'hui, Katherine est auteur de best-sellers qui la font sillonner la planète pour des promos de star. Et ses presque millions de lectrices françaises lui vouent une affection de meilleures amies. Moi, j'ai en tête ses débuts dans les magazines féminins (après qu'elle eut été prof de français et de latin), ces « psychodrôles » qui la faisaient s'arracher les cheveux, puis le tournant de son premier livre, *Moi d'abord*, dont le succès chamboule sa vie, la fait partir pour New York où j'irai la retrouver régulièrement jusqu'en 1983.

Cours d'écriture à Columbia, autres livres, scénarios, reportages pour *Paris Match* : Pancol n'a jamais levé le pied, Pancol a une énergie, une volonté, une persévérance à laisser les autres sur le flanc. C'est comme ça qu'elle a déniché Louise Brooks ou qu'elle a décortiqué *ad libitum* une documentation dantesque sur Jackie Kennedy, histoire d'y voir plus clair derrière l'apparente perfection – ça a donné *Une si belle image.*

Et puis, il y a toujours de la gamine chez Pancol, dans ses emballements, ses doutes, sa manière de vivre, d'être. Ça me touche, même si ça peut aussi me fatiguer. Elle fait partie, avec ma grand-mère maternelle et mon oncle, des quelques personnes à m'avoir convaincu que la fantaisie m'est vitale, dans la vie comme dans l'amour.

Nous ne finirons pas nos vies ensemble, mais à notre façon, nous vieillirons, nous vieillissons ensemble.

KATHERINE PANCOL,
compagne de 1976 à 1984

Pierre a été l'amour de ma vie et quoi qu'il arrive il le restera, même si nous n'avons pas été mariés et n'avons pas eu d'enfants.

J'avais 22 ans quand je l'ai rencontré, lui 30. A l'époque, je travaillais à *Cosmopolitan* et lui à Europe 1 où il faisait le journal avec Jean-Michel Desjeunes puis « Coca Cola Music Story », ce qui était en soi une petite révolution : à l'époque, les types de l'info ne se commettaient pas dans la variété.

Et puis, ça n'est pas une légende, Lescure « glandait », passait des heures à la radio, à surveiller l'actualité et à écouter ce qui se disait dans les couloirs. Il était à l'affût, se nourrissait de tout, sans préjugés ni idées fixes.

Je l'ai rencontré par le biais de Michel Thoulouze, journaliste dont il était à l'époque très proche et avec qui j'étais amie. Thoulouze m'avait rebattu les oreilles avec Lescure, « un mec génial, tellement drôle… ».

Il a organisé un dîner, rue Saint-Benoît, à Saint-Germain-des-Prés. Lescure qui était assis en face de moi s'est endormi en plein milieu du repas, droit comme un i sur sa chaise ! Pour un type censé être plein d'énergie, intense, c'était au minimum décevant. J'ai dit à Thoulouze, « Eh bien dis donc, ton pote… ».

Il faut dire qu'à cette période-là, Lescure faisait le petit matin sur Europe 1. Il se levait tous les jours à 4 heures…

Je l'ai ensuite revu lors d'un autre dîner organisé par Michel Thoulouze (encore !) dans un restaurant, le Petit Robert, rue des Martyrs, dans le IXe arrondissement. Cette fois-là, il ne s'est pas endormi. Il m'a notamment demandé si j'aimais la musique. J'ai répondu oui, et il m'a emmenée chez lui, rue du Bac où il y avait des kilomètres de disques, et de pochettes de disques, posés par terre dans toutes les pièces, et où il m'a fait écouter… les intros de tous les disques qu'il aimait. Dix secondes, vingt secondes, pas plus, et après il demandait, l'œil pétillant, « Vous avez vu comme c'est bien ? ». Pendant ce temps-là, moi, je me disais, « Mais quand va-t-il m'embrasser ? ».

Je vivais avec quelqu'un à l'époque, mais Lescure me plaisait, il avait beaucoup de charme, et c'était les années 70 : on mettait peu de temps à s'embrasser.

Mais non, au bout d'une heure trente d'intros et aucun baiser, Pierre m'a raccompagnée chez moi, m'a tendu la main et m'a laissée sur un « Bonsoir, j'étais très content de cette soirée et j'espère qu'on se reverra ».

J'ai dit à Thoulouze, « Ton copain, il est vraiment bizarre ». Mais Thoulouze croyait dur comme fer que ça pouvait marcher entre Lescure et moi.

Quelques jours plus tard, j'étais à *Cosmopolitan* quand on me dit, « Il y a Ivanhoé pour toi au téléphone ». C'était Lescure, qui m'invitait à déjeuner. Je ne sais pas pourquoi « Ivanhoé », en tout cas, il trouvait ça très très drôle.

À ce déjeuner, on a parlé un peu plus. Mais il a de nouveau disparu… ça a duré comme ça pendant un an, si bien qu'au bout d'un moment, je ne le supportais plus. Thoulouze m'a alors dit, « Tu sais, tu vis avec quelqu'un, donc il hésite ».

Alors, un soir, j'ai pris mes affaires et je suis partie chez Pierre. Il n'était pas chez lui. Il m'a trouvée sur le paillasson à 4 heures du matin. « Ah, mais qu'est-ce que vous faites là ? » J'ai répondu : « Je crois que je suis un peu amoureuse de vous… » Lui : « C'est très gentil… » Et il a ajouté, « Vous savez, on ne se connaît pas très bien, je ne sais pas si on va dormir ensemble ». C'était surréaliste, anachronique, à l'époque tout le monde se sautait dessus.

C'est après que j'ai compris. Pierre n'était pas un monstre d'assurance, plutôt le contraire. Il était complexé par son physique. Son long nez, sa peau, ses cheveux, sa maigreur, il n'aimait rien en lui. Il se faisait des brushing, se roulait les cheveux en oreilles de cocker par-dessus les oreilles, faisait du rameur pour développer ses pectoraux… Moi, je le trouvais très séduisant.

Et puis, il y avait sa famille. Des gens qui avaient énormément de respect et d'affection les uns pour les autres. Le personnage qui m'a paru le plus important pour Pierre était sa grand-mère maternelle, Raymonde, qui l'a initié à énormément de choses, la littérature française, le jazz, la politique. Elle écrasait d'ailleurs sa fille, Paulette. Paulette était pourtant quelqu'un de très attachant et j'ai tout fait pour que Pierre la voie plus souvent. Mais Pierre avait fixé son amour maternel sur sa grand-mère et je suis convaincu que sa mère en a souffert.

Paulette était très douce, effacée, s'exprimait très peu, mais elle avait dans le même temps énormément de volonté et de personnalité. Elle a été l'une des premières à quitter le Parti communiste au moment des grands procès dans les années 50 et Pierre disait toujours qu'il admirait son courage. Ce n'était pas évident à l'époque.

Elle m'avait raconté qu'elle voulait absolument un enfant, et qu'un jour, alors qu'elle était en Algérie avec François, le père de Pierre, elle lui a dit : « Si tu ne me fais pas un enfant, je te quitte. » Pierre a vraiment été décidé, par elle.

Elle adorait son fils sans jamais l'étouffer. Mais quand François est parti, elle s'est retrouvée aux prises à des difficultés matérielles, financières, qui l'ont contrainte à retourner vivre chez ses parents. Ça l'a un peu cassée et elle a de fait gardé cette attitude de femme un peu cassée.

Sans beaucoup parler, Pierre a tout de même été magnifique avec elle, il s'en est beaucoup occupé jusqu'à la fin, ne l'a jamais lâchée.

François, le père, était également adorable, attentif, prévenant… Un amour d'homme, la bonté même, qui cassait son dos déjà fragile en remplaçant parfois, à *L'Huma*, la femme de ménage qui avait besoin de rentrer chez elle plus tôt pour retrouver ses enfants. Ça énervait Pierre, d'ailleurs, qui trouvait que son père en faisait trop. Jean, l'oncle, c'était le panache de la famille, et Pierre a aussi beaucoup appris de lui. Il avait quelque chose d'un aventurier, de l'amour notamment, avec ces deux femmes qu'il a eues en même temps à la fin de sa vie. Il aimait aussi beaucoup apprendre, lire, aller au cinéma, voyager, et être à la pointe du progrès.

C'est bien simple, j'étais émerveillée par cette famille qui était totalement dénuée de mesquinerie, où tout le monde s'entendait bien, y compris la cinquième femme de François, Jeannette, avec la mère de Pierre. Beaucoup d'amour circulait, jamais de règlement de comptes.

Dans ma famille, il n'y avait que trois livres, trois disques, on ne lisait pas les journaux, on n'allait pas au théâtre. C'est grâce à la bibliothèque municipale que j'ai lu tant de livres. Dans la famille de Pierre, on parlait beaucoup, de tout : de littérature, de musique, de politique, d'Aragon, d'Albert Camus… C'était encyclopédique et c'est d'ailleurs une chose que j'adorais chez lui : il était très gourmand de la vie, de savoir, de connaître les choses en profondeur, de rencontrer des gens nouveaux. Dès qu'il s'intéressait à quelqu'un, il voulait tout apprendre, tout lire, tout écouter, tout savoir. On passait des nuits entières à parler, à analyser, à couper les cheveux en quatre. J'ai appris énormément avec lui.

Autre aspect capital à mes yeux : Pierre est incroyablement généreux. Je vais prendre un exemple. Je débutais, je commençais à peine à travailler comme journaliste quand, à la suite d'une interview avec Sheila, son producteur me lance : « Est-ce que vous voulez gagner de l'argent ? Est-ce que vous voulez écrire une chanson pour Sheila ? » J'étais fauchée, je ramais, j'étais entrée dans la presse par hasard grâce à un camarade de la fac de lettres dont le père, Jean Farran, dirigeait *Paris Match* et RTL, et je n'avais pas de parents pour m'aider… J'ai écrit en une nuit une chanson, *Mélancolie*, et d'un coup, j'ai gagné beaucoup d'argent. Pas une fortune, mais quand même… Alors, avec Pierre, on s'est demandé ce qu'on pouvait faire de cet argent. On a tiré des plans sur la comète, on a même imaginé racheter un restaurant végétarien… Au final, nous sommes devenus propriétaires d'une vieille ferme près de Puiseaux, dans le Loiret. Sans même en avoir vu l'intérieur, qui s'est avéré être une ruine.

Moi : « Ce n'est pas grave, on va camper. » Pierre : « Pas question, moi je travaille toute la semaine, j'ai besoin d'un endroit correct pour me reposer, on va faire des travaux. » Problème : j'avais épuisé tout mon pécule. Pierre a déclaré : « Je m'en occupe. »

Quand nous nous sommes séparés, il a été convenu que lui conservait tout ce qu'il y avait à Paris ; moi je gardais ce qu'il y avait à la campagne, donc la maison du Loiret. Dix ans plus tard, nous déjeunons ensemble, et là, il me dit : « Tu sais quoi, je viens de terminer les remboursements de la maison dans le

Loiret, on va fêter ça ! » À ce moment-là, j'ai compris : Pierre avait contracté un emprunt pour cette maison, et il avait continué à payer même après notre séparation.

N'importe quel autre homme aurait dit, « Katherine, maintenant qu'on se sépare, tu vas rembourser l'emprunt toute seule ». Il n'y a rien de mesquin chez Pierre. Il a un rapport très spécial à l'argent. Il ne veut pas lui accorder d'importance. Quand on allait à New York, si je voyais une paire de chaussures qui me plaisait, il me l'achetait dans les cinq couleurs disponibles ! *Idem* pour les gadgets qui lui tapaient dans l'œil : il les prenait en trois versions. Et si on allait au spectacle à Broadway et qu'il avait des amis sur place, il prenait des billets pour tout le monde…

Economies, budget : ces notions-là ne l'intéressent pas. Dans sa grande période Canal, je l'ai vu faire des chèques énormes pour payer les dettes ou les impôts de ses copains. Sans broncher. Et tout le monde en profitait.

Pierre rêvait de fonder une famille, mais j'étais trop jeune et je ne voulais pas entendre parler d'enfants ni de mariage (nous sommes quand même devenus « concubins » à la mairie du VIIe !), c'était trop tôt. Il n'empêche que quand nous nous sommes séparés, parce qu'il était tombé amoureux de Catherine Deneuve, j'ai été très malheureuse. Je perdais un ami, un amant, une famille. Je le lui ai dit d'ailleurs : personne ne m'a aimée autant que lui, personne ne m'a autant donné.

Pierre, quand il aime, est extrêmement délicat, à l'écoute, on peut tout lui dire, il se met à la place de l'autre, le met en valeur et le protège, c'est incroyablement confortable et « porteur ». Je me rappelle par exemple qu'en 1981, au moment de la parution de *La Barbare*, mon deuxième roman qui a été salué par une volée de bois vert, il a fait en sorte d'« oublier » les journaux de sorte que je puisse passer un week-end tranquille à la campagne...

Son histoire avec Catherine Deneuve ? C'était devenu un leitmotiv pour moi. Je lui disais toujours qu'il était séduisant, qu'il pouvait séduire n'importe quelle femme et j'ajoutais comme argument « tu n'as qu'à séduire Deneuve, cela t'ôtera tous tes complexes ». Ce qui est arrivé... On a cohabité un moment comme ça, lui dans son histoire avec Deneuve, et moi qui ignorais les coups de téléphone à 3 heures du matin. Jusqu'à ce que je me lasse et que je reparte pour New York.

Pierre, on peut le voir en homme de bande, mais je parlerais plutôt de famille : il se recrée constamment la famille qu'il n'a pas eue. D'ailleurs, quand il aime une femme, il aime le père, la mère, la sœur, le frère, l'oncle et la tante de celle-ci...

Sa relation avec Jean-Michel Desjeunes était très particulière, fusionnelle, notamment de la part de Desjeunes qui m'a de fait très mal accueillie. Je dirais même qu'il a été odieux, violent, me ridiculisant à la moindre occasion. Je me souviens d'un dîner où Desjeunes m'a balancé, « Mais tu es conne, mais elle est conne... ».

Ils se complétaient. Desjeunes avait le panache, la flamboyance, Lescure la culture, la curiosité, l'énergie. Et Desjeunes était pour Pierre à la fois le grand frère et le père qu'il n'avait pas eus au quotidien. Mais pour Desjeunes, c'était Desjeunes-Lescure et rien d'autre ; il n'y avait pas de place pour quelqu'un d'autre. Comme s'ils formaient un couple.

Sa relation avec Alain de Greef est complètement différente quoique aussi importante, je crois. Ils sont extrêmement proches sans s'être forcément dit quoi que ce soit d'intime. Ils parlent beaucoup par hochements de tête et ricanements…

Il n'y a jamais eu un seul truc moche entre Pierre et moi et c'est pourquoi encore aujourd'hui j'en parle avec amour. Nous nous sommes séparés il y a longtemps, mais nous n'avons jamais arrêté de nous voir et de nous parler et aujourd'hui, quand on dîne ensemble, c'est comme si on ne s'était jamais quittés.

J'étais bien à Europe, libre, et on me faisait confiance. Mais c'est alors qu'on me propose la direction des programmes de RMC, à l'époque la quatrième station en grandes ondes… Mon acceptation m'a valu une douche froide de Jean-Luc Lagardère – avant qu'il ne devienne plus tard un ami.

A mon pot de départ, lui d'ordinaire chaleureux à mon égard, quasi paternel, surgit raide comme la justice, et me lance, comme on jette le gant : « Vous choisissez une carrière dans une sous-préfecture pour être n° 1, alors que vous pouviez être n° 2 dans la radio de demain. Donc, je ne vous souhaite pas bonne chance parce que vous me décevez, mais je tenais à vous dire que quand on quitte Hachette, on n'y revient jamais. »

Tout le monde s'est liquéfié sur place. A commencer par moi. J'avais vraiment de l'admiration et de l'estime pour l'homme, loyal, attentif à ses salariés, à l'esprit compétitif mais sans qu'il en perde de vue le facteur humain. Heureusement, la suite lui fera oublier tout ça, et bientôt, il ne se souviendra que d'une chose : « Moi, je l'avais repéré avant tout le monde. » C'est notamment ce qu'il répétera à Rousselet, dès lors que Canal commencera à décoller. De fait, ça n'était pas (complètement) faux.

En passant à RMC, si je prends du grade, je n'en gagne pas plus pour autant : la station est, comme Europe, détenue en partie par la Sofirad, et toute surenchère est exclue. Alors, je fais la proposition suivante : OK, mon salaire est le même qu'à Europe, en revanche, je voudrais que celui de l'année prochaine soit indexé sur les résultats. Si l'audience augmente, mes émoluments augmenteront proportionnellement. C'est une première, mais le raisonnement me semble logique, vu que je suis engagé au même prix pour des responsabilités autrement importantes. Or, en un an, on va passer de 8,9 à 12,1 points d'audience… Au terme de cette année-là, je suis donc augmenté de quelque chose comme 40 %.

Là-dessus, victoire de la gauche aux élections – pour qui j'ai voté, évidemment. Exit les giscardiens… Voici envoyé à la tête de RMC Jean-Claude Héberlé, celui-là même qui m'avait embauché à Inf 2 – future Antenne 2.

Héberlé, dans les années 60-70, était plutôt OAS, pro-Algérie française, il est ensuite devenu correspondant pour l'ORTF à Washington et New York où il avait appris les us et coutumes de la télévision américaine notamment en matière d'information, qu'il a appliqués, je l'ai déjà dit, avec succès à Inf 2, avant d'être écarté par les giscardiens. Désœuvré, il a alors eu l'idée d'en faire un documentaire sur Mitterrand, à un moment où personne ne l'aurait imaginé futur président. Héberlé est ainsi devenu, quasi par défaut, un des hommes de la télévision aux yeux de Mitterrand.

Donc : Héberlé débarque à RMC. Et il me lance : « Ecoute, je suis content de te retrouver, j'espère continuer de travailler avec toi. Cela étant, tu fais quand même une radio de marchands du temple, où tout est fait pour la progression de l'audience. » Il entendait notamment supprimer tous les jeux, pour les remplacer par des émissions de savoir. Je lui réponds : « Mais es-tu sûr que dès 9 heures, une fois les hommes partis bosser et les enfants à l'école, les femmes qui ont encore plein de boulot à la maison, ont envie d'émissions de savoir, et uniquement de savoir ? » Réponse : « Le public apprendra. » Ben voyons. Et il poursuit : « Tu restes le patron, mais si ça ne t'ennuie pas, tu vas partager la direction de l'antenne avec d'autres. Je vais faire venir Claude Villers. » Villers a montré sous plusieurs facettes un vrai talent de radio, par « Le Tribunal des flagrants délires » notamment. Mais j'ai rarement connu individu aussi prétentieux.

Villers a donc débarqué, lui aussi convaincu qu'il fallait faire une radio « de savoir », mi-France Inter mi-France Culture. Le jour où on devait s'empailler est logiquement assez vite arrivé. Lui : « Mais tu sais, moi aussi, je sais faire de la radio populaire, "Le Tribunal des flagrants délires", c'est de la qualité, c'est de la prise de risques, et on cartonne dans les sondages. » Moi : « Je crois que vous n'avez jamais regardé les sondages, en tout cas les vrais : "Le Tribunal des flagrants délires", j'adore, et l'émission a une image magnifique, mais Foucault le matin sur RMC qui ne couvre que 40 % du territoire, il fait plus en termes d'audience. » Valse d'insultes – de sa part. Le lendemain, je lui apporte les sondages officiels prouvant que je dis vrai – sachant que

Foucault est très drôle, et que son émission avec Léon Orlandi, Monégasque d'origine anglaise, est plutôt détergente – même si ça n'est pas Desproges.

Bref : la guerre est déclarée, et je sais que face au duo Héberlé-Villers, je n'ai aucune chance.

C'est alors qu'un soir, sur ma porte (j'habite à l'époque rue du Bac), je trouve punaisé un chèque barré. Au dos, un message signé de Michel Thoulouze, ex-collègue de Inf 2 et ami intime, et de Christian Dutoit, ancien rédacteur en chef technique d'Inf 2, qui était devenu le responsable de la production de Pierre Desgraupes, nommé à Antenne 2.

Ils avaient dîné ensemble, Dutoit avait dû dire à Thoulouze, « On cherche un mec pour les nouveaux programmes destinés aux jeunes », Thoulouze m'avait recommandé. Le téléphone portable n'existe pas encore : ils sont passés chez moi, ont punaisé le chèque qui dit, sous la plume de Dutoit, « Appelle-moi demain ».

Ce que je fais. S'ensuit une rencontre avec Desgraupes. Le surlendemain, je dis à Héberlé, « Bon vent, je me barre ». Héberlé détruira en un an l'audience de RMC, qui sombrera dans les trois années suivantes à 4 points. Ça n'est que ces temps-ci qu'elle commence à s'en remettre, après rachat par Alain Weill et orientée très efficacement vers le « talk ».

L'ironie de l'histoire, et le jeu de bonneteau qu'est le Paysage audiovisuel français, veulent qu'en novembre 1984, Héberlé soit nommé patron d'Antenne 2, en remplacement de Desgraupes, viré pour une soi-disant question d'âge mais en vérité essentiellement parce qu'il était une personnalité trop libre, trop indépendante : c'est vraiment pour l'écarter que les socialistes (qui l'avaient pourtant placé à ce poste quatre ans plus tôt) ont fait passer une loi qui limite (toujours) le statut de fonctionnaire à 65 ans. Desgraupes était en train de réussir un chef-d'œuvre : c'est la seule époque où la 2 est passée devant la 1 à l'audimat... Cette injustice a profondément meurtri et abattu Desgraupes. André Rousselet, alors secrétaire général de l'Elysée, n'a pas été étranger à la manœuvre. Mais ensuite, au moment de Canal, il se rendra compte de l'erreur presque philosophique dont avait été victime Desgraupes et on lui confiera plusieurs missions, notamment en vue d'un développement en Europe de l'Est.

Héberlé, lui, démolira la 2. Il a fini à la SFP, placardisé, avec pour hobby la fabrication de chaises en bois.

Pierre Desgraupes est le seul patron français de médias à m'avoir vraiment impressionné, de l'idée à l'attitude, de A à Z. Bourru, pas facile au premier abord, « le Sphinx », « le Vieux » avait pour lui une carrière de journaliste exemplaire, pionnier avec Pierre Dumayet d'une télévision française de qualité (« Lecture pour tous », « En votre âme et conscience », avant le référentiel « Cinq colonnes à la une »). Bosseur infatigable, il avait continué en parallèle à collaborer à Radio Luxembourg et à Europe n° 1, mais aussi à écrire pour *Paris-Presse* et *France-Soir*. Ensuite, en 1969, le Premier ministre Chaban-Delmas lui avait confié la direction de l'information de la première chaîne – sachant qu'en plein mai 68, Desgraupes avait réclamé plus de liberté dans l'information. Avec « Information première », en embauchant des plumes de RTL, d'Europe 1, du *Nouvel Observateur* et du *Monde* (Marc Gilbert, Philippe Gildas, François-

Henri de Virieu, Joseph Pasteur, et Etienne Mougeotte), c'est tout bonnement une révolution que Desgraupes avait menée à bien. Pour preuve, le JT inauguré en novembre 1969, avec un présentateur unique aidé d'un prompteur, et qui donne le droit à la parole à l'opposition comme aux syndicats. Une évidence aujourd'hui. Mais Desgraupes a fait sortir l'information télévisée française de l'âge de pierre. Et la formule continue de fonctionner à l'ère 2.0.

Idem, la façon dont, au début des années 80, il s'est mis à réorganiser Antenne 2, l'éclatant en treize unités de programmes bien distinctes et à forte autonomie respective, éditoriale comme budgétaire. La méthode me paraît toujours valable, elle pourrait être appliquée au France Télévisions d'aujourd'hui. Bénéfices : responsabilisation, émulation, créativité.

Dans ma partie, les variétés, ça donnera la création de « Platine 45 », « L'Académie des neuf », et des « Enfants du rock ». Mais le mouvement était général, voir les « Moi, je » et « Remue-méninges » de Pascale Breugnot, voir les émissions jeunesse cornaquées par Jacqueline Joubert, qui a lancé Dorothée, qui a fait découvrir Goldorak aux gamins français.

Tout cela concrétisait l'intention que Desgraupes avait formulée entre deux bouffées de Winston et lunettes remontées sur le front, lors d'une conférence de presse, le 9 septembre 1981 : « La France vit depuis le 10 mai un des plus grands changements de son histoire et je vous avoue que je trouverais choquant que la télévision, qui porte la voix sinon de la France mais des Français, reste à l'écart de cette mutation. Je dirais même qu'eu égard à son pouvoir, qui tient à sa nature même, il me semble qu'elle devrait de cette mutation être l'éclaireur sinon le guide. (...) Je pense que ce qu'il faut mettre en avant, c'est la sensibilité. C'est en touchant la sensibilité des gens, par des émissions appropriées, que nous toucherons, je pense, leur intelligence et que nous contribuerons à leur enrichissement. » Qui dit mieux ? Il s'agit certes du service public, mais ça a tout de même une autre tenue que le « cerveau humain disponible » de Le Lay[1].

Desgraupes, fervent admirateur de Rainer Maria Rilke, n'avait pas comme patron des manières de poète. Plutôt celles d'un rouleau compresseur, du genre à répéter en père Ubu, « Le directeur financier, c'est moi, le directeur des programmes, c'est moi, le directeur de l'information, c'est moi ». Personnellement, ça me faisait plus rire qu'autre chose, car je savais l'homme au sourire narquois volontiers sarcastique.

Surtout, Desgraupes n'avait dans les faits rien de l'autocrate qui exige obéissance aveugle et profil bas. Tout au contraire, curieux et à l'affût de tout, il fallait pour l'intéresser et le convaincre, apporter quelque chose de neuf, auquel il n'avait pas forcément pensé. Et il déléguait

1. Rappel, pour le plaisir : « Il y a beaucoup de façons de parler de la télévision. Mais dans une perspective "business", soyons réalistes : à la base, le métier de TF1, c'est d'aider Coca-Cola, par exemple, à vendre son produit (...). Or pour qu'un message publicitaire soit perçu, il faut que le cerveau du téléspectateur soit disponible. Nos émissions ont pour vocation de le rendre disponible : c'est-à-dire de le divertir, de le détendre pour le préparer entre deux messages. Ce que nous vendons à Coca-Cola, c'est du temps de cerveau humain disponible. »

comme jamais un potentat ne l'aurait fait. La confiance qu'il accordait aux autres le faisait avaliser sans difficulté des projets étrangers à son propre prisme – « Vous y croyez ? D'accord, alors… » « Les Enfants du rock », par exemple, alors que sa culture musicale s'arrêtait, disait-il, à Barenboïm.

VI

« Enfants » phare

Une émission sur le rock, plus exactement sur la « culture rock », qui dépasserait la seule musique, qui attesterait plus globalement d'un état d'esprit. J'avais vendu l'idée à Desgraupes dès notre prise de contact. Problème : si j'avais ourdi des émissions musicales à la radio, je découvrais complètement le divertissement télévisé. C'est alors que Dutoit me déniche un inconnu, du nom d'Alain de Greef. A 34 ans, de Greef est, selon Dutoit, « le meilleur jeune » qu'il connaisse, « incroyablement doué », son poulain.

Fils unique d'une restauratrice (le père s'est volatilisé très tôt), il n'est pas qu'un technicien formé à l'Ecole supérieure de Télévision après une licence de sociologie.

Très vite, je comprends que je tiens effectivement l'alter ego qu'il me fallait. Pour commencer, lui aussi aime la musique en maniaque obsessionnel, le rock mais surtout le jazz dont il est une encyclopédie ambulante, et il connaît bien le cinéma, la BD, l'Amérique, il a le goût de la *memorabilia,* il collectionne... La politique en revanche ne le passionne pas car il a peu de respect pour ses acteurs. Mais il a en la matière comme ailleurs la connaissance, la culture, le point de vue fin, qui font qu'avancer avec lui est passionnant. De Greef est novateur, aventureux, progressiste, iconoclaste ET sérieux. En outre, sa maîtrise du métier tourne à la science : monteur de documentaires et magazines, il a écumé des tas d'émissions, déborde d'idées, de pistes, et d'ambition.

Cette ébullition, je la perçois, je la devine. Alain de Greef, c'est notoire, est un taiseux, autre sphinx, et je serais bien incapable de restituer notre premier échange qui a dû, tels que je nous connais, virer au monologue. Avec moi en Monsieur Loyal et lui en Joconde.

Nous sommes en tout cas d'accord sur le concept de « culture rock », et sur la forme que devrait prendre l'émission : structurée comme un magazine, avec un sommaire, des rubriques, des rendez-vous, elle doit être un carrefour, où convergent la musique (et pas exclusivement le rock), la BD, le cinéma, la vidéo. Le ton doit être au diapason, nerveux, tonique, drôle.

Le titre renvoie au recueil de nouvelles de Scott Fitzgerald, *Les Enfants du jazz*, où il n'est jamais question de jazz mais qui diffuse une atmosphère bien spécifique, mélancolique, désenchantée, romantique (on y trouve notamment *L'Etrange Histoire de Benjamin Button,* bien moins glamour que le film qui en a été tiré). L'ensemble est emblématique de la Lost Generation, ce mouvement littéraire américain de l'entre-deux-guerres dont Fitzgerald était la figure de proue et qui faisait écho au désarroi provoqué par la Première Guerre mondiale. Dans chaque nouvelle des *Enfants du jazz*, on peut imaginer dans un coin un petit poste de radio à lampe qui fait résonner les cuivres d'un big band. Et à la fin de la *short story*, on entend les trois notes de piano de Duke Ellington ou Count Basie avant le rugissement final de l'orchestre.

Entrer en résonnance avec notre époque, c'était sans doute aussi, quelque part, notre objectif – évidemment envisagé et formulé bien moins doctement.

Ils débutent à l'époque à la télé mais en sont depuis devenus des cadors : Antoine de Caunes, Philippe Manœuvre, Jean-Pierre Dionnet, Alain Chabat, Jacky, à lui seul le casting des « Enfants du rock » suffit à rappeler l'esprit de l'émission. Reportages, interviews, critiques, sketches, l'ensemble carbure à une énergie décomplexée, parfois irrévérencieuse, inédite à la télévision française, mais qui se double chaque fois d'une réelle expertise.

Quand en juin 1982, dans la rubrique « Houba Houba », de Caunes interviewe Mick Jagger à la veille de la venue des Rolling Stones, il ne lui cire pas les pompes (des baskets blanches en l'espèce), il l'interroge sur le déploiement démesuré de protection, il suggère une coupure avec les fans, voire une dispersion du groupe dont chacun des membres développe des projets solo... Mick tique un peu mais ne s'énerve pas, il répond en français alors qu'Antoine pose les questions en anglais, c'est à la fois marrant et instructif. Dès cette époque et dès son « Chorus », Antoine affirme sa marque unique à la télévision : le meilleur mariage de la vivacité, de l'humour et de la production perfectionniste. Et humainement, ce type est un bijou.

Dans « Les Enfants » il y a aussi « L'Impeccable », Dionnet et Manœuvre qui dirigent alors la revue de BD *Métal Hurlant*. Ils mettent, l'un mi-Tintin mi-professeur Tournesol, l'autre les doigts dans la prise, les pleins phares sur Hugo Pratt, Mœbius ou Druillet – je rappelle qu'on (n')est (qu')en 1981. Un an plus tard, ils lanceront « Sex Machine », avec la fameuse équation « 33 % d'humour, 33 % de musique et 33 % de filles nues », qui fait la part belle au funk, et, donc, aux jolies nanas, telle la troublante Pauline Lafont qui figure dans le générique. C'est dans « Sex Machine » que sera diffusé pour la première fois en France le clip de *Billie Jean*, de Michael Jackson.

Quant à Alain Burosse et à Mathias Ledoux, ils officialisent avec « Haute Tension » l'existence de la vidéo, qui n'en est encore qu'au stade du balbutiement. Bref, ça rigole, mais ça dépote surtout, jusque dans l'habillage, œuvre conjointe de Ledoux et Etienne Robial, que de Greef a l'idée d'associer. De Greef, déjà génial assembleur, chef d'atelier plus proche du chimiste que du contremaître.

Grand graphiste, directeur artistique de *A suivre* et *Métal Hurlant*, cofondateur avec Florence Cestac de la maison d'édition Futuropolis, Robial a répondu dans un premier temps « Il va d'abord falloir que je regarde la télé, ce que je ne fais jamais... ». Trois jours plus tard, il est revenu avec la proposition suivante : « A la télé, il n'y a pas de noir, pas de gris, pas de jaune, donc je vous propose d'utiliser du noir, du gris, du jaune. » Ça a donné le fameux générique au pochoir emblématique des « Enfants ». Robial venait d'inventer l'« habillage » télévisuel dont il est ensuite devenu le master & commander, concevant la garde-robe de Canal, puis celle de La Sept, de M6... Apprendre, de la bouche même de Robial, que l'ensemble de l'habillage de Canal a rejoint le Fonds national d'art contemporain, m'a transporté de fierté. Pour lui, et pour nous. Je partage avec Etienne la passion et l'obsession des logos et des marques, la force de la création et de la rigueur qu'ils exigent. Si la création est bonne, et la rigueur maintenue, une part de l'avenir de l'entreprise est assurée. Car même au milieu des crises, le logo, telle une oriflamme, rappelle au couple client-marchand pourquoi ils se sont tant aimés et qu'on ne va pas se quitter comme ça. Etienne Robial est l'un des plus grands graphistes et designers graphiques du monde. Canal, depuis un an, a commencé à lâcher les rênes sur son logo, son habillage. Je crains qu'on en voie les conséquences fâcheuses qui sont, toujours, sans retour.

Ledoux aussi nous suivra à Canal, où il réalisera toutes les grandes émissions et fabriquera tous les pilotes et prototypes de projets. Et Burosse sera le patron de nos fameux programmes courts.

Moi, là-dedans ? J'écoute, je choisis, je cherche, je lance des trucs. Je mets au point l'ensemble, avec de Greef. Et je passe du bon temps avec la bande. Le dimanche, de Greef qui est fin cuisinier nous mitonne du homard… On travaille dans notre coin, en totale liberté, on se fend de temps à autre de « spéciales » consacrées à nos chouchous, Gainsbourg, Dutronc… Nos autres émissions marchent bien, « Platine 45 », « L'Académie des neuf ». On fait aussi dans la chanson française et dans l'opérette, défendues par Jean-François Kahn, on ne dédaigne pas les chansonniers qu'affectionne Jean Amadou… Desgraupes est content, nous de même. Bref, une fois encore, la vie est belle.

ALAIN DE GREEF,
alter ego, d'Antenne 2 à Canal+

Dès ma première rencontre avec Lescure, je me suis dit, « c'est exactement le genre de mecs dont la télé a besoin ».

A l'époque, je travaillais à Antenne 2 comme chef d'atelier de production, Pierre venait d'être nommé responsable du divertissement à destination des jeunes. Christian Dutoit, alors directeur des programmes et de la production, a pensé que nous marier était une bonne idée, comme quoi il avait du nez.

De Lescure, je connaissais juste des bribes de son parcours : plus jeune, j'avais écouté un peu « Coca Cola Music Story », plus tard je l'avais vu présenter le JT… *Grosso modo*, je savais que son univers, c'était journaliste et rock'n'roll. A la fois pas très éloigné et pas si proche du mien : monteur de films de fiction, de « documentaires de création » et d'émissions de rock vu que je parlais anglais, j'étais devenu chargé de production d'émissions en vidéo et en direct, pour Guy Lux notamment.

Histoire de faire connaissance, on s'est donné rendez-vous pour déjeuner, au Sancerre, un bar à vin tout proche de la rue Monttessuy où se trouvaient à l'époque les locaux d'Antenne 2. Ça a duré trois heures, autour d'une omelette, je crois qu'on a descendu plus de deux bouteilles de sancerre…

Je venais de l'ORTF, une boîte certes lourde administrativement et contraignante quand on s'y occupait d'information, mais très créative pour le reste. Après son éclatement, on n'a pas retrouvé l'équivalent de Jean-Christophe Averty.

Deux ans plus tôt, j'avais passé un concours interne de gestionnaire de production. Comme je savais faire du film et du documentaire, on m'a mis aux variétés et en vidéo et en direct, toutes choses auxquelles je ne connaissais rien, d'ailleurs au début j'ai un peu fait la gueule avant de me rendre compte que ça enrichissait mon expérience. « Jeux sans frontières », « Le Palmarès des chansons »... J'ai été l'homme de main de Guy Lux pendant deux ans avant de faire équipe avec Lescure. A côté de ça, je travaillais sur des émissions de variétés type hommage spécial Zizi Jeanmaire ou Line Renaud, ou à des émissions d'humoristes pas spécialement drôles.

Ça restait un truc encore un peu étriqué, la télé, y compris Antenne 2. Même si un premier président, Marcel Jullian, avait donné à Antenne 2 une certaine allure, que n'avaient pas TF1 et FR3. Il y avait aussi quelqu'un comme Michel Lancelot, qui avait ce genre de culture rock, marginale. Mais au bout de quelques mois, cet élan avait été abandonné pour en revenir à quelque chose de plus traditionnel.

L'ambition maximale, c'était la patte de Desgraupes, avec la porte ouverte à des émissions populaires de bonne tenue, sur l'art, la littérature ou la philosophie par exemple, des choses qui ont totalement disparu de France 2 aujourd'hui ou alors rejetées au milieu de la nuit. Ce qui n'a pas empêché Antenne 2 de devenir pour la première et unique fois de l'histoire du PAF, la première chaîne par son audience.

Lors de notre premier déjeuner, Lescure m'a tout de suite parlé de son envie d'une émission qui deviendra « Les Enfants du rock ». Ce n'était pas une émission au sens classique du terme, plutôt une session incluant des émissions de formats et de régularité divers. Et à côté de ça, on fournirait des programmes un peu plus populaires, des jeux d'inspiration américaine notamment comme « L'Académie des neuf ». Ça m'allait aussi très bien : même si je n'ai jamais passé ma journée à en regarder, j'ai toujours apprécié la dimension « simplicité quotidienne » de ce type d'émission, et c'est l'une des choses qui m'avaient fasciné lors de mes premiers voyages aux Etats-Unis.

En fait, avec Lescure, on a été d'emblée d'accord sur à peu près tout, à quelques subtilités près. Moi, par exemple, j'étais plutôt rock anglais des années 60 alors que lui, plus Elvis et rock américain des années 50… Pour « Les Enfants du rock », il a amené des gens qu'il connaissait, moi d'autres comme Antoine de Caunes, Philippe Manœuvre, Jean-Pierre Dionnet… Le budget de l'émission était réduit, mais on pouvait compter sur le soutien des maisons de disques qui avaient pour la première fois un accès à la télévision sur d'autres thèmes que Mireille Mathieu et Joe Dassin.

On a très vite lancé « Les Enfants du rock » : la première semaine de 1982, soit deux mois après notre rencontre initiale. Lescure était le responsable artistique, moi chargé de l'organisation des moyens et du budget, et je participais à la réflexion sur le fond, ce qu'on veut faire...

C'était franchement très sympathique parce que, y compris dans un endroit comme le service public où il y a des règles, des systèmes, Pierre a la capacité de jouer aux billes dans le couloir, des trucs qu'on avait jamais vu faire par un responsable d'unité de programmes. Goûts, envies, il mêle le personnel et le fun au professionnel.

ALAIN CHABAT

Quand j'ai fait sa connaissance, en janvier ou février 1981, Pierre était directeur des programmes de Radio Monte-Carlo. La station avait organisé un casting d'animateurs pour RMC Rock, une de ses antennes FM. Moi, je sortais juste de l'armée, de l'asile psychiatrique plus exactement – pour échapper au service militaire. Mon frère qui habitait Menton avait entendu l'annonce du casting, il s'est dit que ça pouvait peut-être m'intéresser.

Le casting consistait en un bonjour, l'annonce de trois disques, et un au revoir.

Ce jour-là, Pierre n'était pas présent, mais quelques jours plus tard, on m'a appelé pour me signifier que j'avais été sélectionné et peu après, j'ai passé un entretien avec plusieurs personnes de RMC, parmi lesquelles il y avait Pierre. Je ne savais pas qui il était ni trop ce qu'il faisait, mais je me souviens très bien d'un type souriant, malicieux, qui se marrait. De quoi me conforter dans l'idée que toute cette affaire n'était qu'une vaste blague. J'étais de fait très détendu.

Donc : on m'explique ce qu'est RMC Rock, en quoi va consister le job (en gros ce que j'avais fait pour le test). Et puis avec Pierre, on a parlé musique. J'aime la musique, j'en écoutais, j'en écoute toujours : on a partagé un petit côté « érudit rock », des anecdotes…

Après quelques mois à RMC Rock, ils m'ont rapatrié sur les grandes ondes. C'était pour « Hollywood Boulevard », une émission qui passait dans la tranche 23 h-3 h du matin, sponsorisée par Hollywood Chewing Gum. Vu l'horaire, c'était très libre et assez ciblé, donc je faisais un peu ce que je voulais : une programmation très rock, avec un peu de jazz, un peu de sketches, des conneries, mais aussi de vraies interviews, et un duplex avec Roni, le correspondant à New York.

Je croisais régulièrement Pierre : il commentait l'émission, on discutait. C'était vraiment très détendu comme ambiance, et joyeux, respectueux. J'ai ensuite fait d'autres émissions, toujours dans le cadre du rock ou de la musique « branchée » comme on disait à l'époque, et toujours le soir, mais un peu plus grand public.

Là-dessus, Mitterrand passe, du ménage est fait à RMC : Michel Bassi est remplacé par Jean-Claude Héberlé, qui fait venir Claude Villers. La politique, Pierre m'a toujours semblé avoir été vacciné contre très tôt, de par l'engagement de ses parents, et face à ce qui se passait, cette valse des chaises, il était clairement circonspect. Mais c'est avant tout le projet d'Héberlé et de Villers qui l'a fait partir quelques mois plus tard : celui d'une radio plus tournée vers « la culture », moins « commerciale ». Héberlé et Villers ont notamment changé cette tranche où j'intervenais, le « 17-24,30 » : d'un coup, c'est devenu super chiant, des reportages à la con, des trucs obligés... En tant que bouffon, comique, j'ai été relativement préservé. On m'a juste demandé une pseudo-complicité avec les journalistes auxquels je passais la parole, du coup je suis parfois allé un peu trop loin, ça tournait à la fête du slip, on m'a recadré... Ça me rappelle que je dois aussi à Pierre de m'avoir un jour briefé sur la façon d'annoncer les scores au foot : il avait vite compris que je n'y entendais rien, or je devais faire le « But par but ». Donc, Pierre me prend dans son bureau : « Bon, tu vois, si un coup y'a 2-2, tu dis 2-2, mais si le prochain match c'est 1-1, ben tu dis pas 1-1, sinon, ça fait 2-2, 1-1, tu vois, tu dis plutôt, 1 partout... » Je suis parti complètement embrouillé, ça a donné n'importe quoi, je crois que c'est la dernière fois qu'ils ont confié le « But par but » à un animateur.

Donc, l'ambiance avait changé, et Pierre à un moment dégage, pour prendre en charge les variétés pour jeunes, à Antenne 2. Moi, à RMC, je commence à m'emmerder franchement. Pierre fait « Les Enfants du rock » : je lui demande s'il n'a pas du boulot pour moi. Il répond, « Vas-y, propose ». Je lui propose des émissions, comiques principalement. Une espèce de « Saturday Night Live » entre autres. Pierre aussi aimait « SNL », ou les Monty Python, le Kentucky Fried Theater. Il était partant, chaud bouillant même.

Mais il me répondait que c'était super cher à faire, compliqué, qu'il fallait trouver des équipes, et il avait raison.

Je lui avais aussi proposé un truc de « trivia » : des anecdotes totalement inutiles, type la plaque d'immatriculation de l'Aston Martin DB5 de James Bond dans *Goldfinger*… Pierre m'a dit, « Si tu veux, fais des petites capsules, on les saupoudrera dans "Les Enfants du rock" ». Franchement, ce n'était pas terrible, même complètement raté à mon avis, mais lui a temporisé, « Ça n'est pas totalement raté, c'est juste pas complètement réussi ».

Quand soudain, Pierre Desgraupes me lance : « Ça te dirait de prendre l'info ? » Alors ça, je ne m'y attendais pas. Même si depuis quelque temps, Desgraupes et moi parlons de plus en plus souvent, et de plus en plus d'information plutôt que de divertissement. L'info, c'est le seul secteur où le plan de Desgraupes peine à faire la différence, où l'émulation ne donne pas l'innovation escomptée.

Les forces sont pourtant conséquentes, avec PPDA et Christine Ockrent au JT de 20 H et Philippe Labro et Bernard Langlois au 13 H. Peut-être trop, justement : pour les chapeauter, il y a François-Henri de Virieu, qui n'a rien à leur envier question compétence mais qui ne fait pas le poids en termes d'ego. PPDA, Ockrent, Labro, Langlois : les noms suffisent à comprendre les Himalaya en présence.

Quelques jours avant la proposition de Desgraupes, le 14 septembre 1982, un incident s'est produit, qui atteste la façon très personnelle qu'ont ces têtes d'affiche d'appréhender leur tâche. Le matin, on a appris la mort de la princesse Grace de Monaco, suite à un accident de voiture. Au JT de 13 H, Bernard Langlois a ce commentaire : « Une histoire de royaume d'opérette sur un caillou cossu. » Et de souligner la moindre importance de l'événement comparé à l'assassinat, survenu le même jour, du président libanais Bachir Gemayel. C'est géopolitiquement peut-être vrai, mais la réflexion est vaine, et prétentieuse.

Les réactions ne se font pas attendre. De l'extérieur, mais aussi en interne. Le soir, une réunion de direction est convoquée par Desgraupes, où je me montre personnellement très critique. J'estime que le 13 H n'est pas une tribune politique, et que le propos était autant hâtif que grossier. Je me prononce même en faveur d'une sanction, quand la plupart sont partisans de laisser les choses se tasser. Sachant que Bernard Langlois aurait dit tout haut ce que pense une majorité de la rédaction. Il se trouve que Desgraupes partage mon avis. Langlois ne présentera plus le 13 H.

Donc : « Ça te dirait de prendre l'info ? » Bien sûr, je dis oui. Pour commencer, l'info, je connais, j'en viens, c'est mon biotope naturel. Et puis, sans que je me le formule aussi nettement sur-le-champ mais il y a incontestablement de ça, j'ai envie de prouver, de démontrer que tout est dans tout et inversement. Que la frontière entre divertissement et information n'est pas si infranchissable que certains le martèlent, qu'il n'y a pas de secteur « noble », qu'on peut faire aussi bien l'un que l'autre, et l'un et l'autre. Pour peu qu'on ait chaque fois conscience de ses obligations et qu'on ne les confonde pas.

Je pose simplement deux conditions. Un budget pour des magazines, pour commencer. Le premier qu'on lancera, avec Michel Thoulouze dont j'ai fait mon adjoint, est « Résistances », confié à Bernard Langlois. Une heure hebdomadaire consacrée aux droits de l'homme qui, ironie du sort, verra sa première censurée, par nécessité : elle avait à son sommaire un reportage sur la prison marocaine de Kenitra, la plus dure du Maroc, où est à l'époque et entre autres incarcéré l'opposant politique Abraham Serfaty. Précisément, Danielle Mitterrand s'est alarmée de ce reportage, elle qui se démenait à la tête d'une association pour l'assouplissement des conditions de détention à Kenitra. On a accédé à sa demande en repoussant la diffusion, compromis que j'ai personnellement annoncé à l'antenne juste avant l'émission, en précisant que si aucune amélioration n'intervenait, nous ferions une « spéciale » sur Kenitra.

J'ai aussi obtenu de ne pas assister aux conférences de rédaction quotidiennes, de me limiter aux conférences de prévision. Incroyable, pour quelqu'un en charge de l'actualité ? Mais il y a des rédacteurs en chef pour ça, avec qui je suis en contact permanent, pourquoi aller me visser chaque jour plus d'une heure à une table ? Dans le sillage de Desgraupes, je délègue, je fais confiance, tout en conservant un œil sur le processus et en sachant toujours ce qui se passe, ce qui se trame. Si je n'ai, contrairement à de Greef, aucun goût ni aucun sens des fourneaux, je me vois métaphoriquement en cuisinier en chef de l'information : à moi de faire monter la mayonnaise, de trouver le liant, et d'améliorer la recette. Desgraupes est comme le reste de la rédaction dans un premier temps un peu dubitatif, mais je campe sur cette condition, et les choses se mettent en place.

Surtout, assez rapidement, l'impulsion que j'ai donnée avec Michel Thoulouze porte ses fruits, dans un domaine décisif. Les JT d'Antenne 2 regagnent du terrain sur ceux du grand rival TF1.

Que le 13 H redevienne un vrai rendez-vous, attractif à la fois en externe, pour les spectateurs, et en interne, pour les journalistes : ça a été notre première volonté. Face à la grand-messe du 20 H, qui fait les stars, le 13 H était devenu un parent pauvre voire un pis-aller, pour lequel peu ont envie de se décarcasser. Les reportages du 13 H ont du coup souvent l'allure de brouillons de ceux du 20 H, réalisés par les mêmes journalistes qui n'accordent clairement pas la même importance aux deux fenêtres de diffusion. D'où cette décision : désormais, le 13 H et le 20 H mobiliseront des équipes distinctes, avec pour effet une compétition, une émulation forcément payante. Et la responsabilité du 13 H reviendra à Hervé Chabalier, que j'engage avec l'accord de Desgraupes. Grand reporter issu du *Nouvel Observateur* et du *Matin*, il allie énergie, foi du charbonnier et sens aigu du traitement de l'information. Figure de proue de l'écrit, il passe le Rubicon de la télé et ne la quittera plus, pour ensuite fonder Capa, la meilleure agence française de reportages audiovisuels.

Pour le 20 H, la donne et la problématique sont autres. L'émulation existe bel et bien, entre ces deux grands prélats que sont Christine Ockrent et celui qui est déjà surnommé PPDA. D'un côté, la grande pro auréolée d'une expérience américaine (NBC, CBS) qui se drape dans la rigueur et la distance. De l'autre, le petit prince certes capé (chef du service « politique intérieure » puis chef du service « politique, économique et social ») mais qui conclut déjà ses journaux en romanesque, regards insondables et sourires mystério-complices à l'appui.

Elle est omniprésente, sur le pont dès l'aube, au courant de la moindre dépêche, précise comme une horloge suisse : à mes yeux, la nomination de Christine Ockrent comme rédactrice en chef allait de soi. Mais PPDA (rédacteur en chef adjoint depuis 1976) la prendra pour un coup de Jarnac, diligentée par Mitterrand, qui l'aurait suggérée à Desgraupes, qui me l'aurait imposée. Inversement, au moment des élections municipales de mars 1983, Ockrent ne comprendra pas que l'animation des deux soirées électorales revienne à PPDA. Il faudra lui expliquer qu'il est bien meilleur intervieweur, beaucoup plus fluide dans la conduite d'entretiens tendus, et plus à l'aise dans la relance entre les intervenants comme dans le passage de témoin entre les différents invités. PPDA est un des seuls journalistes français à oser user du « droit de suite » dans ses questions aux politiques, à creuser une question quand l'intéressé tente d'y échapper. Ça n'empêchera pas PPDA de se répandre ensuite dans la presse sur sa difficulté à exister à Antenne 2, son « combat avec Lescure », avec ce point culminant : le jour où il s'écrie, « J'ai besoin d'être aimé ! ». Sa décision d'arrêter le JT, en juillet, ne prendra personne de court et sonnera le couronnement d'Ockrent. « La reine Christine », proclame *Paris Match* qui en fait sa couverture, que j'affiche immédiatement dans le couloir de mon bureau... au grand déplaisir des syndicats qui parlent d'*indécence*, le service public n'ayant selon eux pas vocation à guigner des points d'audience. Que l'on puisse allier les deux, qualité et compétitivité, sans pour autant y perdre son âme, leur est inconcevable alors même que le journal d'Ockrent est loué pour sa rigueur (rigorisme serait plus juste, estiment certains).

Toujours est-il que l'année 1983 marque la première et unique fois de l'histoire où le 20 H de la 2 passe en termes d'audimat devant celui de TF1.

S'il fallait choisir une circonstance emblématique de l'indépendance et du courage de Pierre Desgraupes, je choisirais l'épisode dit « de la grue », à Latche, le samedi 1er janvier 1983. Interviewer François Mitterrand dans sa résidence de vacances landaise, dans la foulée de ses vœux présidentiels, dont il pourra en direct commenter les sujets : l'idée était d'Hervé Chabalier, alors en charge du 13 H. On avait embrayé immédiatement, cette « approche landaise » apparaissant vraiment nouvelle. D'autant qu'un an et demi après l'arrivée des socialistes au pouvoir, l'état de grâce avait fait long feu, la politique économique du gouvernement (nationalisations, semaine des 39 heures) focalisant les critiques. Et l'Elysée, c'était pourtant loin d'être gagné d'avance, avait dit oui à cette proposition inédite.

Hervé Chabalier, Albert du Roy, Paul Amar et moi : le 31 décembre, nous prenons nos quartiers dans un petit hôtel sinistre à proximité de la bergerie présidentielle. Nous regardons les vœux du président, préparons évidemment nos questions avec la plus grande minutie. Et le lendemain matin, comme convenu, nous nous rendons chez le président. Des conseillers de l'Elysée nous conduisent au bâtiment où l'interview doit prendre place. Les techniciens sont déjà à l'œuvre, tirant des câbles, installant des caméras, rien que de très normal.

Il est 10 heures et demie. Je m'entretiens avec le directeur technique de la SFP, qui m'assure que tout va bien : « On attend juste la grue que nous a envoyée TDF. On devrait pouvoir faire les essais avec Paris vers midi. » A l'époque, pour de telles retransmissions, toutes les chaînes doivent encore passer par les sociétés issues de l'ORTF, la SFP pour la technique et les moyens de production, TDF pour la diffusion. Le processus est toujours le même : la chaîne avertit la SFP qu'elle compte faire une émission, tel jour, à telle heure et à tel endroit, avec tel nombre de caméras et dans tel décor. La SFP informe ensuite TDF, qui a le le monopole des transmissions et qui se charge de la diffusion.

Cette interview de Latche pose un problème particulier : l'émetteur de TDF est trop éloigné pour une diffusion optimale des images, il faut installer un relais de transmission, sur une grue très haute, et très stable. Qui, donc, doit arriver incessamment.

Nous discutons avec les conseillers du président, lui-même vient nous saluer, avant de partir pour une courte marche dans la campagne, accompagné de son fils cadet Gilbert et de ses chiens. Jusqu'ici, tout va bien.

Vers 11 h 15, je consulte de nouveau les techniciens de la SFP. Toujours pas de grue en vue. « Elle a dû être retardée par le brouillard, pas de quoi s'affoler. Les essais sont toujours prévus pour midi. » Mais à midi, toujours rien. Et le directeur technique de la SFP est cette fois préoccupé. « Je n'arrive à joindre personne à TDF, à peine une standardiste qui n'est au courant de rien. J'ai contacté la gendarmerie, ils n'ont connaissance d'aucun passage de grue sur les nationales, alors que c'est quand même un convoi. Du coup, j'ai appelé les pompiers, pour éventuellement utiliser une de leurs grues, mais elles ne sont pas faites pour ça… » Première montée d'adrénaline.

Les essais n'apportent aucun réconfort, l'image est bel et bien brouillée, on va dire mouvante, façon poste sans antenne… Mais on veut croire à une solution, même *in extremis*, on se prépare comme si de rien n'était au direct. L'entretien doit être précédé d'un court journal, ce qui laisse une marge de manœuvre supplémentaire.

A 13 heures, le président nous rejoint, dans sa bibliothèque où va se dérouler l'interview, sur fond de livres et de feu de cheminée. Je l'ai informé de notre souci technique, tout en lui assurant que tout allait rentrer dans l'ordre. Il n'a pas cillé.

La grue des pompiers arrive finalement, mais elle n'est pas assez stable pour porter l'émetteur. L'image est même carrément illisible, striée de part en part… L'autre grue est toujours dans une dimension indéterminée. « On appelle TDF toutes les dix minutes, mais ils n'ont toujours pas réussi à joindre qui que ce soit qui soit au courant », se lamente le type de la SFP. Là, on entre carrément dans le rouge, et j'ai beau avoir un certain penchant pour l'impromptu et l'urgence, je blêmis sous le fond de teint.

Mitterrand reste impassible, le regard insondable. Il parle de la région, des semeurs et des veneurs qui vont par la contrée depuis des siècles. Pendant ce temps à

Paris, Noël Mamère a conclu son journal et Michel Thoulouze balance des bouées de sauvetage – sujets sur la poterie et le macramé… Au bout du bout, le téléspectateur a droit à un long (six minutes) reportage de Pierrette Brès sur la vogue des randonnées équestres en sous-bois. La quantité et la répétition des ralentis nous glacent le moral. Il est 13 h 25.

C'est alors que Mitterrand lâche : « Ecoutez monsieur, tout est lent, même à l'écran. A l'évidence, nous sommes face à un problème technique insoluble sur-le-champ. On ne peut pas attendre indéfiniment, ça devient ridicule, je ne vais pas passer à 2 heures moins dix, voire plus tard, alors que mon intervention était prévue pour la mi-journée. » Pas besoin d'un dessin pour comprendre l'ampleur du pataquès.

Je lui demande juste de patienter le temps que je passe un coup de fil à Pierre Desgraupes, dont le premier mot est, « C'est quoi, ces conneries ? ». Mais le ton est mesuré, posé, concentré. Je lui explique brièvement, que je ne sais pas ce qui s'est passé avec la grue commandée, et lui soumets l'idée suivante : proposer au président de remettre l'interview au lendemain, même heure, entre-temps le problème de grue aura forcément été réglé. Desgraupes me donne son feu vert, assorti d'une annonce d'explication à faire à l'antenne, quand bien même l'image est brouillée. Reste à savoir quelle va être la réponse de Mitterrand.

Royal. A peine une minute de réflexion, et : « D'accord. Demain, même heure, même lieu. Mais attention, mes équipes et les vôtres vérifieront dès demain matin 8 heures que tout est en place. On ne peut pas se tromper deux fois. » Tandis qu'il se fait démaquiller, je procède à l'annonce suggérée par Desgraupes. J'explique que la bergerie est située dans une cuvette, que l'émetteur est loin, qu'un relais est nécessaire, qui doit être fixé à une grue, laquelle n'est pas arrivée pour une raison indépendante de notre volonté… Juste après, je croise le président, qui me lance, avec un sourire ambigu : « Bravo, vous mentez bien ! Une cuvette ! Vous savez bien que nous nous trouvons sur un vallon, certainement pas une cuvette ! Mais l'improvisation fait sans doute partie des talents nécessaires de nos métiers, le vôtre comme le mien. »

Là-dessus, surprise : il nous convie au déjeuner de famille qui était prévu en ce jour de l'an, et dont les protagonistes sont déjà en place. De la famille (son épouse Danielle, leur fils Gilbert, son frère cadet le général Jacques Mitterrand, sa belle-sœur Christine Gouze-Rénal et son mari Roger Hanin), et des proches (Jack et Monique Lang, Jean-Jacques Servan-Schreiber alors encore en cour, et des conseillers de l'Elysée). A Christine Gouze-Rénal qui s'écrie, « Mais il ne va pas y avoir assez de place pour tout le monde ! », Mitterrand répond, « Eh bien, mettez-vous à la petite table avec les gens de l'Elysée ». Ambiance.

A un moment donné, après une tirade de Lang sur Marx, Mitterrand fait observer qu'on ne peut pas comprendre certains points de vue et comportements de l'auteur du *Capital* si on perd de vue qu'il a épousé une grande bourgeoise qui a envoyé leurs enfants dans les meilleures écoles anglaises, bref que sa femme a eu un impact déterminant sur sa pensée. « Eh bien, on ne pourra pas en dire autant de moi ! » cingle alors Danielle Mitterrand. Gémissement-hennissement de Lang : « Oh, Danielle ! »

Et Mitterrand à Danielle : « Servez-nous donc le café. » De quoi étrangler un peu plus les estomacs, déjà bien serrés de notre côté. Nous savons que l'incident, à Paris, tourne déjà à l'esclandre. Et que non seulement nous sommes tenus au sans-faute le lendemain, mais qu'il n'empêchera pas de sérieuses explications à notre retour au bercail.

Finalement, cet après-midi-là, on entre enfin en contact avec des responsables de TDF. Qui nous informent qu'ils ne voient pas de quelle grue on parle, qu'ils en font envoyer une sur-le-champ, de Nancy, soit toute la France à traverser en pleine période de pluie et de verglas. Elle arrivera cependant en temps et en heure, et l'interview aura lieu comme prévu. Avec, en préambule, cette bien laborieuse entrée en matière, par moi effectuée : « Mesdames et messieurs, bonjour, nous sommes cette fois en direct de Latche, la propriété familiale du président la République. Monsieur le président, bonjour. Avec moi, Hervé Chabalier, Albert du Roy, Paul Amar, et, donc, si je puis dire, cette fameuse grue… Merci monsieur le président, d'avoir accepté cet incident vous le savez indépendant de notre volonté, et d'avoir accepté cette nouvelle invitation à participer aujourd'hui au journal d'Antenne 2 midi. » Rame, rame, rameurs, ramez…

A Paris, c'est l'hallali. De toute part, on demande nos têtes, à commencer par Jacques Attali, le conseiller spécial, le sherpa, l'éminence grise de Mitterrand : « Il faut que ces types, Lescure et Thoulouze, démissionnent. Je ne comprends pas qu'ils ne l'aient pas encore fait. » La presse de gauche n'est pas en reste, tel *Le Matin de Paris* qui demande la même chose par la voix de son rédacteur en chef Guy Claisse. La droite, elle, boit du petit-lait. L'épisode, cingle-t-elle en substance, est emblématique de l'incurie, de l'irresponsabilité socialiste. Michel Droit, dans *Le Figaro*, dénonce ni plus ni moins une indignité nationale : « Quelle image pour l'étranger ! Si un événement dramatique s'était produit, même militaire, le président ne pouvait plus communiquer avec le pays. »

En interne, l'accueil n'est pas vraiment meilleur. Sauf de la part de Desgraupes.

Evidemment, il ne nous félicite pas. Mais il ne nous juge pas non plus. En tout cas, pas avant d'avoir les conclusions de l'enquête qu'il demande dans les heures suivantes et toutes affaires cessantes à l'Inspection générale de l'administration et qui réunit quelque temps plus tard tous les protagonistes. Elle est dirigée par Maurice Bouvier, l'ancien directeur central de la police judiciaire, qui a notamment chapeauté l'enquête sur l'attentat du Petit-Clamart contre le général de Gaulle, puis celle sur la disparition du leader progressiste marocain Mehdi Ben Barka, avant de participer à la traque de Mesrine, « l'ennemi public n° 1 », en 1979.

Les conclusions nous laveront de toute responsabilité : nos télex prouvent que la demande de grue a été faite règlementairement auprès de la SFP, qu'elle a même donné lieu à des réunions, et que la SFP a bien prévenu TDF. TDF en revanche, et pour une raison qui restera indéterminée, n'a pas pris les dispositions qui s'imposaient. Comme tombée dans un trou noir, restée à la rue, notre demande de grue. Ça coûtera sa place au directeur général de TDF, sanction qui suscitera aussitôt une polémique car il avait été nommé par la droite, qui y verra une mesure de représailles de la gauche, façon chasse aux sorcières.

J'ai eu ensuite l'occasion de recroiser François Mitterrand – quoique moins souvent qu'on pourrait l'imaginer vu sa proximité avec André Rousselet, son ancien directeur de cabinet et partenaire de golf, qui le conviait à des projections privées à Canal auxquelles le président venait avec Mazarine. Mais pas plus que les autres, je n'étais au courant du casting ni invité, ce qui était logique. En 1986, à l'occasion d'un déjeuner organisé à l'Elysée par sa conseillère culturelle Catherine Tasca, Mitterrand aura ce mot, quand viendra le moment des présentations : « Nous nous connaissons, monsieur Lescure et moi. Nous avons une longue histoire commune… »

André Rousselet m'a aussi rapporté, peu de temps après m'avoir engagé, que Mitterrand avait ainsi réagi, à l'idée que je participe à la création de Canal : « C'est quand même bizarre que Lescure accepte votre projet risqué alors qu'il avait une très belle carrière devant lui dans le service public. »

Cela n'a rien d'original mais c'est un fait, François Mitterrand fait partie des hommes politiques qui m'ont impressionné. Par sa densité, « force tranquille » exactement, et par son élégance. Par son intelligence manifeste, inscrite dans des regards et sourires à plusieurs couches. Et il avait une manière très subtile d'en faire profiter son auditoire, à travers une réponse, une analyse. C'est le seul politique, le seul homme d'Etat que j'ai vu donner un vrai sens aux décorations qu'il remettait, moi qui ne les goûte guère et qui les ai systématiquement déclinées. Au-delà de l'habileté, indéniable, perçait la connaissance, cultivée et vivante, littéraire, historique, politique, qui servait en permanence de terreau, de structure, à son argumentation, au débat.

Sa distance pouvait passer pour de l'arrogance, pour qui le rencontrait pour la première fois. Mais que dire de Giscard, qui jouait la simplicité moderne en se pointant en pull « cool » chez le « Français moyen », alors qu'au fond, VGE ne cessait de faire la leçon, suintait la suffisance. Chirac en revanche est un vrai affectif. C'est une légende que j'ai personnellement vérifiée en plusieurs occasions, dont la suivante.

On est en 1997, Chirac est président. Il a pour chef de cabinet Annie Lhéritier, une Corrézienne pur sucre qui lui est toute dévouée, qui était déjà sa collaboratrice à la mairie de Paris. Une petite femme qui ne paie pas de mine, air sévère, cheveux tirés, lunettes en métal, allure passe-muraille, clairement plus à son affaire dans l'ombre que dans la lumière. J'ai fait sa connaissance au début des années 90, quand Canal a racheté un PSG à l'époque faiblard et au bord du dépôt de bilan, ce qui n'était pas bon pour le championnat de France que nous retransmettions. La mairie de Paris avait placé certains des siens au conseil d'administration du club, dont Annie Lhéritier. Qui m'a pris en amitié, sans que je sache trop pourquoi. Mon peu d'appétence pour les salamalecs, peut-être.

Précisément, en cette année 1997 à l'Elysée, Lhéritier dont beaucoup moquent l'adoration pour Chirac, fait l'objet de moult manœuvres de déstabilisation. Elle est déprimée au point d'avoir envie de jeter l'éponge. C'est alors que je suis convié avec un aréopage de chefs d'entreprise, à un voyage présidentiel en Amérique latine : Bolivie, Uruguay, Paraguay, Argentine, Brésil. Chirac va être célébré là-bas comme un héros, pour avoir contribué à permettre à La Paz d'accueillir dans son stade perché à 3 600 mètres d'altitude des matches éliminatoires du Mondial de football. Ça lui vaudra d'être honoré du « Condor de Oro », la plus haute distinction bolivienne, sur fond de « Platini ! Platini ! », qui fait partie de la délégation. Apte à l'humour, Chirac aura ce mot : « J'étais persuadé qu'un jour, sur un stade de football, je ferais mieux que Michel Platini... Eh bien, c'est fait, car lui n'a pas obtenu cette distinction ! »

Deux jours plus tard à Buenos Aires, je dois quitter le président et sa suite, écourter mon voyage. Je suis à la réception de l'hôtel où tout le monde est logé, je m'apprête à repartir pour la France, quand Chirac et sa fille Claude sortent de l'ascenseur. Et Claude de s'approcher de moi : « Mon père souhaiterait vous parler... » Je rejoins Chirac, qui se penche vers moi, et me murmure à l'oreille : « Cher ami, je voulais vous voir, à propos d'Annie Lhéritier. Elle ne va pas bien, il faut que nous la sortions de la merde. » Autour, tout le monde se demande de quoi le président peut bien m'entretenir, j'entends cliqueter les synapses. Canal ? PSG ? Mais non, Chirac le sentimental se souciait juste du moral de sa fidèle d'entre les fidèles. Peu après son retour à Paris, on s'est revus, il m'a glissé, « Annie va mieux... Mais tenons-nous au courant ».

Il y eut aussi cet épisode, la remise du prix de l'entreprise la plus innovante, ce prix intelligent et pas bidon, créé par le financier et mécène Marc Ladreit de Lacharrière. Trois cents pontes de l'économie française réunis dans le salon d'honneur de l'Elysée. Chirac, face à cette foule, salue le jury dont je fais partie. Arrivé à moi, il se penche, jusqu'à mon oreille. Je vois dans le regard de ceux d'en face les interrogations se bousculer – « Mais de quoi lui parle-t-il ? De Dauzier ? De Canal ? De quoi, sinon ? » Au lieu de quoi : « Cher ami, me glisse le président, ne faites pas la bêtise de laisser partir Bernard Lama [alors portier du PSG], c'est un grand gardien, et un ami. » Sensiblerie déplacée de la part d'un chef d'Etat ? Peut-être. Mais elle me parle et elle contribue au regard bienveillant que je persiste à poser sur l'homme Chirac sans pour autant l'absoudre de tous les micmacs liés à son action politique. D'ailleurs, dire que Canal a contribué à le faire élire en 1995 *via* les Guignols et sa marionnette de loser à mantra « Mangez des pommes », n'a à mes yeux aucun sens. Sauf à souligner l'aspect paradoxal et l'importance de l'esprit de contradiction français. Chirac sera réélu en 2002 alors qu'érigé « super menteur » par les Guignols. Il est vrai que l'heure était grave et peu propice à la tergiversation.

Ontologiquement de gauche, j'ai toujours pris part au débat sans jamais m'y engager, échaudé par une antériorité paternelle sacrificielle, de moine-soldat tout acquis à la cause. Je n'aurais pu être qu'au PS mais, étudiant au CFJ, j'avais été très marqué par ce qui était arrivé à Georges Fillioud, contraint de quitter Europe 1 après avoir révélé qu'il était encarté au PS.

Au total, de l'ère Mitterrand, je retiens pour commencer ce fait historique : la moitié du pays a enfin accédé à la majorité. Cela prouvait que les choses n'étaient pas inéluctables, qu'il y avait encore de la place pour le changement, et pour l'espoir.

Dans ma famille, Mitterrand ne suscitait *a priori* pas beaucoup de sympathie : il avait été ministre de l'Intérieur, ministre de la Justice, il y avait eu l'affaire de l'Observatoire. Dans le même temps, il apportait la victoire de la gauche, et sa grande intelligence plaisait – sachant que personne n'aimait ni n'admirait Marchais. Et puis on se réjouissait de la présence de ministres communistes, Jack Ralite (Santé), Charles Fiterman (Transports), Marcel Rigout (Formation professionnelle). Ils s'en sont montrés dignes, d'une grande probité.

Le 10 mai 1981, jour historique pour la gauche française, je travaillais à RMC, en soirée électorale. A RMC, où le giscardisme prévalait, l'humeur était plutôt mitigée, quoique Michel Bassi, qui a toujours été UDF et un temps porte-parole de Giscard, ait toujours été très ouvert. Ça ne l'a par exemple pas empêché de cohabiter en très bonne intelligence avec mon adjoint aux programmes Albert Mathieu (que j'ai entraîné ensuite à Canal), qui était un intime de Rocard.

Les giscardiens pouvaient être très pénibles, d'un interventionnisme insensé, à commencer par Poniatowski. Pas Michel Bassi, un honnête homme et un vrai patron.

Interventionnistes, les socialistes l'ont aussi été, contre toute attente et espérance… Comme une malédiction, il semble que la classe politique dans ce pays ne peut s'empêcher d'essayer de peser sur la sphère médiatique. Reste alors les individus, qui parfois font la différence.

Un patron comme Jean-Luc Lagardère était giscardien, il serait sans doute aujourd'hui sarkozyste, mais sous son aile, il a toujours été possible de travailler dignement à Europe 1. *Idem* de Pierre Desgraupes, qui n'était certes pas de droite, plutôt centre gauche, mais qui collaborait au *Point* où il y avait Jean-François Revel et Claude Imbert, homme de droite vertébrés, démocrates et brillants. Desgraupes était absolument, définitivement, ontologiquement, indépendant.

André Rousselet aussi avait cette qualité, qui faisait qu'en dépit de son intimité avec Mitterrand, je n'ai jamais ressenti d'obligation à infléchir le ton ni le contenu d'une émission. Mais chez lui, cela relevait avant tout d'une nature autocratique, basée sur la défiance à l'égard du genre humain. Elle s'appliquait, je dois le reconnaître, avec une belle équanimité : grands comme petits, puissants comme faibles, tous pouvaient se faire blackbouler avec la même violence. A Canal, il n'y avait guère que sur les créatifs qu'il ne s'essuyait pas les pieds. Et sur moi.

VII

Écran total

Canal : ma vie, mon œuvre. Il y a de ça. Etape décisive, incontestablement, qui a cristallisé dans un même mouvement mes passions, mes aspirations, mon ambition, mes amitiés. Canal, j'y suis pourtant venu, une fois encore, par hasard. Nouveau rebondissement de cette partie de flipper qu'a été ma vie professionnelle depuis le départ.

Octobre 1983. A la tête de l'information à Antenne 2, je me sens bien. L'incident de la grue de Latche est quasiment digéré, nos JT dament le pion à ceux de l'éternel rival TF1, à commencer par le 20 H de Christine Ockrent. C'est alors que le publicitaire Bernard Brochand, directeur d'Eurocom, une des filiales du groupe Havas (il deviendra député-maire UMP de Cannes en 2001), me contacte : « Pierre, pourrait-on se voir ? J'aimerais te parler de quelque chose qui pourrait t'intéresser. » Je l'ai croisé à quelques reprises et j'apprécie l'homme, direct et enthousiaste. Et son ton, pressant, m'intrigue. On se donne rendez-vous le lendemain, dans un café.

Brochand m'informe qu'André Rousselet, patron d'Havas, chargé par le gouvernement de créer une

« quatrième chaîne couleur payante », s'est brouillé avec Alain de Sédouy, partie prenante de ce projet qui a fait polémique dès sa conception : rupture du monopole du service public, chaîne « commerciale » ou « de riches », les salves sont multiples, auxquelles Mitterrand a répondu en juin 1982 en se plaçant sur le terrain des libertés, contre un paysage audiovisuel « fermé ». Un rapport ministériel a suivi en octobre, suggérant une chaîne éducative et culturelle, qui allierait programmes institutionnels et cinéma. La proposition n'a enthousiasmé personne... La patate chaude a été récupérée à la hussarde par André Rousselet, devenu patron d'Havas et incontournable dans une industrie française des médias balbutiante par comparaison à l'Angleterre ou même à l'Allemagne – pour ne parler que de l'Europe.

Rousselet, c'est l'ami du président, son confident, son partenaire de golf. Des amis de trente ans : ils se sont connus par l'Union démocratique et socialiste de la Résistance, le sous-préfet Rousselet est ensuite devenu le chef de cabinet du Mitterrand ministre de l'Intérieur dans le gouvernement Mendès France, et, quitte à y sacrifier sa carrière dans l'administration, Rousselet est resté d'une fidélité totale quand les gaullistes sont revenus au pouvoir. Plutôt que d'en rabattre et d'accepter des postes de seconde zone, il a bifurqué vers le privé, commençant comme adjoint au chef du service des relations extérieures de Simca, prenant ensuite la direction générale de la G7, la société de taxis du groupe alors lestée par des gros problèmes financiers mais qu'il réussira à sortir de l'ornière. Et mieux encore. Rousselet a réussi seul. Il a créé un vrai groupe, avec toute une palette de métiers, jusqu'à la très parisienne Galerie de France.

Simultanément, il est toujours resté proche de Mitterrand, et disponible, dirigeant ses campagnes de 1965 et de 1974, en supervisant le financement, endossant le rôle de délégué pour la présidentielle de 1981, devenant son directeur de cabinet à l'Elysée, où, en passionné des médias (il a tenté en 1976 un éphémère *Sports magazine*), il sera plus particulièrement chargé des « problèmes de communication ». Nommé à la tête d'Havas, il a fait de la création de la quatrième chaîne voulue par Mitterrand une affaire personnelle. Mais la concrétisation patine, d'hésitations sur ce que doit être cette chaîne (haut de gamme ou populaire ?), en difficultés de financement (qui se résoudront en partie grâce à Guy Dejouany, de la Compagnie générale des Eaux), jusqu'à, donc, des problèmes de personnes.

Bref, un sac à embrouilles, ce projet, dont j'ai suivi les vicissitudes de loin. Et je n'ai jamais rencontré André Rousselet.

Mais voilà : Bernard Brochand, auquel Rousselet a demandé conseil pour dénicher un remplacement à de Sédouy, a donné mon nom. Parmi d'autres. Mais Rousselet souhaiterait me voir en premier. Le plus rapidement possible. Pourquoi pas. Problème : je dois, le surlendemain, partir pour New York, fêter l'anniversaire de ma compagne Katherine Pancol. Je rencontre donc André Rousselet dès le lendemain, dans son bureau de Neuilly. Sans avoir même eu le temps de réfléchir à la proposition, au projet.

« Je suis rentré chez moi avec la liste de noms établie par Brochand et mes collaborateurs, et ma femme et mes enfants m'ont dit, "Commence par Lescure, c'est lui qui a fait 'Les Enfants du rock'". » Est-ce cette phrase d'André Rousselet qui m'a décidé ? Sans doute pas. Plutôt la perspective que tout était à faire. Et puis j'ai vite compris, à partir du résumé liminaire de Rousselet, que la chaîne qu'il appelait de ses vœux devrait, au-delà d'une orientation culturelle qui me plaisait, combiner qualité et séduction (car payante). L'occasion de concrétiser ma fameuse équation 51 % de fond, 49 % de forme.

Ce « Commence par Lescure, c'est lui qui a fait "Les Enfants du rock" » a en tout cas contribué à me faire dire oui sur-le-champ à Rousselet. A mes yeux, cette phrase signifiait que ce réputé autocrate, dont la prestance m'a saisi d'emblée, pouvait être ouvert, attentif aux goûts des autres, et apte à s'y fier quand bien même il ne les partageait pas.

Sans compter que Rousselet s'est dit partant alors que je ne lui ai donné ce jour-là strictement aucune indication sur ce que je comptais faire, alors qu'à la question : « Et vous avez une idée, sur la manière de s'y prendre ? » j'ai répondu : « Pour l'instant, aucune. » Et Rousselet aurait pu s'inquiéter, quand au chapitre « conditions particulières », j'ai détaillé : « Tout d'abord une avance de 200 000 francs, car depuis que j'ai quitté la radio pour la télé, je suis constamment à découvert, et pas à jour côté impôts. Ensuite, je veux pouvoir continuer à glander. » Yeux ronds de Rousselet. « Glander ? » « Glander, ça veut dire pouvoir m'absenter de temps à autre, pour rencontrer quelqu'un, pour aller à La Hune ou à la Fnac, ou chez mes disquaires, ou au cinéma, voire juste flâner. J'ai besoin de ces moments-là, pour me tenir au courant, me nourrir, être dans le coup, et recharger les batteries. Pour autant, je serai toujours joignable, et vous serez constamment tenu informé des choses importantes. » Ces revendications contrariaient *a priori* la méthode « main de fer » associée à Rousselet, il les a pourtant acceptées, et satisfaites. Grâce infinie lui en soit rendue. En retour, comme il se disait autrefois, je ne lui ai jamais manqué.

Un mois plus tard, en novembre, je rejoindrai l'équipe qui planche sur le projet « Canal+ », selon le nom de code que lui donnera Georges Fillioud, ministre de la Communication.

Entre-temps, dès notre entretien clos, André Rousselet m'aura pris de vitesse, informant lui-même Pierre Desgraupes de mon transfert. Desgraupes qui, une fois de plus, réagira en seigneur, sans que j'aie besoin de me justifier : « Il faut y aller, Pierre. Peut-être même qu'on pourra faire des films en coproduction avec "ta" chaîne.... » Desgraupes sera hélas débarqué d'Antenne 2 ce même mois de novembre, à la faveur de la fameuse loi qui abaisse à 65 ans l'âge plafond des présidents d'entreprises publiques. Enorme gâchis.

Il y a deux choses que j'ai très souvent entendues à propos de Canal, qui me hérissent. La première, « Moi, Messier, depuis le début, je me suis méfié ». La seconde, « Canal, j'y ai toujours cru, je figure d'ailleurs dans les abonnés de la première heure ». Belle tranche de mauvaise foi, relecture bien confortable de l'histoire.

Remettons les pendules à l'heure. Au départ et tout au long de la première année d'existence de Canal, peu ont parié sur la viabilité de la chaîne. Critiques, railleries, sourires condescendants, voilà ce que son concept puis son avènement ont suscité, avant qu'un sauvetage *in extremis* puis un succès exponentiel ne fassent taire les pythies.

La mise en route a de fait été laborieuse, dans ces bureaux qu'Havas a mis à notre disposition à Neuilly, au-dessus d'un Monoprix. L'équipe est hétéroclite, on se regarde d'abord en chiens de faïence. Il y a ceux qui ont travaillé au projet avec Léo Scheer, sociologue proche de Jacques Attali et directeur du développement du groupe Havas. Il y a les recrues de Sédouy. Celles de Marc Tessier, inspecteur des finances et directeur financier d'Havas, lui-même choisi par Rousselet, à l'instar de Philippe Ramond, cofondateur du *Point* auquel reviennent le pan administratif et le marketing. Et moi, donc, avec mon propre casting, Alain de Greef pour commencer, puis Michel Denisot, rencontré à RMC et alors en poste à TF1. J'irai aussi chercher Albert Mathieu, placardisé à RMC : je sens, je pressens qu'avec de Greef, il fera la paire, tout aussi exigeant pour le respect et la conception de la grille qu'Alain l'est pour l'élaboration des contenus.

Le champ des possibles est immense, excitant, on entrevoit une télévision qui échapperait enfin aux lourdeurs et aux pressions qui plombent encore et toujours le service public malgré les promesses socialistes.

On a tous (de Greef, Léo Scheer, Marc Tessier et moi) en tête les exemples de HBO et Showtime, les chaînes à péage américaines, qui diffusent 95 % de cinéma. Reste à savoir comment procéder, avec des professionnels du septième art plus que sur la réserve. Ils pensent que cette chaîne pourrait vider les salles obscures. Dans le même temps, ils entrevoient une source de revenus inédite. Finalement, après des négociations au cordeau, notamment avec l'implacable Blic (Bureau de liaison des industries cinématographiques), un compromis est trouvé. Compliqué et rébarbatif à souhait, comme le résumé suivant l'atteste : Canal+ pourra diffuser les films un an après leur sortie en salles, soit deux ou trois ans plus tôt que TF1, Antenne 2 et FR3. Avantage qui appelle la contrepartie suivante : la chaîne consacrera un quart de son chiffre d'affaires au financement du cinéma français, et 50 % des films diffusés seront français. Des créneaux horaires sont aussi sanctuarisés, pour ne pas causer préjudice à la fréquentation des salles : le dimanche, le mercredi après-midi jusqu'à 21 heures, le samedi jusqu'à 23 heures. Résultat, une capacité de diffusion cinématographique bien inférieure à celle des référentielles HBO et Showtime : entre 45 et 55 %. Comment remplir les vingt heures de diffusion quotidienne – qui culminent à vingt-quatre le week-end ?

L'idée de retransmettre le football vient de là, de cette béance originelle. Et elle revient à Bernard Brochand, cofondateur du PSG et surtout fan de foot, qui déplore que la télévision française se cantonne aux matches de l'équipe de France et aux coupes d'Europe.

Jean Sadoul, président de la Ligue, fait preuve de la même réticence mêlée d'intérêt que les professionnels du cinéma – siphonnage des stades d'un côté, rente supplémentaire de l'autre. L'explosion qu'allaient connaître les droits de retransmission du foot était inimaginable à l'époque.

Sadoul signe finalement, convaincu par Jean-Claude Darmon : aujourd'hui connu comme « le grand argentier du football français », l'ex-docker de Marseille fan du ballon rond et doté d'un indubitable sens des affaires, a commencé à faire fortune en vendant aux annonceurs des panneaux d'affichage dans les stades. A l'heure où l'on construit Canal, il a su se rendre incontournable dans le monde du foot. Et contrairement à ce qu'ont voulu faire croire ses ennemis (tous ceux que sa rapidité dérangeait), Darmon ne mélangeait pas les genres. Il développait l'exposition du football en proposant de plus en plus de nouveaux modes opératoires à Sadoul et aux autres dirigeants. Il le faisait gratuitement, pariant qu'il bénéficierait ensuite de l'explosion du « produit » football.

Certains (Tapie, Charasse) lui ont cherché des ennuis, ont tenté de le salir. En vain. Toutes les enquêtes ont débouché sur des non-lieux et il a pu introduire en Bourse sa société de droits sportifs. Un homme atypique, Darmon, et dont le rôle a sacrément compté dans l'éclosion de Canal+.

On parvient donc à l'accord suivant : Canal diffusera deux matches du championnat de France par semaine, au tarif de 250 000 francs l'unité, et toutes les équipes seront représentées, jusqu'aux Petits Poucets.

Le dispositif est complété par la multidiffusion, autre emprunt direct à HBO : au départ, une simple rediffusion de six heures de programmes était prévue, le lendemain après-midi. Nous proposons une rediffusion sur plusieurs jours, et à des horaires très différents. Non seulement la grille se remplira sans frais supplémentaires (le même nombre d'abonnés est concerné, nos partenaires ne peuvent donc exiger une rallonge), mais l'offre est pour l'abonné bien plus souple, bien moins contraignante. Nous avons par ailleurs convaincu André Rousselet, qui se méfie et se défie de l'étiquette « télé de Mitterrand », de faire une place minimale mais réelle à l'information sous la forme de brefs journaux de six minutes, sans présentateur. Proches du flash radio, ils permettront de connecter Canal à l'actualité, pareront la chaîne de réactivité, quitte à ce que l'abonné parte chercher ailleurs un complément d'information. Jean-Louis Burgat, Erik Gilbert et Frédéric-Louis Boulay, le trio créateur de « Sept sur sept », le magazine de TF1, en seront chargés.

Une contrainte supplémentaire nous est imposée, directement liée à l'ire d'une partie de la gauche, qui crie au loup, à l'usurpation, à un projet de chaîne culturelle dénaturé au profit du commercial, voire du vulgaire (foot). Tête de pont de la révolte, Jean-Marie Domenach, patron de la revue *Esprit* : « Nous n'avons qu'à contraindre ces "marchands du temple''. Ils vont utiliser un réseau de diffusion propriété de l'Etat, donc propriété des citoyens qui payent la redevance télé. Il faut, sur ce réseau public, des programmes gratuits disponibles pour tous, et à des heures accessibles, comme celles du déjeuner et du dîner. »

Des programmes non cryptés pour les non-abonnés, à des heures de grande écoute : ainsi naît le « clair », qui nous oblige, cette fois, à créer des programmes de toutes pièces. L'idée d'en profiter pour appâter le chaland, attirer l'abonné potentiel, s'impose vite, sous la forme d'émissions. Des émissions qui doivent être emblématiques de l'esprit global de la chaîne et dont plusieurs sont depuis entrées dans la petite histoire de la télé. Du « Zénith » au « Grand Journal », les deux animés par l'inoxydable caméléon Denisot, la recette reste d'actualité.

Tous ces problèmes de conception sont peccadille à côté de ce qui nous attend. Le lancement de Canal, le 4 novembre 1984, est un événement « historique » mais quelques semaines plus tard, le nouveau-né est en danger. En 1985, fermer boutique a vraiment fait partie des options.

Plus de vingt-cinq ans ont passé, et bien de l'eau a coulé sous les ponts, on en est aujourd'hui à regarder la télévision sur les téléphones portables : je ne redécortiquerai pas ici la genèse de Canal. Mais tout de même, juste histoire de contrecarrer l'image de coqs en pâte qui nous colle aux semelles comme un vieux chewing-gum, je tiens à rappeler que c'est à la Kalachnikov que le lancement de la chaîne a été accueilli, à de rares exceptions près.

La photo était pourtant belle, le 4 novembre 1984 à 8 heures du matin, quand André Rousselet a appuyé sur le bouton, en régie. Et le parrain avait de la gueule, et des épaules : Gérard Depardieu. J'ai encore en tête l'image de Rousselet, debout en costume devant une table de montage, qui dit : « Il est 8 heures, 4 novembre, ouverture de l'antenne de Canal+. Au nom de toute l'équipe, je souhaite la bienvenue à ceux qui sont devant leur poste de télévision et les accueille en leur demandant d'être présents dans les minutes qui viennent. [Il y a un peu d'émotion dans la voix du président de Canal+...] Je m'adresse à tous ceux qui nous ont fait confiance pour leur dire que nous mettons tout en œuvre pour qu'ils ne soient pas déçus. » Sur ce, une bouteille de champagne vient baptiser l'écran, on enchaîne sur le premier générique, la voix à la Klaus Nomi, les jambes d'une fille en talons aiguilles, le logo avec la fameuse ellipse. Chic et festif.

Las, deux heures plus tard, c'est la catastrophe : la diffusion de *L'As des as* de Gérard Oury avec Jean-Paul Belmondo révèle que certains téléviseurs et magnétoscopes sont incompatibles avec le décodeur. Le standard de Canal implose très vite, submergé d'appels d'abonnés qui ne voient rien venir. Seuls 2 % des magnétoscopes étaient incompatibles mais 2 % de 180 000 abonnés, ça bloque affectivement un standard et on ne retient que cela. Une seule solution : passer le film en clair. Autant dire que le lendemain et les jours suivants, c'est la curée, avec aux avant-postes *Le Quotidien de Paris*, qui ira jusqu'à publier quelque temps plus tard le premier le plan d'un décodeur pirate – ironie de l'histoire, le nôtre avait pour nom « Discret 11 »…

Assez vite tout de même, les choses rentrent plus ou moins dans l'ordre et à la fin de l'année, Canal peut se prévaloir de 320 000 abonnés – contre 186 000 à l'époque du lancement. Jusque-là, une entame assez classique, problèmes au démarrage compris.

C'est alors que Mitterrand nous foudroie. Le 31 décembre, lors de la traditionnelle allocution des vœux présidentiels, il annonce envisager de permettre le lancement d'autres chaînes de télévision commerciales, gratuites celles-là ! Et quinze jours plus tard, interrogé par Christine Ockrent sur Antenne 2, il enfonce le clou, répond : « [Mes] collaborateurs me parlent de 85 chaînes », confondant là les notions de réseaux et de relais. Le vent du boulet déferle sur nous, la courbe des abonnements opère un plongeon prévisible. L'encéphalogramme commercial est plat, inerte. Il faut très vite trouver une parade, la brèche financière est déjà en train de s'élargir. On obtient l'autorisation de diffuser de la publicité pendant les tranches en clair, vu que les autres chaînes commerciales peuvent recourir au sponsoring, contrairement à notre exclusivité d'origine. Le Blic accepte de nous accorder quelques plages horaires supplémentaires, moins tardives notamment. On remonte aussi un peu le prix de l'abonnement, tandis qu'on supprime certaines émissions pour réduire les prix de production, le couperet tombera notamment sur « Surtout l'après-midi » d'Antoine de Caunes, pourtant un modèle de rapport qualité-prix. J'ai encore sa carte postale : « Je comprends. Je serai prêt, dès la première éclaircie. » Quel panache !

L'ambiance est au *Titanic*, mon duplex de la rue du Bac se mue en cellule nocturne de crise et de nuits blanches. *L'Evénement du jeudi* grince d'ailleurs que « sur le *Titanic*, au moins il y avait un orchestre ! ». On nous toise comme des losers, la rumeur va bon train sur la fin pure et simple de Canal ou son recyclage en chaîne commerciale tout en clair, ou sur le désengagement complet de l'Etat.

Première éclaircie au printemps, en avril : il apparaît que les abonnés qui s'étaient abonnés pour six mois au premier jour se réabonnent. A 88,8 %. Ce qui correspond à un indice de satisfaction pour le moins élevé, que confirme une étude que nous lançons alors. Premier motif de satisfaction : la multidiffusion. Les films, ensuite, qui sont bien plus récents que ceux que proposent nos concurrents, ou qui étaient jusque-là inédits à la télévision. Le foot, enfin, pour le traitement qui lui est réservé, résultat de la collaboration entre Charles Biétry et Jean-Paul Jaud. Venu de l'Agence France Presse, Biétry accorde au foot le sérieux et la rigueur qu'on réservait alors plutôt aux secteurs « nobles », politique, économie. Il traite les matches en véritables événements, s'y prépare comme d'autres à l'interview de chefs d'Etat. Recrue d'Alain de Greef, Jean-Paul Jaud est un réalisateur passé par l'école Louis-Lumière puis la SFP, qui s'est lancé dans le documentaire sportif à la fin des années 70. A Canal, il va ni plus ni moins révolutionner la retransmission du sport à la télévision, multipliant les caméras, usant du ralenti comme nul autre avant lui. Associée aux commentaires à la fois passionnés et circonstanciés de Biétry, qui fait un tandem inégalé avec Denisot, son approche donne une ampleur sans précédent à l'affaire. Elle fera école, avec des émules comme Jérôme Revon et Jean-Jacques Amsellem.

Dans le même temps, sous la pression des actionnaires, Rousselet se démène tous azimuts pour trouver des soutiens, à commencer par celui de l'Etat. Mais Mitterrand a délégué le dossier en passe de virer au boulet à son Premier ministre Laurent Fabius, avec lequel le contact passe mal, ce n'est rien de le dire. A la mi-juillet, Rousselet prend tout de même sur sa sacro-sainte fierté pour relancer le président, qui, finalement, *in extremis*, accorde un sursis à Canal. Six mois pour confirmer ces réabonnements, six mois pour décoller franchement. Ce qui se produira, avec notamment 100 000 nouveaux abonnés dès septembre 1985.

Le 5 novembre 1985, on peut effectivement fêter notre premier anniversaire au palais omnisports de Bercy, avec pour point d'orgue un duo Deneuve-Gainsbourg sur *Dieu est un fumeur de havanes*. On tient la preuve chiffrée que Canal n'était pas un projet fumeux, on peut enfin (un peu) souffler, mais on a eu très chaud.

ALAIN DE GREEF

Quand Lescure m'a proposé de venir à Canal+ (je ne dis jamais « Canal », j'ai horreur de ça, le respect de cette boîte m'a toujours imposé de dire « Canal+ »), je l'ai fait patienter cinq-six jours parce que ce salaud ne m'offrait pas la moindre augmentation ! Je partais d'une situation confortable dans le service public, où je pouvais rester *ad vitam aeternam*, lui me proposait de partir pour le même prix et sans filet dans une boîte privée à l'avenir plus qu'incertain... Michel Thoulouze lui a fait comprendre qu'il fallait me donner 20 % en plus.

Le projet m'excitait vraiment. Une chaîne de cinéma, et imaginer pour les 50 % de temps restants quelque chose qui n'était pas une obligation de résultats en termes publicitaires mais d'abonnements : ça mettait la barre assez haut. Mais contrairement à d'autres, atteindre 10 % de la population me paraissait tout à fait réalisable et dès lors qu'on a eu l'accord pour le championnat de France de foot, j'ai été persuadé qu'on y parviendrait.

Il fallait créer des programmes originaux. En tant que quatrième chaîne française, il était impossible de n'être qu'une chaîne de rediffusion. L'idée générale était que par nos horaires comme notre offre thématique, on allait offrir un service aux mal servis, que les « marginaux » seraient notre premier public. Le porno, par exemple, j'ai immédiatement voulu qu'on en propose. Rousselet et Lescure n'étaient pas très chauds, affirmaient qu'ils n'en avaient jamais vu, ce que je pouvais éventuellement croire de la part de Rousselet, mais Lescure... Je leur ai fait projeter *Derrière la porte verte* de Jim et Artie Mitchell, *The Devil in Miss Jones* de Gerard Damiano et *Le sexe qui parle* de Claude Mulot qui seront d'ailleurs les trois premiers pornos diffusés sur Canal+. Rousselet s'est dit « horrifié »... Le porno n'a pas fait réaliser des audimats incroyables à la chaîne. Disons que parfois, à minuit donc, on a pu enregistrer jusqu'à 5-6 % d'abonnés devant leur poste.

J'ai adoré élaborer la première tentative de grille des programmes, qui a été précédée par des tas de réunions, mais pour laquelle je n'ai eu que trois jours dès mon arrivée, avant présentation à la direction d'Havas, l'actionnaire de référence. Dès le premier schéma, et j'en suis assez fier, il y avait le cinéma, le sport, les rendez-vous du clair, le système de multidiffusion des films (six diffusions sur trois semaines). Il fallait penser aux gens qui n'avaient pas forcément accès à la télé dans les créneaux classiques, pour des impératifs professionnels notamment. Personnellement, j'étais obsédé par les petits commerçants, profession de ma mère, les boulangers ou les chauffeurs de taxi...

Rousselet-Lescure, c'était un tandem parfait, très complémentaire. Etant du côté des programmes, j'avais assez peu de contacts avec Rousselet qui faisait totalement confiance à Pierre, passant par lui pour tout ce qui relevait des programmes. Tout ça fonctionnait très bien, de façon claire et gentiment hiérarchique, sachant que ça pouvait être bordélique derrière, ce qui était le cas avec moi et ma bande des programmes. Mes organisations sont toujours des souks, où la compétence prévaut sur le grade. Je n'ai jamais supporté les petits chefs et tous ceux qui sous ma responsabilité se sont instaurés en petits chefs, ont été virés dès que j'ai pu les identifier en tant que tels. Il y a d'ailleurs pas mal de gens qui, en quittant Canal+, ont découvert ensuite, chez leurs nouveaux employeurs, des fonctionnements auxquels ils ne comprenaient rien car basés sur la stricte hiérarchie structurelle sans aucun souci de la hiérarchie de compétences. Ils nous racontaient : « C'est débile, je prouve que c'est débile, mais on me répond, "le chef a dit de faire comme ça". »

C'était énormément de travail, mais dans le plaisir la plupart du temps, avec le fait qu'on n'interdisait pas aux animateurs (aux techniciens, oui) de fumer un pétard. De toute façon Coluche passait dans les couloirs en faisant le concours du plus gros cône du monde… Disons qu'il y avait une attitude décontractée à l'égard de ce genre de choses.

Ce mélange entre travail, plaisir et vie privée ne ressemblait pas à ce qui se faisait dans les autres chaînes ou sociétés de production.

Même dans les moments de loisir, on se retrouvait assez souvent à dix, douze, quinze au restaurant Le Bakonyi aujourd'hui disparu. On savait que tous les soirs, il y aurait les Nuls, Antoine de Caunes, Biétry, Denisot… Ça n'était pas une obligation, on pouvait aussi bien rentrer chez soi, ou aller draguer ailleurs. Mais le fait est qu'on avait envie de se voir, de discuter de ce qu'on avait vu. Ça permettait aussi de parler des choses sans gravité, c'était moins pénible que de convoquer quelqu'un pour lui dire, « Dis donc, ton sketch, hier, pas terrible… ». C'est autour de Lescure, grâce à lui, qu'on s'est retrouvés dans ce genre de situation, jusqu'à 3 heures du matin assez souvent. Il faut dire qu'il n'avait pas d'attaches qui l'en empêchaient. Problème : on n'avait pas tous que ça à faire et parfois, sa complète disponibilité pouvait devenir pesante, quand il nous convoquait le week-end par exemple.

À Antenne 2, on était déjà amis et on passait pas mal de temps ensemble, mais à partir de Canal, on peut dire qu'on s'est mis à vivre ensemble : on se voyait 18 heures sur 24. La collectionnite a contribué au mouvement… Pierre, en la matière, était un vrai malade. Moi, quand les murs sont pleins, je n'achète plus de tableaux... Lui achetait tout, absolument tout ce qui lui faisait envie, était incapable d'attendre.

ALAIN CHABAT

Quand en 1984, Pierre part pour Canal, je vois l'équipe se former, de Greef, Albert Mathieu, Marc Toesca qui présente le Top 50, et je me dis que j'ai vraiment envie d'en être. Donc je lui ressors mes projets, d'une sorte de « Saturday Night Live », d'une émission de cinéma... Rebelote : il me répond que le rock, ça va être Antoine (de Caunes), que les émissions de cinéma type « Cinéma, cinémas » coûtent très cher, *idem* des émissions comiques. Donc : non, non, non, non. Finalement, au bout d'un moment, il me dit, « Ecoute, si tu veux, il y a la météo ». Moi : « OK, super, va pour la météo, j'adore les nuages... » Donc, je fais un stage à Météo France. Et je dis, « Y'a moyen de faire chaque fois un petit sketch ? ». Pierre : « Fais ce que tu veux, simplement, il faut que ça tienne en moins d'une minute, et qu'on comprenne globalement quel temps il fait. » A partir de là, j'ai fait quatre fois par jour des petits sketches, c'était très cool. Surtout, j'étais heureux de faire partie de cette équipe.

C'était plus que sympa, un truc vraiment expérimental. Quelqu'un comme Alain Burosse, qui s'occupait des programmes courts, des « Surprises », dirigeait un atelier de création pure, j'étais tout le temps fourré chez lui, ou chez Lescure, ou chez de Greef. Je passais aussi mes journées à assister aux enregistrements de l'émission d'Antoine, « Surtout l'après-midi », qui retransmettait des concerts, qui avait des décors super beaux, qui était très drôle.

L'ambiance était très libre, dans le bon sens. Une fois les principes de base établis, type « faut qu'on comprenne globalement quel temps il fait », c'était carte blanche. Lescure et de Greef faisaient vraiment confiance. Mieux : ils accordaient leur confiance à un savoir-faire dont on n'avait nous-mêmes pas conscience.

« C'est marrant, c'est bien, continue » : on a toujours eu droit à une écoute bienveillante, et on pouvait débouler n'importe quand, la porte était toujours ouverte. Lescure, de Greef, étaient des mecs passionnés qui canalisaient de façon intelligente une bande de tout aussi passionnés mais beaucoup plus bordéliques. Ils savaient trouver les bons mots pour qu'on donne le meilleur, avec la conviction qu'en tant que chaîne payante, on doit faire tout le contraire de ce que font les autres, sinon qui va s'abonner à quelque chose qu'il peut avoir gratuitement ailleurs ? Je crois que le premier slogan de Canal était, « Canal+, c'est le jour et la nuit », c'était exactement ça : rien à voir avec le reste.

Toute idée nouvelle était donc explorable, sachant que « si c'est raté, c'est raté, tant pis, les abonnés nous pardonneront car au moins on aura essayé ». On a entendu beaucoup de « c'est pas grave ».

Après, j'ai animé une émission de cinéma avec Toscan du Plantier, où je parlais du cinéma que j'aime, *grosso modo* « Piranha 3 » et « Massacre à la débroussailleuse », et Toscan du cinéma qu'il aimait, où on annonçait la programmation ciné du mois… Un tandem inattendu, dont l'idée revient, je crois, à Pierre, et qui s'est révélée assez sympa.

Lescure et de Greef étaient vraiment attentifs, et respectueux des personnalités de chacun, des talents. Ah, lui, il arrive en short en hiver ? Et alors. Untel peut avoir les cheveux verts, comme arriver en costard, ça ne change pas le regard qu'on porte sur lui. Il n'arrive pas à se réveiller le matin, oui d'accord, mais il donne ça le soir, alors pourquoi le forcer à se réveiller le matin. On ne demande pas à Serge Lama de chanter moins fort…

DOMINIQUE FARRUGIA

Quand je suis entré à Canal, j'avais 21 ans. Avant ça, j'avais été standardiste à Europe1 et à RTL, mais sans croiser Lescure. J'ai été embauché par Alain de Greef *via* Dominique Cantien, comme auteur et assistant de production auprès d'Agnès Gribe et PPDA qui faisaient « Tous en scène ». Et puis, très vite, je me suis orienté vers les bandes-annonces, et c'est là que j'ai rencontré Lescure.

Aujourd'hui, les bandes-annonces sont le cœur du

réacteur à la télévision, mais en 1984, personne ne connaissait ça en France. Lescure a eu immédiatement une réponse positive et un discours super punchy, disant que c'est « la vitrine de la chaîne », que c'est comme ça qu'on fera découvrir pendant le clair nos programmes en crypté et qu'on donnera aux gens l'envie de s'abonner. Il avait en lui l'ADN de cette chaîne qu'il a créée de toutes pièces, et il a eu l'intelligence de savoir changer de fusil d'épaule en cours de route, par exemple en remplaçant « Surtout l'après-midi » par des jeux qu'il assumait complètement. C'est comme ça que Canal a évolué d'une chaîne pour CSP+ urbains en une chaîne pour téléphages aimant le cinéma.

Lescure, lors de ce tout premier contact, m'a appelé « Farruge », alors qu'il ne m'avait jamais vu. Comme quoi il connaissait bien la boîte…

J'étais super épaté. Pierre Lescure était THE boss, à 39-40 ans. Et puis il faut se remettre dans le contexte de l'époque : il avait fait « Les Enfants du rock », était devenu là-dessus patron de l'information à Antenne 2. Soit quelqu'un d'un âge pas incompatible avec le mien et capable de diriger un truc inamovible. il avait révolutionné quelque chose et avec d'autres gens, comme de Greef, il était précurseur d'une nouvelle télévision. C'est grâce à eux que j'ai découvert David Letterman, « Saturday Night Live », des shows fondateurs pour moi.

Il est plus qu'hybride. Il est capable d'aller avec Chalumeau au concert d'un chanteur de country dont seul lui et Chalumeau connaissent le nom, et à l'inverse dire, « Patrick Sébastien, c'est pas mal, parfois ». Je ne parlerais pas d'aptitude au grand écart mais de curiosité sans limites. Encore aujourd'hui, il peut s'intéresser autant à la musique qu'au cinéma, à la littérature, à l'art contemporain, au design, à la photo... Il s'est calmé, mais il a été un collectionneur compulsif, avec une connaissance absolument dingue de ce qu'il achetait. Du genre à préciser, à propos d'une paire de fauteuils : « Tu sais quoi, en plus ils ont été faits pour l'ambassade de France en Norvège. » Et ça n'était pas pour montrer : la plupart du temps, il empile dans des hangars.

Je me souviens que quand il est devenu président, il n'a pas pris le bureau de Rousselet, il est resté dans le sien, et il n'a demandé qu'une chose : qu'on lui installe une chaîne hi-fi. Et il écoutait à fond *Against the Wind* de Bob Seger & The Silver Bullet Band.

« A partir des années 90, le succès les a rendus prétentieux, arrogants, et avides jusqu'à la boulimie. » Cette thèse-là aussi est récurrente à propos de Canal. Et à mes yeux, ni avérée, ni recevable. Ambitieux, en revanche, j'assume totalement.

Ça n'est pas un artifice, l'heure n'est plus au plaidoyer *pro domo* à visée fusionnelle, plutôt au rétablissement de certaines vérités que d'aucuns ont foulées des deux pieds alors qu'une histoire collective est en jeu, une aventure humaine. Quand bien même passée, dépassée, j'estime qu'elle mérite un minimum d'égards, de sincérité.

Arrogants ? Il faut en revenir à ce sentiment, à cette sensation tout à fait palpable, d'être passés tout près de la disparition, en 1984-85. Une équipe de rescapés, qui a eu plus que chaud aux fesses, que l'establishment s'apprêtait à enterrer sans ciller, voilà ce qu'est Canal à ce moment-là. Toute la suite va en découler, jusqu'à l'alliance avec Vivendi.

Se diversifier, se déployer, se renforcer pour conserver

notre indépendance, s'est très vite imposé comme une priorité.

André Rousselet ne comprenait pas grand-chose au contenu, il avait été par exemple difficile de le convaincre qu'il fallait investir sur le câble. Pour commencer, il n'appréciait pas Michel Thoulouze qui avait l'idée de ce développement et qui devait s'en charger. Il estimait en outre qu'on allait se faire concurrence. « Un satellite ? Mais on va perdre notre temps ! » Thoulouze et moi : « Mais non, on ne se fait pas concurrence, on complète l'offre. » Je me souviens lui avoir alors fait toute une théorie à partir de l'exemple d'Eddie Barclay qui avait créé Riviera pour faire semblant de concurrencer la maison Barclay à l'époque où il tenait le marché de la variété française.

Rousselet m'avait regardé, dubitatif. Le processus sera quand même lancé et donnera Planète, dès 1988, puis Canal Jimmy, Ciné Cinéfil, Ciné Cinémas… MultiThématiques comptera plus d'une quinzaine de chaînes.

André Rousselet n'est pas Eddie Barclay, c'est une évidence. Mais ce que Rousselet ne réalisait pas, lui qui avait fait toute sa carrière *intra-muros*, dans l'Hexagone et dans des secteurs « classiques », quasi patrimoniaux, c'est qu'au-delà de la nécessité économique, nous en avions envie, de cet ailleurs, de cette ouverture sur du neuf, et sur l'extérieur. Il était trop patriarche, grand timonier, pour le voir, mais on passait notre temps, nos jours et souvent nos nuits, à refaire le monde, à imaginer les possibles. Un laboratoire qui échafaudait des tas de combinaisons et rivalisait d'hypothèses plus ou moins réalistes, voilà ce que Canal est très vite devenu, dès que sa viabilité fut venue et reconnue.

Ça se passait *intra-muros* mais aussi au Bakonyi, un restaurant proche de Beaubourg qu'on avait élu pour QG. On prenait un (des) verre(s), et on débriefait les émissions du jour, on lançait autant de vannes que d'idées... Ce rendez-vous tacite, rituel, nous soudait à mi-chemin entre rigolade et stratégie.

Alors, c'est vrai, très vite aussi, Canal a eu un côté cercle, voire secte. Du genre à rester entre soi et à cultiver cet entre-soi. Exclusif et excluant, ont jugé certains.

J'ai toujours dit que nous nous sommes tous choisis, et encore aujourd'hui, je défends ce parti pris : en matière d'embauches, je recommandais de ne pas s'en tenir au CV, de prendre tout autant en compte l'impression faite par le candidat, vu qu'ensuite, il s'agirait de le côtoyer dix-huit heures sur vingt-quatre. Il fallait donc « se sentir la truffe », s'assurer qu'au-delà des compétences, il pouvait y avoir affinité. Et, non, ça n'est pas une légende, pendant les cinq premières années au moins, je connaissais tous les salariés de Canal, je « vérifiais » régulièrement qu'ils allaient bien, y compris au plan personnel. Ce n'était pas de l'inquisition ou de la curiosité déplacée, ni du paternalisme. Un divorce, un deuil, une maladie, ont forcément de l'impact sur l'activité de celui qui les vit. Etre au courant permet de comprendre – et d'aider, éventuellement. Je ne peux de toute façon pas côtoyer quelqu'un sans avoir envie de savoir d'où il vient, ce qu'il aime, qui il aime. Ou alors ça signifie que je m'en fiche.

Il est aussi vrai que nous n'avons pas fait d'efforts, que nous n'avons pas socialisé tous azimuts. Mais les interlocuteurs manquaient dans le périmètre hexagonal. Exemple, le satellite. Si cette technologie a aujourd'hui tout de l'évidence, elle nous a valu d'être regardés comme des têtes brûlées lorsque nous nous y sommes risqués avant tout le monde, en 1996. Il n'y avait guère qu'entre gens de Canal qu'on pouvait parler de satellite sans avoir l'impression de manier une langue étrangère. Je persiste à penser que nous avions raison de continuellement regarder devant et ailleurs. Patrick Le Lay passe pour un bien meilleur chef d'entreprise que moi. Il l'est à bien des égards. Mais combien a coûté à son groupe son refus aveugle de la TNT et de l'international ? Un jour viendra où mes successeurs devront reconnaître leur erreur d'avoir tiré un trait presque complet sur un développement européen.

Très vite, par inclination autant que par nécessité (les abonnements sur le territoire français allaient forcément se tasser), Canal a été un groupe tourné vers l'international, et qui s'immergeait dans les pays où il s'implantait, par le biais de gens passionnés par la culture locale. Alex Berger aux Etats-Unis, Laurent Perpère en Espagne, Thoulouze en Italie… Dès ses premières années, Canal a été une ruche, où tout allait très vite, où le développement était exponentiel, où on avait les yeux tournés vers l'extérieur.

Nous n'avons effectivement rien fait pour rentrer dans les clous. Dans le fond comme dans la forme. Nous affichant fiers plutôt que profil bas. A commencer par moi. Avant comme après Rousselet, je ne suis par exemple jamais allé au dîner du Siècle, ce cénacle qui réunit un mercredi par mois à Paris les élites politiques, économiques et médiatiques françaises. On y accède par cooptation, on m'a proposé d'en être à au moins deux reprises. Sans doute aurais-je dû m'y coller. Après tout, un certain nombre d'esprits intelligents y participent, et en être m'aurait sans doute évité nombre d'animosités. Cela aurait été tactiquement payant. Mais jamais je n'ai pu me convaincre que je n'y perdrais pas mon temps. Je me voyais déjà rongeant mon frein, contraint à des amabilités sirupeuses. Tout ça pour dealer un truc entre la poire et le fromage. Tout ça alors qu'à Canal, on avait (moi le premier) le sentiment de faire le maximum, et, partant, de ne pas avoir besoin de « faire du couloir ». Surtout, il aurait fallu que je ravale ma défiance à l'égard de l'establishment technocratique, celui-là même qui nous avait toujours regardés comme illégitimes sur le mode, « vous êtes la chaîne de Mitterrand, la chaîne du foot et du porno, nous n'avons pas les mêmes valeurs. Vous êtes des saltimbanques, ce groupe devrait revenir aux seuls techno-gestionnaires ». Ah bon. Et qui a créé de la valeur ? Qui a créé tout court ?

Il aurait aussi fallu ravaler le rejet que m'inspire le marigot franc-maçon, car oui il existe, ça n'est pas ni de la paranoïa ni une légende urbaine, ni un simple « marronnier » de magazine. Je n'ai rien, *a priori*, contre les maçons. Comme dirait l'autre, certains de mes meilleurs amis en sont. Ce que j'abhorre, c'est la préférence communautariste, l'élite de chapelle. Le pouvoir en France se répartit et s'exerce à partir de schémas figés, qui sont reconduits, renouvelés, perpétués en toute incestuosité. Un biotope consanguin, malsain, qui m'insupporte littéralement. Canal, aussi « bande à part » qu'elle ait pu apparaître, était dans tous les cas en mouvement et n'a jamais fonctionné comme un moule. Au contraire, les têtes qui dépassaient étaient celles qui avaient le plus de chances de faire leur chemin.

La greffe peut pourtant se faire avec bonheur, avec des purs produits de l'élite hexagonale. Une des présences les plus gratifiantes parmi les dirigeants de Canal, a été à mes yeux celle de Marc-André Feffer. Major de l'ENA, il a ensuite fait ses armes au Conseil d'Etat avant de rallier la Commission européenne comme directeur de cabinet de Gaston Thorn, puis le ministère de la Culture et de la Communication à une époque où le travail législatif abondait. Plus tard, André Rousselet le fait venir à Canal, où il restera jusqu'à mon départ.

A Canal, Marc-André structure et coiffe l'ensemble des services juridiques, comme vice-président à mes côtés, sera de toutes les grandes négociations institutionnelles et internationales. Grande silhouette efflanquée, extrêmement brillant, réservé et tenace, il crée la Fondation Canal+ et peaufine les relations internes d'un groupe au développement galopant.

Marc-André Feffer est aujourd'hui le n° 2 de La Poste. Que ses années Canal restent pour lui parmi ses plus belles, à la vie comme à la scène, m'est une fierté.

Egalement souvent étrillées, les fêtes de Canal. Dès la fin de la première année de l'existence de la chaîne, une fois notre survie acquise, nous avons fait des fêtes du personnel, dont certaines pharaoniques ont réuni jusqu'à trois mille personnes. Les gens bossaient comme des chiens, c'était une façon de remercier tout le monde en y associant les amis de la chaîne.

La grande ordonnatrice en était Françoise Rousselin, directrice des relations extérieures. Elle proposait, j'avalisais. Françoise était la maîtresse idéale de notre maison, ingénieuse et prévenante à la fois.

Dans ces fêtes, tout le monde était à l'aise, de la première secrétaire à l'administrateur, la sécurité était invisible, le service aussi fluide, discret, qu'attentif. Et l'affaire présentait toujours une touche esthétique.

Un jour, Françoise me dit : « On pourrait faire un spectacle de cirque. » Moi, je réponds que le cirque, j'adore ça, depuis gamin, mais que tout le monde s'en fout. Elle objecte : « Il y a un nouveau cirque, personne n'en a encore parlé, du nom d'Archaos. » Le résultat m'a laissé pantois : deux chapiteaux, l'un pour le spectacle lui-même, l'autre pour le dîner qui réunissait les trois mille (!) convives, avec menu ourdi par le chef Alain Senderens (passé par la Tour d'Argent puis chez Lucas Carton, maison qu'il a reprise en 1985)... C'est vrai qu'on ne se refusait pas grand-chose et encore aujourd'hui, je m'en réjouis.

La fête des dix ans a été carrément insensée. Françoise avait voulu qu'elle tourne autour d'un objet : un fauteuil de cuir rouge, décliné dans toutes les tailles, dont un comme suspendu dans les airs... Le résultat était onirique, magique, on entrait sur une autre planète. Je me souviens de Georges Fillioud s'avançant timidement, ébloui comme un enfant.

A un moment donné, on a été obligés d'arrêter les frais, littéralement : tout ça coûtait très cher, trop cher, et nous étions devenus trop nombreux. L'argent a des limites que mon enthousiasme aimerait ne pas connaître...

Il y avait aussi des fêtes plus privées. Pendant un an et demi, après « Les Nuls l'émission », on enchaînait tous les samedis soir jusqu'à six heures du matin. Ces after rassemblaient quelque deux cents personnes, les gens de l'émission, leurs amis. Beaucoup de choses ont été dites sur ces raouts : alcool, drogue et compagnie. Mon goût d'alors pour la vodka tonic et les havanes ne sont un mystère pour personne, et oui, il m'est arrivé de sniffer de la cocaïne.

Mais le fantasme est aussi allé bon train, qui parlait de « saladiers de coke », qui a fait passer Canal pour le royaume du grand n'importe quoi, cocktail d'outrance, d'arrogance et de dilettantisme. La réalité : de l'accueil à la direction, Canal fonctionnait dès 8 h 30 et jusqu'à 22 h. Trois mille salariés peuvent en attester. Le milieu de la télé des années 80-90 avait les doigts dans la prise mais fonctionner enchnouffé vingt-quatre heures sur vingt-quatre n'est tout simplement pas possible au long cours, Canal aurait explosé en vol.

Peut-être était-ce tout simplement inconcevable (et insupportable) pour la psyché française, cette alliance d'efficacité et de festivité. Peut-être niait-on trop frontalement, effrontément, l'idée largement admise que la réussite ne sourit qu'aux laborieux et aux sacrificiels.

SYLVIE RUGGIERI
En charge de la communication de Canal+ pendant seize ans

Un type les pieds posés sur son bureau, très accessible, l'incarnation d'une liberté totale : c'est le souvenir le plus ancien que j'ai de Pierre, qui remonte à RMC, en 1978. Je travaillais alors au service de presse. J'ai retravaillé avec lui à partir de 1986, à Canal. Entre-temps, lui était passé par Antenne 2, moi par une boîte de cosmétiques. André Rousselet lui faisait tellement confiance qu'il a donné le feu vert à mon embauche après un entretien minimal, au cours duquel j'avais pourtant averti celui que nous appelions tous « président » que j'étais de droite.

À RMC, Pierre avait inventé le statut de journaliste-animateur, qui correspondait à un vrai travail de journaliste mais appliqué à des émissions d'*entertainment*. Il a transposé cela à Canal, où les comités de direction ressemblaient en tous points à des conférences de rédaction, où on commençait par commenter la presse du jour, le match de la veille, les films qu'on avait vus... Pour lui, c'était ça, la vraie vie, et il fallait qu'on reste dedans. De même, il nous disait : « Les gens que vous choisissez pour travailler avec vous, vous allez vivre avec dix heures par jour, vous avez donc intérêt à ce qu'ils vous plaisent. » On ne recrutait donc pas nos collaborateurs sur des seuls critères professionnels. C'est sa fameuse phrase, « on s'est tous choisis », qui est une réalité.

La réputation de mauvais gestionnaire faite à Pierre est liée aux dernières années de « l'ère Lescure », quand il a été dit que Canal jetait l'argent par les fenêtres, en fêtes notamment. Mais les fêtes sont l'outil de communication le plus malin et le plus phénoménal qui soit, qui nous épargnait par exemple des campagnes de pub. L'idée en revient à Françoise Rousselin, et elles étaient parfaitement en accord avec notre identité : on est une grande famille, la grande famille du cinéma, la grande famille du sport, la grande famille de l'humour. Nos fêtes resserraient nos liens avec nos partenaires, elles étaient conçues le plus souvent comme des spectacles en hommage au cinéma. Après, que certains choisissent de faire une fixette sur la soi-disant débauche qui régnait, avec coke à tous les étages, est une autre histoire, qui ne m'intéresse pas, trop caricaturale, fantasmatique. Les équipes de production de Canal à Cannes, par exemple, c'était un modèle de gestion rigoureuse. Un franc était un franc, la production était logée à Pierre et Vacances, et tout le monde bossait dur. Voilà la réalité.

Les fêtes, la célébration, c'est de fait très Pierre. Lui qui a besoin d'être entouré, lui qui ne dissocie pas sa vie professionnelle de sa vie privée. On ne s'arrêtait d'ailleurs jamais, on parlait, on vivait, on mangeait Canal… Mon mari, à l'époque, disait que je travaillais dans une secte. Sans doute que ça a atteint à un moment donné des proportions excessives, au point d'être ressenti comme excluant, on nous a même jugés méprisants, arrogants.

Je dirais que la première génération était fondamentalement modeste, se réveillait le matin en se disant, « quel bol on a ». Personne, Pierre au premier chef, ne s'est dit, « on est des génies ». En revanche, c'est vrai qu'une nouvelle génération est ensuite arrivée, qui roulait des mécaniques sous un tee-shirt Canal.

1984-94 : cette période est pour moi un bonheur. Et pas seulement au plan professionnel. Car dans ma vie, est entrée Catherine Deneuve. Dire qu'on aime Catherine Deneuve n'est guère original, il est plus rare de pouvoir affirmer qu'elle est l'une des personnes qui me connaît le mieux. Je ne raconterai pas notre rencontre dans le détail car elle n'intéresse qu'elle et moi, mais disons qu'il y fut question de livres et de musique, une fois de plus.

Nous ne nous sommes jamais vraiment affichés, mais nous avons vécu ensemble de 1983 à 1991, et nous restons très proches. Pour elle, j'ai quitté Katherine Pancol avec qui je pensais pourtant finir ma vie. Foudroyé, j'ai été.

Enormément de choses m'ont plu, me plaisent chez Deneuve. Pour commencer, c'est moins notoire que sa beauté, mais elle est très drôle, brillante, et courageuse à tous égards. Très curieuse, elle s'intéresse entre autres énormément à l'actualité, à la presse. Elle est certes, dans ce domaine comme dans la vie en général, toujours en retard, mais elle se rattrape en tournage, part avec des valises remplies de journaux. Elle peut m'appeler pour me parler d'un article, des mois après sa publication.

Deneuve a du goût pour tout dans la vie, et elle rend la vie belle. On l'a souvent étiquetée « beauté glacée », l'image figée a été heureusement gommée ces dernières années pour laisser percevoir ce qu'elle est vraiment, une terrienne et une force de la nature. Il faut voir dans quel état elle peut mettre ses mains, résultat de sa passion pour les fleurs, les roses notamment. Son jardin actuel, dans l'Eure, doit compter quelque chose comme deux mille essences, et c'est elle qui plante tous les bulbes ; je l'ai vue échevelée, rouge pivoine, en sueur, les doigts en sang… Sur un tournage de Téchiné, *Le Lieu du crime* je crois, ça a entraîné un retard : le maquillage des mains de Deneuve, abîmées par le jardinage, était interminable…

J'aime aussi beaucoup sa famille, sa mère, ses sœurs, sa fille Chiara dont je conserve précieusement des dessins et des messages, sa nièce, son fils… Catherine est très famille, et réunir la sienne, fêter des anniversaires où on est vingt-cinq, ce genre de choses, elle adore. Moi qui suis peu familier de ce genre de rites, en ai découvert avec elle la douceur, et le plaisir.

Etre le compagnon de Deneuve : l'idée, en soi, était stratosphérique et ne m'avait jamais effleuré, le fait m'a d'ailleurs longtemps sidéré, à m'en frotter les yeux. Comme un gamin qui vient de décrocher la lune. L'assumer en public était encore autre chose, une épreuve. Accompagner Deneuve, c'est avoir les regards braqués sur vous, c'est être scruté, scanné, commenté. Pression empathique certes, mais pression quand même. J'étais évidemment conscient de sa popularité mais je l'ai alors expérimentée, subie, et ça m'a tétanisé. Et elle m'a stupéfié par sa capacité à rester elle-même.

Notre histoire avait cinq jours. Elle me dit, « On va au cinéma ? » Je dis OK. On va à l'UGC, à côté de chez elle. C'est la première fois que je sors avec elle dans un lieu public. On est à l'époque du *Dernier Métro*, et elle a beau mettre un foulard et des lunettes, dans la queue, tout le monde la reconnaît, tout le monde la regarde, c'est Deneuve. Du coup, évidemment, on me regarde, avec étonnement, sur le mode, « C'est qui celui-là ? ». On est aux débuts de Canal, je ne suis pas connu, et puis, manifestement, je ne leur parais physiquement pas à niveau...

Bref, une fois dans la salle, c'est pour moi le soulagement – enfin peinards. C'est alors qu'un type au bras d'une pin-up très jolie, au look un peu 60's, s'arrête, se retourne vers nous. Je me dis, je connais cette tête, ce blond hirsute aux grands yeux bleus. C'était Pierre Boogaerts, le père de Mathieu, qui tenait à l'époque une galerie d'objets 40-50 avant d'ouvrir une galerie de meubles 52 rue Mazarine. Je ne l'avais pas croisé depuis vingt-cinq ans. Et lui : « Pierre, Boogaerts ! » Et moi, rien. Catherine : « Pierre, y'a un type qui a l'air de te connaître... » Moi : « Non, non... » Je suis perdu. Et lui : « Mais si, la patrouille des écureuils, Choisy ! » Moi, toujours rien. Du coup, sa femme : « Tu dois te tromper. » Mais lui insiste : « Attends, tu déconnes... » Mais là, il comprend que je ne lèverai plus les yeux.

Donc il s'est retourné, il est reparti. Et Catherine a compris que c'était trop me demander, ce premier soir.

Quelques jours plus tard, le hasard a voulu que rue du Cherche-Midi, je sois attiré par un magasin incroyable, avec une grille verte qu'il fallait pousser et passer pour arriver à une sorte de demi-cave… C'était le magasin de Pierre et sa compagne, qui était là et que j'ai reconnue tout de suite. Je me suis alors expliqué sur ma tétanie au cinéma, et on est restés en contact. J'ai d'ailleurs fait leur chiffre d'affaires : je leur ai acheté un tiers de mes pin-up et de mes illustrations de pin-up. Quelque chose comme 300 000 euros d'aujourd'hui.

La collectionnite est une des choses qui me lient à Deneuve, qui aurait pu être antiquaire ou décoratrice. Ensemble, on a chiné comme des fous, sachant qu'elle est encore plus passionnée et dépensière que moi, un record. Je me souviens d'une fois où, pour le lancement d'un parfum aux Etats-Unis, la marque Avon avait mis un avion à sa disposition : j'ai pris un congé de quinze jours et de ville en ville, on a écumé toutes les boutiques possibles… On est revenus l'avion rempli à craquer, comme des gamins qui auraient fait une razzia dans un magasin de bonbons.

Catherine a une passion pour les meubles et les bibelots, les barbotines notamment, ces objets, assiettes, en faïence décorée : elle les utilise au quotidien, il n'y a rien de muséal chez elle, de même qu'il n'y a rien de sacralisé en elle.

Un autre épisode m'a marqué, qui témoigne de son côté « affranchie mais pas blasée » : un jour où Catherine tournait du côté des Buttes-Chaumont, elle me dit de venir la chercher, me donne rendez-vous dans un salon de thé du coin. On est assis dans cette bonbonnière, elle feuillette un magazine. A côté de nous, deux vieilles bourgeoises. Catherine m'avait déjà dit à plusieurs reprises, « Sois gentil, essaie de t'extraire de tout ça, de ne pas écouter, sinon tu ne vis plus ».

Elle, depuis l'âge de 19 ans, sait faire ça, faire abstraction du brouhaha, de ce qui se dit sur son passage. Le problème, c'est que moi, j'ai l'habitude de la radio, j'entends tout, je note la moins bribe.

Et là, donc, les deux vieilles. « Elle peut quand même pas être avec ce type, elle qui a été avec Mastroianni. » Quelques secondes passent. « Il vient de lui prendre la main sous la table ! – C'est pas vrai, c'est pas possible – Si, si, je te le dis. » Puis : « Tu veux que je te dise ? T'as vu le nez qu'il a, il doit être juif, bourré aux as... » Je fais tellement la tronche, que Catherine me demande ce que j'ai. Je lui explique. Elle me répète, une énième fois : « Sois gentil, essaie de t'extraire de tout ça, de ne pas écouter. »

On finit nos consommations, et on sort. Et là, au passage, Catherine s'arrête au niveau des deux vieilles, enlève ses lunettes. Dit : « Je voulais vous dire, mesdames : son nez pourrait être juif, et il m'irait très bien. En l'occurrence, il est bourbonien, et je vous emmerde. » Les deux vieilles en sont restées coites, au bord de l'apoplexie. Pour ma part, j'ai jubilé tandis qu'une vague de fierté m'envahissait. D'être le compagnon d'une femme aussi fidèle à elle-même et sereine à la fois.

Bref : ça a été tendu au début, et puis je m'y suis fait. Evidemment, on ne s'est jamais embrassés en public.

Notre affection ne s'est jamais démentie, même après la fin de nos amours. Et je demeure, sans cesse, admiratif. Dans le privé comme dans ses choix de carrière, Deneuve m'apparaît toujours plus libre, toujours plus forte. Elle se joue de tout, des époques et des genres, de l'âge et du temps qui passe, elle fait partie de ces rares personnes qui ne cessent de me surprendre, et de m'épater.

VIII

Numéro 1

Donc, jusqu'à 1994, tout va très bien pour moi, merci. Quand soudain, ce coup de bambou inattendu, majeur, dévastateur. Le départ d'André Rousselet.

André Rousselet, c'est un homme d'une allure extraordinaire, une gueule à la Gary Cooper, et une grande tenue ; je le revois encore avancer, droit comme un i, on aurait dit Henry Fonda dans *Douze hommes en colère*. Fier, courageux, ombrageux. Entre nous, ça a été une vraie lune de miel pendant dix ans.

Sa brutalité parfois me révoltait. Je me revois lui dire, à plusieurs reprises, « Président, ça n'est pas la peine d'être aussi cassant », rosse et féroce. Je lui suggérais qu'il pourrait, parfois, faire l'effort de se contenir. Le mouvement d'humeur figure dans mes possibilités, mais empêcher à ce point le dialogue était à force défavorable, facteur de ralentissements, de contacts à renouer péniblement, et de rancœurs éventuellement durables. Dans le même temps, le côté farouche de Rousselet présentait des avantages, à commencer par celui de protéger notre complète liberté, ce dont je lui saurai gré *ad vitam aeternam*. Ça a occasionné quelques scènes d'anthologie, lors d'une négociation sur les décodeurs, par exemple.

On est en 1991, dans une réunion ministérielle à laquelle on nous a conviés, Rousselet commence à s'énerver. A ce moment-là, Georges Kiejman, ministre de la Communication, tente de temporiser : « André... » Rousselet : « Ne m'appelle pas André ! » Kiejman, quelque temps plus tard, essaiera de passer par moi pour se faire entendre de Rousselet, en vain.

Alors, depuis un an, c'est vrai, je rongeais un peu mon frein, en tant que prince qu'on sortait quand bon semblait au roi Rousselet : il m'avait fait accepter d'être présent lors de toutes ses entrevues importantes, mais sans que j'aie *in situ* le droit à la parole. En cas de divergence, je ne devais surtout rien dire ou laisser paraître : l'éventuel débat viendrait plus tard, en tête à tête.

Ce pacte entraînait d'inévitables pertes de temps, qui m'ont vite lassé, irrité. Je m'en étais d'ailleurs ouvert à quelques proches et la confidence avait circulé : elle me reviendra en boomerang au moment de son éviction. Je me souviendrai toujours de certains regards trop mats pour être sincères, qui suggéraient qu'au fond je n'étais pas si affligé que ça.

Mais il y a un abîme entre rechigner à jouer les potiches et vouloir être calife à la place du calife. L'éventualité que je succède un jour à Rousselet était dans l'ordre des choses, lui-même m'en avait parlé à quelques reprises, et l'évoquait à mots à peine couverts, comme dans cette interview au *Point*, en 1992 : « Pierre évolue. Malgré son côté non conformiste, son goût de l'indépendance, il est passé du côté de la direction générale et de ses devoirs et servitudes. Maintenant il sait trancher et sévir s'il le faut. » Mais jamais je n'avais envisagé ni souhaité que cette passation de pouvoirs et de responsabilités se concrétise si tôt, et si brutalement. J'étais bien, extrêmement bien en numéro 2, en courroie de transmission entre les créatifs et lui, le grand seigneur capable de faire jusqu'à rempart de son corps. C'est du moins ce que j'ai cru, jusqu'à ce mercredi 9 février 1994, où André Rousselet me lance, furieux, tendu, lion en cage, piqué au vif : « Pierre, préparez-vous, c'est à vous, je vais partir ! »

Au départ, je n'y ai tout bonnement pas cru. Les derniers temps avaient certes été difficiles, sous pression : dix ans après nos débuts chaotiques, notre succès avéré et croissant a fait succéder à la pitié, l'hostilité, ou la convoitise. Situation plus flatteuse, mais plus dangereuse aussi. Et la seconde cohabitation n'arrange pas les choses, quand bien même André Rousselet, après un temps d'adaptation, s'est pris de sympathie pour Alain Carignon, ministre de la Communication.

Nous l'avons pourtant mis en garde, Marc Tessier, Marc-André Feffer et moi, sur le côté aimable, attentif mais évanescent, de Carignon. Quand Carignon fait passer sa loi, le 1er février 1994, qui permet aux actionnaires des chaînes privées de monter leur participation de 25 à 49 %, c'est évidemment pour servir les intérêts de Francis Bouygues par rapport à TF1. Mais c'est aussi André Rousselet qui en fait les frais, avec le pacte d'actionnaires de Canal qui soudain change, qui voit les patrons d'Havas (Dauzier), de la Générale des Eaux (Dejouany) et de la Société Générale (Marc Viénot) regrouper leurs actions au sein d'une société commune qui leur donne 48,7 % de Canal+ .... Avec le système des noyaux durs mis en place par Balladur (avec lequel il avait topé un an et demi avant pour qu'il lui laisse Canal en échange d'Havas), Rousselet s'est retrouvé contraint de pactiser : il ne pourrait plus imposer son autorité sans partage au conseil d'administration de Canal. Fameux noyaux durs, orchestrés – tiens, tiens – par Jean-Marie Messier, alors au cabinet de Balladur, si emblématiques du libéralisme « à la française », qui permet de rester bien entre soi, l'Etat se réservant des « golden chairs » et les autres se partageant les conseils d'administration des grandes sociétés hexagonales…

A la manœuvre, une fois de plus, Pierre Dauzier, que Rousselet a toujours méprisé, notamment pour son incapacité à se tenir. Même après avoir quitté Havas, Rousselet traitait Dauzier comme un vermisseau, et la seule réaction de Dauzier consistait à geindre : « Ça ne me gêne pas moi, que Rousselet me crache dessus, mais c'est devant les équipes que ce n'est pas gratifiant pour Havas… »

André Rousselet a tenu à démissionner. Dans les faits, il n'en était en aucun cas obligé. Sauf qu'il aurait alors eu à se battre avec des membres du conseil qu'il estimait avoir faits, comme Guy Dejouany de la Générale des Eaux. Au lieu de quoi Rousselet, et c'est aussi sa classe, a cinglé : « Je ne dealerai jamais avec ces médiocres. » De fait, par la suite, il n'a jamais resalué Dejouany, et la dernière fois qu'il a croisé Dauzier, il l'a sorti, sous mes yeux, par le col.

J'ai dit à Rousselet : « Restez, pendant au moins un an et demi, il n'oseront jamais toucher à un seul de vos cheveux car ils savent qu'alors, la maison se mettrait en grève immédiate. » De cela, j'étais sûr à 100 %, et je sais que je ne me trompais pas.

Lui dit encore aujourd'hui qu'il ne pouvait faire autrement. Qu'il lui était inconcevable de se retrouver sous contrôle alors qu'il avait jusque-là tout pouvoir – légitimement vu qu'il avait « tout fait » : il en allait de son honneur. Mais à mes yeux, et c'est une des raisons pour lesquelles on ne se parle plus ou presque depuis bientôt trois ans, André Rousselet a bel et bien abandonné le bateau, et j'estime qu'il aurait pu, qu'il aurait dû rester. Quand on a fondé comme lui Canal à 62 ans, on ne part pas comme il l'a fait, par orgueil même non dénué de panache. C'est contre nature, et pour le coup plus de l'ordre de l'amour-propre démesuré que de la responsabilité. Canal devait être son bâton de maréchal, son ultime fierté, et André Rousselet aurait dû savoir ravaler un peu de cette sacrée fierté pour affronter ceux qui menaçaient notre autonomie. *Idem* le jour où il démissionne, juridiquement et effectivement trois semaines plus tard, face à ce conseil d'administration qui a manœuvré pour le mettre en minorité mais qui ne s'attend certainement pas à un tel coup d'éclat, qui pensait juste pouvoir mettre Canal au pas.

Ce mercredi 16 février 1994 à Canal, Rousselet n'a écouté que son ire. Comme à son habitude, il a fait le tour de la table, mais n'a salué que ceux qui ne l'ont pas trahi, soit trois personnes sur quinze. Et il commence son discours, qui dure une minute montre en main. « Je ne vais pas faire l'historique des événements et des attitudes d'un certain nombre d'entre vous qui mènent à la situation d'aujourd'hui et irrévocablement, à ma démission. Le seul objet de la présente réunion est la désignation de mon successeur. Je souhaite instamment la nomination de Pierre Lescure au poste de président directeur général de Canal+, et que ce soit à l'unanimité. » Et là-dessus, lui qui à l'oral a toujours peiné à trouver une chute, lâche, « Pierre, échangeons nos chaises ! ». Proposition surréaliste et sans utilité, mais je m'exécute. Et je suis nommé PDG, à l'unanimité. Rousselet se lève, et tourne les talons à l'assemblée vitrifiée sur un « Je ne vous remercie pas. Pierre, au revoir, et bon travail ».

Donc, Rousselet m'a donné (jeté, plutôt) les clés, a dit au conseil de me nommer président avec le sous-entendu pas forcément flatteur de, « Pierre, lui, sera assez souple et habile pour faire des compromis ». Soit. Mais ensuite, qu'il me critique, qu'il me juge, qu'il me reproche, un peu méprisant, ma manière de « faire avec », de négocier avec des gens qui ont d'ores et déjà, de fait, la majorité du capital, alors ça, j'ai du mal à l'encaisser.

Moi, je ne suis pas André Rousselet. Je ne suis pas un milliardaire. Je ne suis pas un ancien secrétaire général de l'Elysée. Je ne suis pas de l'establishment. Moi, je fais avec mes moyens, des moyens qui sont de plus en plus faibles à mesure que le capital de Canal est transformé. Car dans les semaines qui suivent, Dauzier, tout content de s'être payé Rousselet, est toujours aussi chiffe molle. Exemple : il m'avait fait entrer au conseil d'Havas, vu l'importance d'Havas dans Canal. Mais ce conseil est l'un des plus ridicules qu'il m'ait été donné de voir, consanguin et disparate au-delà de l'entendement : deux banques, deux distributeurs d'eau, deux assureurs, des gens qui étaient totalement antinomiques en matière de télévision comme Albert Frère et nous, et j'en passe. Seul dénominateur commun là-dedans, Pierre Dauzier – tu parles d'une pierre angulaire.

Le mode de fonctionnement de Dauzier était la survie, courant de l'un à l'autre, essayant de monter les uns contre les autres. Il tenait dans son bureau des comités de direction pathétiques, où il essayait de nous faire croire que corrézien, il voyait Chirac tous les trois jours, qu'il dînait avec lui... Il est aujourd'hui mort mais je ne lui pardonnerai jamais d'avoir affirmé que j'étais de ses manœuvres contre Rousselet.

LAURENT CHALUMEAU
Ecrivain, ami

Avec Lescure, on est des amis depuis près de trente ans, comme dirait Balladur. On s'est rencontrés en 1981-82, j'avais 21-22 ans. Je travaillais depuis peu à *Rock & Folk*, et on m'a chargé de l'interviewer sur « Les Enfants du rock », qu'il lançait. La conversation, téléphonique, a été sympa, et à la parution de l'article, il m'a envoyé un petit mot – j'ai découvert par la suite que c'est quelque chose qu'il fait souvent, notamment avec les gens qu'il ne connaît pas : quand un truc lui plaît, il le dit, sans arrière-pensée. Evidemment, ça fait plaisir, d'être observé, suivi comme ça.

Du coup, on s'est vus, puis revus, revus... Là-dessus, en 1983, je suis parti m'installer à New York, lui est devenu le patron de la rédaction d'Antenne 2. Quand il venait, on se voyait, et quand moi je rentrais à Paris, au lieu d'aller crécher chez mes vieux, j'allais chez Lescure : c'était quand même plus funky.

Ce qui me plaît chez lui ? J'aime bien le timbre de sa voix, comme il parle, ce qu'il dit et la façon dont il le dit. Sur quasiment tous le sujets, il a souvent deux ou trois coups d'avance, ça peut d'ailleurs être chiant parfois, parce qu'on voit alors dans son regard qu'il n'écoute plus vu qu'il sait ce qu'on va dire, et que ça l'ennuie déjà.

On se marre énormément aussi. Je ne rencontre pas souvent ce mélange de gouaille et de langue volontairement désuète. Sans dévaler la pente savonneuse de la psychologie de troquet, mon père aussi était comme ça.

On a quinze ans de différence, et je le vois comme une sorte de parrain, de protecteur, de mentor, alors que je n'en ai jamais eu vraiment besoin.

Il sait notamment donner aux gens du temps, leur laisser la latitude de faire des choses dont il les sent capables.

Canal, je n'y suis pas venu par lui mais par Antoine de Caunes, avec qui j'étais devenu très ami et pour qui j'écrivais des textes pour la radio, quand je vivais encore aux Etats-Unis. Or le hasard a bien fait les choses : mon retour en France, à l'été 90, a coïncidé avec la décision de Lescure et de Greef, de faire intervenir Antoine une deuxième fois dans « Nulle Part Ailleurs » : il faisait déjà le portrait de l'invité, qui marchait très bien, l'idée était de faire rester le téléspectateur jusqu'à la fin de l'émission. Il fallait donc trouver quelqu'un pour écrire cette deuxième intervention quotidienne : qui mieux que toi, a dit Antoine, et c'est comme ça que ça s'est fait, alors que j'avais des tas d'autres projets et que je n'avais aucune envie de travailler pour la télé.

En 1990, Canal était encore à taille humaine, une petite chaîne qui montait. Les locaux étaient rue

Olivier-de-Serres, le tout relevait encore de l'opération commando même si une spirale vertueuse était enclenchée, avec une dynamique de succès. Et puis en mangeant, l'appétit commençait vraiment à leur venir, il y avait de l'oseille, une bonne image... En 1992, Canal déménage pour le quai André-Citroën : c'est là que tout le monde commence à grossir, à s'empâter, où l'entreprise devient trop grosse. Fini le temps de la bande resserrée derrière son chef, c'est le temps des baronnies. Ça s'apaisera au début des années 2000.

L'ambiance rue Olivier-de-Serres était vraiment sympa, Lescure très présent, accessible, et content comme un môme, tout excité par l'obtention de nouveaux catalogues de films américains, ou de découvrir les locaux de la Warner à Burbank, par exemple, c'était pour lui comme visiter Disneyland.

En plus il prenait conscience que ça y est, le plus dur était fait : le train avait quitté la gare, en somme. Du coup, il régnait une sorte d'euphorie, de gourmandise à faire, à essayer des trucs, qui était assez contagieuse, assez bon enfant. Et puis il y avait entre nous, ceux qui bossaient sur les programmes, une vraie proximité, un côté bande. Il y en avait en fait plusieurs, mais toutes, à l'exception de Karl Zéro, se réconciliaient *in fine*, le cas échéant à l'ombre du nez de Lescure : il faisait la soudure.

Lescure et de Greef fonctionnaient dans une vraie dialectique. Du genre thèse + thèse = synthèse. A l'époque, ils étaient encore quasiment tout le temps raccord.

En fait, Lescure ne le savait pas, mais il vivait là les meilleures années de sa vie professionnelle. Il sortait avec Deneuve, il était juste DG, donc il avait les bons côtés, pas les inconvénients. Il devait sans doute de temps en temps mettre un genou à terre devant Sa Majesté Rousselet, mais bon, je crois que *grosso modo*, l'autre lui laissait le champ libre. Il faut dire que ce succès qui le faisait d'un coup entrer dans l'histoire, venait donner du glamour branché à une carrière jusque-là si « française », voire franchouillarde (PME battue en mayonnaise, grenouillades politicardes à l'ancienne, chaises musicales chez Havas), presque « racheter », au sens d'amnistier, la direction de certaines campagnes électorales de Mitterrand, à l'époque financées entre autres par René Bousquet.

Rousselet n'est pas un enfant de choeur. Mais son cynisme – disons, son absence d'états d'âme bien-pensants – sait avoir de l'esprit et du panache, il est capable de jolis gestes dans la brutalité. C'est le côté éclairé de son profil de médaille. Le fait d'avoir ce beau jouet le mettait de très bonne humeur vis-à-vis de nous.

Des gens ont pu se sentir humiliés par Lescure, mais chez lui, contrairement à Rousselet, l'humiliation n'est pas un mode opératoire.

Pendant un temps, deux-trois ans, après le départ de Rousselet, Lescure joue avec la fonction de président : ce sont ses pires années, à mon avis, d'ailleurs pendant cette période, je le vois très peu, et quand je le vois, je sens bien que ça ne va pas fort, qu'il n'est plus pareil.

Ensuite, il se stabilise, il remincit, il recommence à avoir des projets, il a fait sa mue. Il a eu les excès, les frayeurs, les vertiges, maintenant il assume la fonction et il va essayer d'en faire quelque chose d'intéressant.

Un de mes premiers gros dossiers, en tant que successeur de Rousselet, a été la poursuite des négociations pour le renouvellement de la concession de Canal. Mon interlocuteur au gouvernement était Jacques Friedmann. Et là, Friedmann me dit : « Vous savez, il y a un homme avec lequel je travaille beaucoup sur l'avenir de l'audiovisuel français et sur le renouvellement de concession, j'ai énormément confiance en lui : il s'agit de Jean-Marie Messier. » Deux jours après, je tombe sur Dauzier : « Pierre, il y a quelqu'un auquel je demande beaucoup conseil sur le développement stratégique d'Havas, il est vraiment très très bon, plus intelligent que tous les autres, j'ai d'ailleurs peur que Dejouany nous le pique, c'est Jean-Marie Messier. » Et là-dessus, coup de fil de Dejouany : « Pierre, ça doit rester entre nous, mais vous allez voir de plus en plus Jean-Marie Messier. Je me suis trompé plusieurs fois sur mes dauphins potentiels, mais lui, c'est le bon. » Bref, à en croire les trois, qui ne sont pas tombés de la dernière pluie, Messier, c'est le messie.

Et de fait, quand je le rencontre, il m'apparaît comme

le plus intelligent de sa planète et ne ressemblant à aucun de ses coreligionnaires. Il comprend notamment trois fois plus vite que tout le monde nos histoires et nos projets, contrairement à la majorité de nos interlocuteurs – à commencer pour les politiques qui nous voient comme « la chaîne de Mitterrand », qui n'avait tenu que grâce aux privilèges accordés par l'ami de Rousselet et au porno. Même la gauche nous considère d'un œil suspect, comme des marchands du temple qui ont dévoyé un projet culturel, sachant qu'en plus, on n'est pas vraiment de gauche, n'est-ce pas, vu que parfois on attaque même la gauche…

Messier, lui, est manifestement conscient que si la chaîne Canal n'est pas appréciée par l'establishment, elle bénéficie d'une très bonne image publique. Ses antennes à l'étranger lui ont en outre renvoyé une image très positive, d'entreprise française qui fonctionne plutôt à l'anglo-saxonne, professionnelle et rapide, doublée d'une « cash cow » – vache à lait, poule aux œufs d'or. Il abonde en raisons de nous donner du grain à moudre.

Donc, oui, j'aurais pu me méfier de Messier, lui résister, voire démissionner, dès 1999, dès que Vivendi a racheté Havas et qu'il est alors devenu, avec 49 % dans Canal, incontournable. Mais à quoi cela aurait-il rimé, hormis à lui laisser complètement les rênes ? Et cela autorisait-il André Rousselet à se fendre, le 15 novembre 2000, d'une tribune dans *Le Monde* intitulée « Canal+, suite ou fin ? », dans laquelle il déclare la fusion avec Vivendi contraire aux intérêts nationaux, et, où, plus personnellement blessant à mon égard, il en appelle quasiment au personnel de Canal ? Extrait : « Ma pensée, à la veille des bouleversements qui suivront, va à tous les amis que j'ai conservés au sein de Canal+. Ma solidarité avec chacun d'entre eux, du haut en bas de la hiérarchie, est totale. Qu'ils sachent qu'avant de devenir de simples employés, ils disposent encore de leur propre sort. Leur silence actuel est interprété par les observateurs comme un acquiescement à tout ce qui s'est tramé au cours des derniers mois et qui va se sceller dans les semaines qui viennent. Ils ne peuvent, sans renier les plus belles années de leur vie, se confiner dans le silence... »

J'estime que non. Qu'André Rousselet n'avait pas le droit de me torpiller une nouvelle fois, lui qui m'a laissé seul face à Havas, huit ans plus tôt. D'autant que je l'avais tenu au courant de la fusion avec Vivendi, même à l'état embryonnaire, à l'occasion de déjeuners qui nous réunissaient plus ou moins régulièrement depuis sa démission. Ce lien m'importait, quand bien même Rousselet ne pouvait s'empêcher, chaque fois, de revenir sur les conditions de son départ, et de glisser : « Je n'en crois pas un mot, Pierre, mais sachez tout de même qu'il se dit que vous avez pactisé avez Dauzier. » Je serrais les dents, démentais, ne coupais pas les ponts. Car j'étais attaché à Rousselet, j'ai profondément et sincèrement aimé André Rousselet.

Le projet de fusion avec Vivendi l'avait d'ailleurs plutôt enthousiasmé, au départ, au printemps 2000. « On n'aurait jamais rêvé de ça ! », avait été sa première réaction, large sourire à l'appui. Il avait ajouté qu'il fallait essayer de regagner un peu d'indépendance vis-à-vis de Vivendi, ce qui était un brin contradictoire et supposait un double jeu qui ne m'intéressait pas, mais bon, globalement, il adoubait le processus.

Six mois plus tard, à trois semaines de l'assemblée des actionnaires de Canal qui devait approuver la fusion, la donne avait certes changé. « Vous êtes en train de tout céder, vous auriez dû en profiter pour reprendre votre indépendance, Canal ne sera plus rien, Canal ne sera plus maître chez lui, et ne décidera plus », m'avait-il assené, sans même daigner entrer avec moi dans les détails de l'accord. Et de sortir un texte : celui de sa tribune qui allait paraître dans *Le Monde* le 15 novembre. Je l'avais lu en diagonale, un brin affligé par le ton passéiste, France en danger et compagnie. « Si je comprends bien président, j'ai tout lâché, j'ai trahi la patrie. » Lui, alors, et les mots résonnent encore dans ma tête : « Ecoutez Pierre, j'ai été un temps pétainiste, je peux bien vous le dire, vous faites du Laval. » La phrase à peine émise, j'étais debout. « Ne partez pas, Pierre. – Vous souriez, moi pas, et j'en serais bien incapable. Je ne sais pas ce que j'aurais fait pendant la guerre, mais je sais ce que mes parents ont fait. Alors, sourire, non. – Disons alors que vous faites du Dauzier... » J'ai répondu que j'essayais juste d'avancer, d'anticiper l'avenir comme il me l'a appris, mais sans insister plus que ça. Je sentais bien que – expression que j'affectionne – l'affaire était blette. Et même si on s'est croisés ensuite à l'occasion, c'est sans doute là que j'ai commencé à faire le deuil de ma relation privilégiée avec André Rousselet. Le cœur n'y était plus.

Le lendemain de sa tribune dans *Le Monde*, j'ai fait publier dans le même quotidien une réponse intitulée, « Canal, plus et mieux ». D'aucuns l'ont jugée violente, présentant André Rousselet à la fois comme un enfant et comme un vieillard, et défendant pied à pied « Jean-Marie » quand lui n'était plus qu'« André Rousselet ». Lui-même, lors d'une soirée à l'ambassade des Etats-

Unis quelques jours plus tard, la qualifiera devant moi d'« innommable ». A quoi je répondrai, « Vous m'avez bien traité de Laval ! ». A partir de là, et dans la mesure où il est manifestement incapable de tourner la page de 1994 (qu'il a lui-même déchirée), le lien entre nous ne peut que s'effilocher toujours plus, c'est ce que j'ai compris et fini par accepter, même s'il m'en a coûté.

J'ai eu l'immense chance qu'André Rousselet vienne me chercher pour animer Canal, et l'équipe de Canal a eu l'immense chance que cet homme, pourtant autocrate notoire, nous laisse une totale liberté. De cela, je le répète, je lui saurai gré toute ma vie. A un moment donné, nous avons été incroyablement, idéalement complémentaires, jusqu'à se comprendre sans avoir besoin de se parler, et par la suite il m'a souvent manqué. L'histoire était belle. Mais aujourd'hui, alors que j'ai atteint l'âge qu'il avait quand il a créé Canal+, le ressassement n'est plus de saison.

ALAIN DE GREEF

Je ne crois pas une seconde que Pierre ait pu faire quoi que ce soit pour faire partir Rousselet, ni même qu'il ait pu souhaiter ce départ. Il n'était à ce moment-là absolument pas prêt à prendre la succession, d'ailleurs il y a eu un vrai flottement au début de sa présidence, un passage compliqué qui a bien duré deux mois. Quelque chose de l'ordre de la dépression.

Pierre a notamment très mal vécu le jour où tout le personnel s'est réuni autour de Rousselet, qui était aussi le jour de sa nomination. Et puis il avait un certain nombre de problèmes à régler, avec les actionnaires.

Passé ce cap, il est devenu vraiment patron. En revanche, lui n'a pas trouvé celui qui aurait pu le compléter de la même façon qu'il avait complété Rousselet et sans doute qu'il a été par moments trop seul, sur des décisions capitalistiques importantes.

Il est vrai qu'avec les copains, Pierre a du mal à trancher : il faut qu'il se mette dans des états de nerfs hystériques, un peu ridicules, pour s'y résoudre. Il ne peut pas discuter normalement, tranquillement, et être négatif. Il déteste le conflit, donc il le gère de façon hystérique.

C'est quelque chose que Rousselet m'avait dit, à l'approche du moment où il allait quitter la boîte : « Il faut que vous disiez à votre pote qu'un président, ça n'a pas d'amis, pas d'états d'âme ; un président, ça gère la société et pas ses problèmes personnels. » Mais aller dire ça à Lescure, ça n'a pas de sens… Lescure est avant tout un affectif.

SYLVIE RUGGIERI

J'adore André Rousselet, mais mon éternel regret, ce sont les conditions de son départ. Un départ en fanfare, annoncé à la une du *Monde*, mais qui nous a tétanisés. André Rousselet, qui est pourtant un fin politique, n'a pas réalisé ce qui se tramait dans son dos avec le changement de la loi audiovisuelle qui stipule, je cite, qu'« aucune personne physique ou morale agissant seule ou de concert ne peut détenir, directement ou indirectement, plus de 49 % du capital ou des droits de vote d'une société titulaire d'une autorisation relative à un service national de télévision par voie hertzienne ». Cette loi a été faite pour Bouygues et TF1, et peut-être contre l'indépendance de Canal… Elle s'est en tout cas appliquée à Canal et elle a permis à Havas de mettre André Rousselet dos au mur. Or André Rousselet méprisait Dauzier, et s'il avait du respect pour Guy Dejouany, il s'est estimé trahi, convaincu qu'il avait voulu son départ. Pourtant, je ne crois pas que Guy Dejouany, qui faisait corps avec son entreprise, qui était du style « je veux mourir à mon bureau » comme d'autres sur scène, aurait imaginé qu'André Rousselet démissionnerait. Sans doute s'est-il dit qu'André Rousselet allait faire la gueule, mais que ça irait… Il s'est bien trompé.

Alors, quand il démissionne, André Rousselet dit à l'équipe : « Mon départ vous protège pour quelques mois, mais pour ce qui est de l'indépendance, c'est foutu. » Il espère que dans son sillage, on va tous partir… Il faut dire qu'en choisissant Pierre, André Rousselet avait découvert quelque chose : il s'était retrouvé dans une aventure humaine, avec des gens qui l'aimaient, l'entouraient, l'admiraient. Jusque-là, André Rousselet, c'était l'homme dont le Tout-Paris disait qu'il était brutal, qu'il appelait les rédactions lorsque les papiers n'étaient pas « bons », d'ailleurs au début de Canal, personne ne voulait l'interviewer car il impressionnait, alors que Pierre était sympa, accessible, respectueux du métier de journaliste qu'il était resté. À Canal, jamais André Rousselet n'est intervenu auprès de la rédaction et tout le monde le respectait.

Pour Pierre, au moment du départ d'André Rousselet, la situation est au bas mot inconfortable. André Rousselet le désigne à la fois comme son successeur et décrit un contexte intenable, qui suppose des compromis. À mes yeux, dans les premiers mois après la démission d'André Rousselet, il a traversé une période difficile, peut-être même une dépression. À la fois lesté par le poids de la charge, à laquelle il ne s'attendait pas, en tout cas pas dans ces conditions, et par un boulet moral, affectif. Car Rousselet et Lescure s'aimaient, et cet épisode-là lui a vraiment fait mal. Qu'André Rousselet puisse ne serait-ce qu'imaginer qu'il avait pactisé avec Dauzier, notamment.

« Dépression » ? Je préfère dire « passage à vide », gros passage à vide. Le départ d'André Rousselet m'a laissé paralysé, congelé. Sensation de vide, de froid, d'effroi. Pour la première fois, je me suis trouvé pris de court, désarçonné quand jusque-là j'avais toujours eu la sensation d'être né sous une bonne étoile, au plan professionnel comme privé. Convaincu d'avoir la main heureuse, quoi qu'il arrive.

Rousselet a annoncé sa démission le mercredi 16 février 1994, il est parti de Canal le week-end d'après. Entretemps, je l'ai maudit, pour avoir balancé, face aux journalistes qui avaient afflué à Canal, « Le responsable de tout ça, c'est Edouard Balladur et son représentant Jacques Friedmann ». On avait décidé de ne rien dire, sachant qu'une tribune devait paraître dans *Le Monde* le jour même, la fameuse « Edouard m'a tuer ». De quoi allais-je avoir l'air maintenant, à la fois propulsé président par Rousselet, et ridiculisé par Rousselet, pour avoir accepté de prendre cette place dans des conditions pareilles... Bonjour la transmission de témoin, merci pour le bâton merdeux.

Mais entre-temps aussi, je me suis peu ou prou rabiboché avec Rousselet : je ne voulais pas le voir, mais lui est venu dans mon bureau, et on est tombés dans les bras l'un de l'autre, sans prononcer un mot. Le jour d'après, les salariés le salueront de la terrasse du troisième étage : cinq cents personnes brandissant des banderoles, « merci président ».

Le mardi suivant, c'est un « Bravo président » qui m'accueillera sur le seuil de mon bureau, clamé par deux cents voix : l'idée, d'Alain de Greef, figure en bonne place dans mon panthéon d'émotions et de gratitudes personnelles.

Il n'empêche : je mettrai bien six mois à émerger, à sortir de ma torpeur post-Rousselet. Six mois pendant lesquels j'irai à Canal à reculons et en retard, six mois pendant lesquels j'errerai le soir chez moi jusqu'à des heures indues, miné par ce qui vient de se passer, englué entre colère et chagrin, pendu au téléphone avec des amis que mes ressassements finissent par lasser.

Et puis, petit à petit, le ciel va s'éclaircir.

Pour commencer, cet été-là, je fais la rencontre de Frédérique Fayles-Bernstein. Plus exactement, je la retrouve. J'étais exténué, mon proche collaborateur et ami Alex Berger m'avait convaincu de venir recharger les batteries dans sa maison du Luberon. Objectif : dormir, décompresser. A mon arrivée, je découvre une autre invitée, amie de Florence Servan-Schreiber, la femme d'Alex. Cette invitée est brune, solaire, elle a quelque chose d'extrêmement charnel, sud-américain, glamour, et très réservé à la fois, chaleureuse et farouche, presque sauvage, dans le même temps. Et aussitôt, je la reconnais. Elle est, elle a été « la Petite Fred », la dernière compagne de Coluche, dont elle a partagé les trois dernières années. Je les croisais régulièrement à l'époque, et ils m'étaient apparus très heureux, encore aujourd'hui je me dis que s'il n'était pas mort, ils se seraient mariés. « Fred », alors, était une fêtarde, habituée des Bains Douches avec sa copine Farida, mais elle préservait son intégrité, n'était clairement pas dupe du cirque, à commencer par celui qui a pu entourer, parasiter Coluche.

Je l'avais ensuite recroisée, dans un delicatessen qu'avait lancé Sophie Lapidus, à laquelle elle donnait un coup de main. J'étais avec Catherine Deneuve et Chiara, on avait échangé quelques banalités, « Comment allez-vous ? », ce genre de choses.

Et donc, dix ans plus tard, nouveau chassé-croisé. Elle est dorée à souhait, rayonnante, je suis un zombie qui vient de passer six mois à se dire, « Tes journées sont chiantes à 60 % ».

Donc, comme toujours dans les moments d'abattement, je commence par dormir, dormir. Et puis, progressivement, je prends de plus en plus de plaisir à côtoyer cette jeune femme non seulement attirante mais extrêmement drôle, très pertinente dans ses observations. Elle possède à la fois les codes du milieu dans lequel j'évolue mais n'en fait pas directement partie (elle est acheteuse d'art chez Saatchi & Saatchi), et son regard est distancié, critique sans pour autant cracher dans la soupe. Je ressens pour la première fois depuis des mois un élan, un emballement optimiste qui accélère cet été de remise à flots. Et de retour à Paris, je déploierai tous les efforts possibles pour la convaincre.

Se marier nous est venu comme une évidence. D'abord parce que nous nous aimions. Jusque-là, j'avais pourtant freiné des quatre fers, achoppant notamment sur la question afférente des enfants. La cinquantaine venue, j'étais manifestement plus prêt au grand virage, à l'engagement. Sans doute, aussi, avais-je quelque part compris qu'avec une vie pareille, à l'agenda explosé, à la charge émotionnelle éprouvante, un ancrage s'imposait, avec des plaisirs sans apprêts, solides, fiables.

Nous nous sommes mariés le 7 septembre 1996, à la mairie de Vanves. La tante de Frédérique, adjointe au maire, officiait. Mes témoins étaient André Rousselet et mon oncle Jean. Il faisait beau. Pour le déjeuner à la Maison Blanche, sur les Champs-Elysées, nous avions convié nos tout proches. Quinze jours plus tard, on récidivait avec, à l'Affiche, rue de Paradis, une soirée de quatre cents personnes qui élargissait le ban... jusqu'à Jean-Marie Messier. La blague est allée bon train, plutôt du genre carabin, avec des parodies de jeux télé par de Caunes, Chabat... Chalumeau, Berger, mon beau-père Bernard et mon oncle Jean. Tout ça en présence de bon nombre de nos partenaires américains, espagnols et de nos actionnaires ! Entre-temps, j'avais emmené Frédérique en voyage de noces en Italie. A Portofino notamment, où se trouve l'un de mes hôtels préférés au monde, le bien nommé Splendido accroché au flanc de la montagne qui surplombe le village. A l'époque, on y était accueilli par un concierge à gueule sublime, à la Giovanni Agnelli, regard bleu perçant qui comprenait tout en un quart de tour.

Avoir un enfant nous est également venu comme une évidence. Mais la nature ne suivait pas. Alors, très vite, début 1998, Frédérique a parlé adoption. J'avais 52 ans et étais conscient que l'horloge tournait, pour faire un père pas grand-père : j'ai dit OK, faisons ça. En cinq mois, nous avons eu l'agrément, et quelque temps plus tard, nous sommes entrés en contact avec Bernard Sabrier. Ce banquier suisse, cofondateur du Musée d'art moderne de Genève, est également à l'origine de l'organisation caritative Children Action qui organise chaque année une vente aux enchères avec le soutien de célébrités, dans le but de financer des opérations de chirurgie réparatrice en faveur d'enfants défavorisés, en Europe comme en Asie. C'est lui qui nous a mis en relation avec un orphelinat de Saïgon, aujourd'hui Ho Chi Minh Ville.

Nous désirions un enfant le plus jeune possible, pour pouvoir l'accompagner, le voir évoluer dès le plus jeune âge. Frédérique avait une vraie inclination pour une petite fille, je n'avais pas de préférence.

Bientôt, l'orphelinat a envoyé une lettre : « Une petite fille arrivera chez nous à la fin du mois de novembre, vous pourrez la voir au début du mois de janvier. » Frédérique est partie dès janvier à Saïgon, pour engager les démarches administratives auprès des autorités vietnamiennes et rencontrer celle que nous avons appelée Anna.

Anna était mal en point – bronchiolite, gale. Frédérique l'a fait soigner, a passé le plus de temps possible à ses côtés. Puis elle est revenue à Paris. Mais elle ne tenait pas en place, je lui ai donc dit de repartir. Elle a passé trois mois sur place, à proximité d'Anna, dans l'attente des papiers qui permettraient de ramener notre fille en France. On savait que cela prendrait au minimum quatre mois d'échanges avec les autorités vietnamiennes.

La première fois que j'ai vu Anna, en février 1999, elle riait. C'est vraiment mon tout premier souvenir. Elle avait un très joli visage, et elle riait. Elle avait été très malade, mais elle faisait preuve d'une énergie qui m'a saisi. Quelque chose d'extrêmement gai émanait d'elle, dans son regard, ses poings, ses jambes.

J'avais déjà l'impression de connaître Anna : depuis son départ pour Saïgon, Frédérique m'en avait parlé tous les jours au téléphone, m'avait envoyé des polaroids, des vidéos. Et quand je les ai vues, j'ai compris que de fait, elles vivaient déjà ensemble.

J'ai appris que nous avions le feu vert pour ramener Anna en France la veille de la clôture du festival de Cannes. Je me souviens d'avoir alors croisé Michel Piccoli, et de lui avoir dit : « Michel, je ne serai pas à la clôture car je pars chercher au Vietnam ma femme et la petite fille que nous avons adoptée. » Lui, qui est le père adoptif de deux petites Colombiennes, a éclaté en sanglots.

Etre père : Dieu sait si j'ai renâclé. *A posteriori*, je me dis, quel temps perdu. Avoir un enfant m'a fait plus grand, m'a donné de l'ampleur. A aucun moment je ne me sens ni me suis senti empêché, contraint. J'ai au contraire l'impression de faire l'expérience personnelle de l'histoire de l'humanité, et qu'importe si ça sonne grandiloquent.

Anna connaît son histoire, sait qu'en s'adressant à l'orphelinat de Saïgon, elle pourrait sans doute savoir qui est sa mère biologique. Mais elle n'en a pour l'heure pas émis le désir. Nous avons passé quinze jours au Vietnam tous les trois, nous sommes retournés à l'orphelinat : Frédérique et moi étions trois fois plus émus qu'elle.

Anna a aimé le Vietnam, mais elle était contente de rentrer. Anna est française et se sent chez elle en France, même si je suis convaincu qu'elle pourra très bien partir un jour s'installer ailleurs, peut-être encore plus que les enfants de sa génération pourtant déjà bien moins sédentaires que nous. Physiquement, c'est une brindille, mais une force mentale phénoménale l'anime, qui me saisit. Il y a peu, un de ses enseignants me racontait la scène suivante : un élève (également adopté) ayant des difficultés, d'aucuns ont évoqué le « syndrome d'abandon ». Commentaire d'Anna : « C'est ridicule. Nos parents ont choisi de nous adopter, on sera les derniers à être abandonnés. » La force est avec elle.

Et Anna régulièrement me bouleverse.

Anna avait 7 ans quand, au printemps 2005, le petit appareil Brit Air qui nous emmenait de Paris à Avignon a eu un mal fou à braver un putain de mistral avec ses petites hélices. Sans courage particulier mais parce que ça ne procède pas du raisonnable, je n'ai jamais peur en avion, même par tangage maximal. Ce jour-là, le petit avion, avec à bord une trentaine de passagers dont ma femme Frédérique un peu plus à l'avant et Anna et moi tout au fond, bougeait comme très rarement. A tel point qu'à 50 mètres du sol, l'appareil balance tellement de droite et de gauche, que le pilote hésite à tenter de se poser.

Anna avait collé son nez contre le hublot. Calme, apparemment. Une phrase m'a échappé : « Quelle chance on a eue, Maman et moi, de te rencontrer... » Elle a tourné vers moi son beau regard sombre, esquissé un léger sourire pour me lâcher : « Oui... Et moi aussi. »

Et puis on a atterri.

FRÉDÉRIQUE LESCURE

Notre histoire a commencé à l'été 1994, dans le Luberon, chez des amis communs. Mais on s'était rencontrés très longtemps avant, dans les années 80 :

je vivais alors avec Coluche, lui avec Catherine Deneuve, et on se croisait de temps en temps. C'est comme ça qu'un jour, pour mon anniversaire, Pierre m'avait offert un sac en bakélite : noir, à facettes, avec un couvercle transparent et des points de cristal, vraiment très joli, et très original. Un cadeau qui m'avait marquée, je l'ai d'ailleurs toujours.

Et puis, en 1986, Coluche avec qui je vivais depuis trois ans est mort, et ma vie a connu un sérieux passage à vide. Comme l'ex-femme de Coluche, Véronique, m'avait intimé l'ordre de quitter sur-le-champ la maison que nous habitions, je suis repartie vivre chez mes parents alors que j'avais très tôt pris mon indépendance : juste après une formation de styliste au Studio Berçot, j'étais partie pour Milan et la maison Fiorucci, puis j'étais revenue à Paris où j'avais grandi, où j'avais pris dès l'âge de 14-15 ans l'habitude de faire la fête, aux Bains Douches, avec mes copines Farida, Paquita Paquin…

Donc, je repars vivre chez mes parents. Et je trouve par hasard un petit boulot, dans un delicatessen de la rue du Dragon, dont la patronne, m'avait assuré mon père, aurait pu être ma sœur, ce qui s'est avéré prémonitoire : Sophie Lapidus est devenue une grande amie. Or, un jour Pierre entre, accompagné de Catherine Deneuve qui habite le quartier. Il me reconnaît, s'exclame, « Quelle surprise ! Mais alors, que devenez-vous ? ». On échange quelques mots, et je lui dis, « Vous savez, j'ai toujours gardé le sac que vous m'aviez offert pour mon anniversaire ».

La vie passe, je deviens acheteuse de photos d'art chez Saatchi & Saatchi. Et puis, je fais la connaissance d'Alex Berger et de sa femme Florence Servan-Schreiber, dont je deviens l'amie. Alex travaille à Canal, où il est une sorte de directeur de cabinet de Pierre. C'est comme ça qu'à l'été 1994, Florence m'invite à passer des vacances dans leur maison du Luberon, tandis qu'Alex invite Pierre, entre-temps séparé de Deneuve. Aucune malice là-dedans, Pierre arrive d'ailleurs quinze jours après nous, blanc comme un cachet d'aspirine et lessivé – pas du tout séduisant, pour tout dire.

Mais il est sympathique, et Pierre est de ces gens qui deviennent beaux quand ils s'animent. Il excelle notamment à raconter des histoires, des anecdotes. Surtout, tous les soirs, systématiquement, il glisse des mots sous ma porte. Absolument charmants, craquants. Je joue pendant un temps les bêcheuses, mais notre histoire commencera quelques mois après. Dans l'intervalle, il m'aura un jour fait livrer sur mon lieu de travail toute une palette de Cacolac, boisson chocolatée que j'adorais à l'époque...

Les mots, les attentions, c'est tout Pierre, que ce soit par l'écriture ou oralement. Il peut d'ailleurs laisser des messages longs comme un jour sans pain sur les répondeurs téléphoniques. Le contact lui est vital, que ce soit dans la vie privée ou professionnelle. Pour s'assurer que tout va bien ou pour être au courant de ce qui se passe, « dans le truc ».

On a commencé à vivre ensemble. Enfin, plus ou moins : je mettrai un an à mettre le pied dans son appartement de la rue Danton, dans son antre. L'immeuble lui-même n'a rien d'accueillant : très classique, il est souvent désert, avec un vis-à-vis immédiat, comme droit sorti du *Locataire*, le film de Polanski. L'appartement lui-même est un capharnaüm, dont Pierre sait pertinemment qu'il peut effrayer, tant cet espace pourtant immense croule sous les objets en tous genres. L'endroit est en outre extrêmement sombre, les fenêtres toujours closes. Il faut dire que Pierre y passe surtout du temps le soir, enfin la nuit, pour visionner tous les films de la terre.

Il n'est pas possible d'y vivre véritablement : pour passer dans les couloirs, il faut se mettre de travers, quand on marche il faut faire extrêmement attention car le sol est jonché d'objets dont Pierre craint qu'on les casse, sa femme de ménage a d'ailleurs interdiction d'y toucher, à commencer par ses postes de radio en catalin qu'il faut nettoyer avec je ne sais quoi sinon elle ternit...

Cette tendance à l'accumulation et au désordre ne l'a pas quitté quand on a emménagé ensemble, même si j'ai obtenu que notre chambre, celle de notre fille Anna et la cuisine échappent à l'encombrement. Mais il y a comme un processus kafkaïen en marche, une toile qu'il tisse inexorablement avec ses journaux (français, anglais, américains), ses livres, ses photos, ses CD, ses DVD, sachant qu'il ne jette rien, y compris ceux qu'il n'aime pas : il veut tout de même pouvoir les consulter si nécessaire. Une des conséquences est qu'on ne reçoit que très rarement, au point que certains doivent nous prendre pour des goujats qui ne rendent aucune invitation à dîner.

Notre maison du Midi a aussi échappé à l'envahissement, grâce à un hangar adjacent de quasi 1 000 m², qui, lui, est envahi de cartons où s'entreposent des meubles, des objets... Quand on cherche un parasol, ça prend des heures. Pierre sait pourtant être extrêmement organisé et ranger, comme le prouve son bureau là-bas.

Quand il le décide, il fait preuve d'une volonté incroyable. Il est par exemple capable d'arrêter du jour au lendemain le cigare – Dieu sait pourtant qu'à une époque, Pierre affectionnait les barreaux de chaise. *Idem* pour la vodka tonic. Et tout ça sans nervosité, sans frustration. Il peut également se révéler d'une persévérance sans borne : j'en ai eu la preuve par la façon dont il m'a séduite, et ça s'est ensuite confirmé.

Pierre est aussi très féminin, et extrêmement émotif. Il ne supporte pas la violence par exemple, y compris au cinéma, regarder un film d'horreur lui est littéralement insupportable. D'un autre côté, il peut pleurer comme une madeleine devant un mélo... ou devant un match de foot, quand son équipe gagne ou quand est jouée *La Marseillaise*.

Nous avons assez rapidement décidé de fonder une famille, et il est clair que l'adoption d'Anna a marqué dans sa vie un tournant, quelque chose de très fort. C'était en 1999, et je suis alors partie passer quatre mois à Saïgon : non seulement je n'avais pas encore le droit de la ramener en France, mais Anna, à trois mois, était très malade, souffrait simultanément d'une gale très forte et d'une bronchiolite sévère. Pierre, qui était alors très pris par Canal, l'a vue une première fois, puis est revenu pour la ramener avec moi en France.

Le lien à vie : c'est une des choses que Pierre a découvertes avec Anna, lui dont les parents se sont séparés très tôt et qui n'a plus de contact avec sa famille, quand moi, fille d'une famille pied-noir oranaise, j'ai grandi dedans, comme une évidence, quelque chose d'incontournable et de nécessaire.

VIII

La World Company

« Sa fascination pour l'Amérique a égaré Lescure, l'a fait avoir les yeux plus gros que le ventre. » Encore une théorie que j'ai souvent entendue. Désolé, elle ne tient pas la route, à plusieurs titres.

Pour commencer, je ne suis pas *fasciné* par les Etats-Unis. Passionné plutôt, par leur culture, leur histoire, et dans une certaine mesure leur *way of life*. Je n'ai d'ailleurs jamais sérieusement envisagé de m'y installer, aussi nombreux aient été mes allers-retours, que ce soit pour rejoindre Katherine Pancol, ou pour chiner avec de Greef puis Deneuve. Comme tous les Européens, j'aurais pourtant très bien pu m'imaginer vivre à New York, et j'adore Chicago, ville des premiers grands gestes architecturaux contemporains, ses gratte-ciel des années 70 qui jouxtent les immeubles staliniens des années 30, ses ponts qui s'ouvrent en leur milieu, le métro aérien qui passe entre les maisons basses… Mais non, l'idée n'a jamais dépassé le stade du bref fantasme. Seule la rumeur (au moment du rachat d'Universal) m'a envisagé un jour à Los Angeles, ville que j'apprécie, mais comme on aime feuilleter un album : pour la dimension mythique, la *memorabilia*.

Mon penchant américain ne m'a par ailleurs jamais fait perdre de vue la ségrégation, la chasse aux sorcières, la guerre du Vietnam. Et puis, sans être cocardier et tout en déplorant certaines pesanteurs locales, je reste fondamentalement attaché à la France, je ne me verrais pas délocalisé, déraciné. Et, contrairement à Messier, je crois en « l'exception culturelle française ».

L'intitulé est prétentieux, mais il renvoie à un activisme nécessaire. La France, dans quelque grandeur qu'elle puisse à l'occasion se draper, est un petit pays, voilà la réalité, et contrairement à l'Angleterre, il s'y parle une langue qui tend à reculer à travers le monde. L'Hexagone est toujours plus circonscrit, toujours plus serré aux entournures.

En 1973, avec la publication de *Quand la Chine s'éveillera... le monde tremblera*, Alain Peyreffite est apparu en visionnaire, et la suite a peu ou prou validé sa prédiction. Personne en revanche n'avait prévu l'émergence de l'Inde et du Brésil, qui apparaissent aujourd'hui clairement comme les futurs poids lourds de la planète, notamment au plan culturel. Le monde bouge donc, et plutôt vite. Et la France là-dedans, comment réagit-elle ? Elle choisit Sarkozy, dont toute la culture se résume à son épouse, éclairée certes mais par ailleurs hors du monde et de ses réalités depuis sa naissance. Il faudrait arriver en matière de culture à la même excellence que celle acquise dans d'autres domaines, comme ont réussi à le faire des entreprises comme France Télécom ou Veolia : que la France soit ici et là un partenaire incontournable. Quitte à bousculer certains réflexes arthritiques, qui font trop souvent tenir une position de « Tous aux abris », patrimoniale. De conservation plutôt que d'expansion, d'investissement.

Quand j'étais à la tête de Canal, j'ai à plusieurs reprises fait l'expérience de cette frilosité hexagonale. Exemple le plus net, « l'affaire BSkyB », du nom de la fusion un temps envisagée entre Canal et le bouquet par satellite anglais détenu par le magnat australien Rupert Murdoch.

On est en 1999, Canal vient de fusionner avec le réseau de télévision à péage Nethold, opération qui nous a donné accès à tous les pays européens où nous étions absents : Finlande, Norvège, Suède, Hollande, Belgique flamande et Italie. Cette alliance amorce aussi mon amitié avec Johann Rupert, le patron sud-africain du groupe Richemont, propriétaire de Nethold. Un poids lourd, Rupert, littéralement, au physique de troisième ligne de rugby, Afrikaner à l'accent à couper au couteau, qui observe son interlocuteur tel le buffle, regard à la fois perçant et impavide. D'aucuns persiflent que sa proximité avec Mandela a avant tout relevé de l'opportunisme, on ne lui retirera pas qu'il a été l'un des premiers entrepreneurs sud-africains à placer des Noirs à des postes à responsabilités. Faussement rogue, il se révèle entre deux bouffées de blonde un conteur hors pair, qui régale l'auditoire d'anecdotes, et dans la négociation, le buffle s'avère plutôt antilope, vif, (re)bondissant, élégant.

Il a ainsi tout de suite compris la complémentarité entre Canal et Nethold, mais, surtout, le propriétaire du troisième groupe mondial de luxe (derrière LVMH et PPR) s'est sincèrement intéressé au projet industriel qu'on lui présentait, il a pris le temps de nous écouter,

Thoulouze et moi et de nous faire détailler nos intentions. Du contenu à la stratégie marketing, de la ligne éditoriale à l'élaboration du futur décodeur. Dans la phase de finalisation, il nous recevra chez lui, dans sa somptueuse ferme de la banlieue du Cap, à l'orée de la forêt sud-africaine, et à Stellenbosch, le petit village où se trouve le siège de l'entreprise familiale (Rupert est l'héritier de la deuxième fortune du pays), on rencontrera ses parents, dans cette ville quasi batave qui raconte tout de l'histoire rude et vraiment bicolore de l'Afrique du Sud.

Rupert fait corps avec son groupe : il fume des cigarettes de marques détenues par Richemont, qu'il allume avec des briquets Dupont, autre marque maison, il porte des montres Cartier (*idem*), il chasse avec des fusils James Purdey & Sons (*idem*). Il n'est pas sans me rappeler Francis Bouygues et ses costumes anthracite le long desquels courait, si l'on observait de près, FRANCIS BOUYGUES, brodé le long d'une fine rayure.

Aussi étonnant que cela puisse paraître, Bouygues père est le Français qui me semble avoir été le plus proche, dans sa personnalité, des Goldwyn, Mayer, Warner, ces bâtisseurs d'Hollywood. Des hommes un brin frustes, brutaux, instinctifs, aventureux, sans peur, que ce soit du risque ou du ridicule. Il a l'image d'un bétonneur, d'un rouleau compresseur, mais Francis Bouygues était aussi un passionné de cinéma, et ce qu'il a fait pour le septième art en l'espace de trois ans, de 1990 à sa mort en 1993, est proprement faramineux. *Via* le producteur Pierre Edelman, il a soutenu Lynch, Almodóvar, Bertolucci, Jane Campion… des figures du cinéma d'auteur aux antipodes des *blockbusters* auxquels on l'associerait spontanément. Bouygues aurait pu avoir ce geste qu'eut

Steve Ross, patron de Time Warner, en 1989 à l'Opéra-Bastille : on fêtait alors le 200e anniversaire de la Révolution française, tout le gratin politico-culturel était invité dans une ambiance culs pincés comme il se doit. Pour ma part, j'accompagne Catherine Deneuve, invitée de Pierre Bergé. Et voilà que j'aperçois Steve Ross, qui a belle allure, genre Cary Grant, mince, lunettes en écaille. Au revers de son costume, il a épinglé... un pin's de Batman. On est à six mois de la sortie du premier film de la série – production Time Warner, bien sûr : il en a plein les poches, en distribuera tous azimuts. En clair : le big boss Ross joue les hommes-sandwiches, les VRP de sa boîte.

Rupert Murdoch aussi relève de ces patrons chevillés à leurs groupes dont ils connaissent les moindres arcanes et frémissements. Oui mais voilà, d'un Rupert à l'autre, la réputation n'est pas la même.

Murdoch est perçu comme un prédateur, en particulier en France. Patron de News Corporation, le cinquième groupe de communication mondial qui coiffe huit cents sociétés présentes dans cinquante-deux pays, sur quatre continents, il a la réputation de n'avoir que son propre intérêt pour boussole. Quitte à ne pas tenir parole, quitte à piétiner les législations nationales et les réglementations communautaires, et ne parlons pas des conventions syndicales. Et encore moins, on l'a vu depuis, la vie privée et la dignité des individus. Pas de manières donc, ni de principes. Rappelons qu'il a commencé son règne en Grande-Bretagne en rachetant le *Times* et en licenciant cinq mille employés du syndicat du livre au terme d'un coup de force ultralibéral à la Margaret Thatcher... Ce qui lui a permis de moderniser et de sauver l'économie de la presse. Et Murdoch est capable de tous les grands écarts, comme en témoigne sa chaîne Fox, à laquelle on doit *Les Simpson* et *South Park*, et qui s'est muée en tribune des Tea Parties ultraconservateurs. Mais avant cela, Murdoch avait soutenu les Bush père et fils, et tour à tour Margaret Thatcher et Tony Blair… De quoi justifier l'a priori que faire affaire avec lui revient à se jeter dans la gueule du loup. Un épouvantail, l'homme de Melbourne, que Ted Turner, le fondateur de CNN, a qualifié d'« homme le plus dangereux du monde » – les propos dignes de rescapés-qui-ont-vu-la-mort-de-près abondent à propos de Murdoch.

Octogénaire, Murdoch reste un requin aux mâchoires implacables. L'épisode de la fermeture subite du quotidien *News of the World*, en juillet dernier, a prouvé qu'il peut même décapiter les siens, du jour au lendemain… *News of the World* avait 168 ans d'âge, était à sa manière une institution. Mais le scandale provoqué par la mise en lumière des pratiques en cours à *News of the World* pourrait aussi sonner le glas du système Murdoch.

De fait, nous nous en sommes toujours méfiés, tout en étant entrés en contact avec lui dès les débuts de Canal, envisageant une coopération technologique, diffusant en exclusivité son programme pour enfants Fox Kids sur Canalsatellite, concluant avec lui des accords de programmes et de films. Et la chaîne allemande Vox nous a un temps réunis. On s'est écharpés en revanche sur l'Italie, où il voulait s'implanter. Ce qui ne nous a pas empêchés de reprendre langue, et régulièrement, Murdoch m'appelait, pour proposer telle ou telle association. *Business is business*, et ignorer Murdoch quand on travaille dans l'*entertainment*, reviendrait à faire l'autruche, avec du sable jusqu'aux omoplates.

Oui, Murdoch est bien tout cela. Un conservateur, un forban, sans scrupule et dangereux si on lui laisse trop de pouvoir, mais il reste un passionné de contenus, dont l'avis et les initiatives sont à surveiller. Aujourd'hui encore, le propriétaire du *Wall Street Journal*, du *New York Post*, du *Times* de Londres ou encore du *Sun*, continue de suivre tous les journaux, les siens comme ceux des autres, et au conseil d'administration de News Corp siègent entre autres des fabricants de papier nordiques, qui lui donneront le meilleur prix... Même s'il a tout compris à la télévision, Murdoch reste un fervent partisan de la presse comme le prouvent ses récents mouvements sur le Net, à commencer par *The Daily*, le quotidien numérique exclusivement conçu pour les utilisateurs de l'iPad, qu'il a lancé en février 2011. *The Daily*, c'est cent pages quotidiennes (outre d'éventuelles informations urgentes), une centaine d'employés, des vidéos exclusives, des animations interactives, des possibilités de partage avec Facebook et Twitter. Sachant que *The Daily* est dépourvu de publicité, et que le coût de fonctionnement hebdomadaire est estimé à 500 000 dollars, le nouveau bébé de Murdoch (dans lequel 30 millions de dollars auraient déjà été investis) doit séduire 500 000 lecteurs chaque semaine pour être à l'équilibre... Outre une sacrée confiance en soi, un pari pareil suppose au bas mot la foi.

En ce début 1999, j'ai par ailleurs la conviction que Murdoch est à un tournant. Qu'à 68 ans, il est en train de négocier un virage non seulement décisif dans sa vie privée, mais dans sa façon de voir les choses, y compris les affaires. Après trente ans de vie commune, il s'est séparé de sa seconde femme Anna pour épouser (dix-sept jours après son divorce !) Wendi Deng, 30 ans, alors vice-présidente de Star TV, chaîne de Hong Kong détenue par News Corp. On le dit fou amoureux de sa belle et brillante Chinoise passée par Yale, au point de ne plus pointer dès l'aube à News Corp, au point de préférer désormais New York à Los Angeles. Une entrevue, en février, a validé à mes yeux la rumeur.

Murdoch en sweat-shirt : si l'habit ne fait pas le moine, tout détail n'est pas anecdotique, surtout dans le milieu très codifié du business. Alors, d'emblée, quand je le vois apparaître à l'hôtel Mercer où il m'a donné rendez-vous, je me dis qu'effectivement, il y a mue chez Murdoch.

Là-dessus, au lieu d'embrayer immédiatement sur le business comme il en a l'habitude, le voilà qui me dit avoir rencontré la veille un de mes amis, le galeriste Louis Meisel, auquel j'achète régulièrement des tableaux de peintres hyperréalistes américains. Et dans les jours prochains, à Paris, il a rendez-vous avec le designer Christian Liaigre : « Vous le connaissez, je crois, il m'a dit que vous lui aviez commandé une bibliothèque. » J'en reste pantois, d'avoir soudain des points d'intérêt communs autres que commerciaux avec Murdoch le moloch. Alors bon, il en arrive au fait, à la raison pour laquelle il a souhaité ce rendez-vous : « Que penseriez-vous d'une fusion BskyB-Canal ? L'Europe, c'est votre jardin, on pourrait se mettre à égalité, et vous mettriez un pied en Angleterre. Réfléchissez-y, et si vous voulez, on en reparle à Paris mardi. » Mais c'est sur une note très personnelle, ni plus ni moins existentielle, qu'on se sépare, avec Murdoch qui me demande soudain des nouvelles de Rousselet puis de Leo Kirch, à chaque fois avec les mêmes questions, et le même commentaire : « Il a quel âge, maintenant ? Il est en forme ? Il est plus vieux que moi... » Préoccupé par l'horloge qui tourne, et soucieux de ce qu'il va faire au plan personnel du temps qu'il lui reste, tel m'apparaît Rupert Murdoch ce jour-là. Moins obnubilé par le deal que par l'avenir avec Wendi.

L'incompréhension totale qu'il manifestera un mois plus tard face à la bronca suscitée par l'annonce d'une simple discussion sur l'idée d'une fusion BskyB-Canal, confortera ces impressions.

Difficile de dire exactement d'où est venue la fuite, vu le nombre de personnes (cadres de Canal et de News Corp, avocats, conseillers...) qu'ont mobilisé entre-temps deux grandes réunions préparatoires, à Paris puis à New York. Toujours est-il que le 23 février, au lendemain de notre rendez-vous new-yorkais, le *Wall Street Journal* fait brièvement écho de discussions entre Canal et News Corp. Rumeur évidemment reprise dans la seconde par *Les Echos*, *Le Monde* et *Le Figaro*. Et le 26 février, Jérôme Seydoux la confirme, au cours d'une assemblée générale de Pathé : deuxième actionnaire de Sky, il n'a manifestement pas apprécié de ne pas avoir été consulté. Il en profite pour souligner son scepticisme quant à la viabilité du projet, parle d'« obstacles considérables », avance que Murdoch ne voudra jamais renoncer au contrôle, que cela posera des problèmes auprès des autorités françaises comme européennes.

Dès lors, c'est comme si le loup était entré dans la bergerie. Journalistes, professionnels de la télé et du cinéma, politiques : la France de l'exception culturelle est soudain vent debout, tempête que Canal est en train de se vendre à l'ennemi. Alors même que nous en sommes à peine aux préliminaires, que la fusion ne dépasse pas l'état pré-embryonnaire. J'ai beau expliquer dans une longue interview à *Libération* que « nous ne discutons pas d'une fusion avec le groupe Murdoch mais avec BSkyB et uniquement sur la télé à péage », sachant que « s'entendre avec lui, c'est aussi le contenir », rien n'y fait. L'acmé en sera une intervention de la ministre de la Culture Catherine Trautmann, le 2 mars à l'Assemblée nationale. J'avais tâché de rassurer cette laborieuse, d'une méconnaissance affligeante, quand elle m'avait téléphoné quelques jours plus tôt. A l'évidence en vain. A l'Assemblée, Trautmann se prend pour Churchill. « Monsieur Murdoch prône un univers audiovisuel et cinématographique où la régulation publique et la souveraineté culturelle européenne n'ont aucune place. (...) Les dirigeants de Canal+ doivent savoir que le gouvernement examinera avec la plus grande vigilance un éventuel rapprochement quelle qu'en soit la forme avec le groupe Murdoch. (...) Soyez assurés que le gouvernement veillera à ce que les autorités régulatrices compétentes, européennes et nationales, se saisissent de cette affaire le moment venu. Pour finir, je crois nécessaire de rappeler que la position de Canal+ en France est indissociable du maintien de ses devoirs spécifiques vis-à-vis de la production cinématographique. »

Rupert Murdoch, que j'avais informé de la levée de boucliers que suscitait notre projet en France, n'en avait pas réalisé l'ampleur. Alors que sa volonté de conclure avec nous troublait jusqu'à ses équipes qui percevaient bien un changement de personnalité chez leur leader, lui commençait par nous soupçonner, à l'inverse, de vouloir faire marche arrière, de prendre cette agitation pour prétexte. Mais cette fois, lors du discours de Trautmann, il est devant le poste de télévision, à nos côtés : certains que l'affaire ferait l'objet d'une question au gouvernement, nous avions convié Murdoch à la regarder – la traduction simultanée étant assurée par Tarak Ben Ammar, le producteur et homme d'affaires tunisien, à l'occasion go-between de Murdoch.

Pourquoi tant de haine, alors qu'après tout, la France a déroulé le tapis à Disney, pour son installation à Marne-la-Vallée ? Si Rupert Murdoch est habitué à déclencher les foudres, cette salve le laisse perplexe. Et c'est sans problème qu'il admet qu'il n'y a d'autre solution que s'en tenir là, et qu'il faut le signifier par un communiqué officiel. « OK, mais à condition qu'on se laisse un mois pour communiquer, informer, retourner l'opinion. Et dans un mois, on reprend. » L'ultralibéral rejoint là l'avis que m'avait donné, au plus chaud de l'affaire et à ma demande, Dominique Strauss-Kahn, alors ministre de l'Economie et des Finances : à mon plaidoyer en faveur d'un grand groupe de médias international, DSK avait répondu, prémonitoire : « C'est un coup magnifique, mais vous ne l'avez pas assez préparé politiquement, vous n'avez pas fait assez d'explications de gravures, ça va exploser. » Canal ne remettra pas le couvert avec Murdoch, du moins en France.

Lors de sa fameuse intervention à l'Assemblée, Catherine Trautmann avait aussi reproché ceci : « Je rappelle que, au moment où il était question d'une alliance en Italie, Monsieur Pierre Lescure dénonçait avec force la "pieuvre Murdoch" et sa "culture du monopole". » C'est vrai et certains en ont conclu à un opportunisme bien pratique, sur le principe, « Faites ce que je dis, pas ce que je fais ». Je répondrai que je n'ai certes rien d'une rosière mais, aussi, que 1/ les choses et la donne changent très vite, en particulier dans le paysage audiovisuel de ces années 1990-2000 ; 2/ à mes yeux, préserver l'exception culturelle française ne passe pas par la frilosité, ni par l'appréhension. Le groupe Canal aujourd'hui, c'est entendu, se porte bien, n'est pas lesté par les dettes. Mais Telepiù a été revendue pour un franc symbolique, et le temps de l'investissement est manifestement révolu, dans un contexte de marchés très occupés, où il est difficile de faire sa place. Le Brésil exporte, les pays de l'Est et la Chine investissent, leurs productions voyagent de plus en plus en prenant exemple sur le modèle américain, la France est attentiste[1].

Le paysage audiovisuel français aujourd'hui ? Le groupe TF1 n'est pas flambard même s'il reste par sa taille considérable. France Télévisions cherche sa nouvelle voie, M6, très bien géré, est plus allemand que français, avec pour principal actionnaire RTL Group, filiale du groupe de médias allemand Bertelsmann. Endemol est italo-hollandais. Seuls exemples probants, Pathé et UGC, qui sont solides et rigoureusement dirigés, mais seulement actifs dans le cinéma.

Et encore, nous ne sommes qu'aux prémices d'une révolution majeure, qui est en train de rebattre profondément les cartes du PAF : avec la TNT gratuite, la

1. Lire *Mainstream* (Flammarion), analyse extrêmement éclairante de Frédéric Martel sur les nouveaux équilibres du marché international de la télévision.

France expérimente un mouvement en cours dans le reste de l'Europe depuis plus de vingt ans. Pour le spectateur, c'est le jackpot : quinze nouvelles chaînes, sans débourser un kopeck. Pour les chaînes dominantes, en revanche, c'en est clairement fini du matelas d'audience sur lequel elles pouvaient tranquillement compter, entre 20 et 30 %. Le câble est désormais en mesure de concurrencer les mammouths que sont TF1 et France Télévisions, et bien sûr des chaînes payantes comme Canal. La qualité n'est pas forcément au rendez-vous, mais même deux types qui se parlent en tête à tête sur un fond blanc, ce peut être de la télévision. Et les mammouths pourront déployer tous les efforts possibles, jamais leurs chaînes ne retrouveront leur domination, leur monopole initial. La fragmentation de l'audimat est irrémédiable, l'ère de la télévision-poule aux œufs d'or des cinquante dernières années est bel et bien révolue. Et que dire du choc de la télé-connectée qui débarquera dès 2014…

Même Dominique Baudis, qui a largement œuvré en faveur de la TNT en tant que président du CSA, n'avait sans doute pas anticipé pareille lame de fond et ses dommages collatéraux. Seule solution, changer de modèle économique, là encore… La distribution des programmes et les nouvelles technologies sont des pistes évidentes.

Un type me semble se démarquer : Luc Besson, avec sa société de production et de distribution cinématographique EuropaCorp. Il y a dans sa démarche un souffle entrepreunerial qui me plaît. En France, Besson irrite. Il n'est pas du petit monde qui reste entre soi, on l'accuse de faire du « grand spectacle » (forcément critiquable, donc), et de concentrer les activités (reproche que j'ai aussi essuyé à Canal), d'ériger un petit empire à lui tout seul : Citizen Besson. Luc Besson n'est peut-être pas irréprochable, et ses productions pas du goût de tout le monde. Mais Besson au moins bouge, imagine, tente, et va voir ailleurs, il se tient au courant, en éveil. L'ensemble du cinéma français a tout intérêt à ce qu'il réussisse son pari des studios de Saint-Denis.

ALEX BERGER
Producteur et concepteur de contenus médias, directeur délégué et conseiller spécial auprès de Pierre Lescure de 1994 à 1998, également patron de CanalNumedia et codirigeant de VivendiNet jusqu'à septembre 2000

J'ai commencé à entendre parler de Pierre à RMC, par mon copain Alain Chabat. Je travaillais alors à TMC (Télé Monte-Carlo), que j'avais intégrée un peu par hasard suite à des études aux Etats-Unis : j'étais stagiaire quand soudain la princesse Grace de Monaco s'est tuée dans un accident de voiture. En raison de mon bilinguisme (je suis franco-américain), on m'avait *ex abrupto* confié la coordination de la couverture de cet événement en Mondiovision. De fil en aiguille, je me suis retrouvé, à 21 ans, rédacteur en chef du « Minijournal » de RMC-TMC (TMC avait son siège dans les locaux de RMC). C'est comme ça, dans les couloirs de RMC, que je me suis lié à Alain Chabat.

Lescure est à l'époque responsable de l'antenne, je le connais de nom, et de réputation. Son nom traîne dans les conversations : il est jeune, il est dans le groove, il annonce une nouvelle génération, déjà une petite star.

Notre première vraie discussion a lieu quand Canal existe déjà. Je vis alors à Los Angeles, et un jour, de passage à Paris, je rends visite à Chabat et Antoine de Caunes. On croise Pierre, qui me lance : « Alors, il se passe quoi, à LA ? » On a discuté deux heures... Quelque temps après, Antoine et moi, qui étions associés au sein de la société de production NBdC, avons rapatrié notre émission de rock « Rapido » sur Canal, suite à une embrouille avec TF1. Nous voilà à Canal, où on s'éclate.

On est au début des années 90, Michel Thoulouze met en place une véritable usine à émissions pour les chaînes câblées, notamment sur Canal Jimmy où je produis « Le Meilleur du pire », et il me demande de plus en plus souvent mon avis : je deviens son conseiller, on a l'idée de Voilà !, chaîne de luxe et de savoir-vivre à la française. Lescure suit ça de très près, toujours ouvert, toujours partant.

Et puis Rousselet claque la porte. Un départ que Pierre est incapable d'avoir voulu et *a fortiori* téléguidé : trop intuitif, trop impulsif, trop sentimental. Il s'est d'ailleurs retrouvé perdu, ne sachant littéralement plus où il en était, s'il fallait partir ou continuer. Quand je suis devenu son conseiller, en 1994, il allait très mal.

Il était comme paralysé, atone, absent – littéralement et psychologiquement. Je l'ai fait parler, je l'ai écouté, le jour et souvent la nuit, et je lui ai dit, « Il va falloir que tu assures, que tu sortes de cette torpeur, tu es PDG de Canal maintenant ». Surtout, je l'ai convaincu qu'il en avait les compétences, et que celles qui pourraient manquer, on les trouverait.

C'est alors qu'intervient ce que j'appelle « l'effet *Vanity Fair* ». Une fois par an, le magazine américain consacre sa couverture aux personnalités les plus influentes de l'establishment des médias et établit une sorte de tableau d'honneur intitulé « Vanity Fair 100 ». J'ai dit à Pierre, « Notre stratégie tiens là-dedans : d'ici cinq ans maximum, Canal et toi devrez figurer dans le Vanity Fair 100 ». Il s'agissait de trouver un sens, une voie, une stratégie qui fasse non seulement écho à Canal mais à l'histoire personnelle de Pierre. C'était symbolique, mais ça voulait dire faire partie des acteurs majeurs du domaine.

Accéder au Vanity Fair 100 passait par l'admission à la Allen&Co Sun Valley Media Conference, ce séminaire qui réunit chaque année en juillet, dans l'Idaho, le gratin du milieu médiatique, technologique et financier. Tous les gros deals du secteur se concluent là. Problème : on ne peut y accéder que sur invitation, par cooptation donc. Etre invité signifiait que l'on comptait. Or le milieu américain de la communication est un biotope extraordinairement fermé, et les Français ont mauvaise réputation auprès des Américains. Une réputation de gens compliqués, rebelles. Canal à cette époque-là a déjà un peu changé la donne, apparaît comme un bon client, qui achète des tas de programmes, qui est fiable. Mais nous ne sommes pas considérés comme un partenaire et il faut aussi lutter contre cette idée répandue outre-Atlantique, qu'en France, tout est politique. Donc, j'ai dit à Pierre, « Il faut qu'on parvienne à ce que tu sois invité à Sun Valley ». Ça supposait devenir un partenaire européen incontournable, leader, s'imposer comme un interlocuteur de poids égal au strict plan des compétences, ça concrétisait le but à atteindre, ça dessinait une stratégie.

Et c'est ce qu'on a fait. Dès 1996 on était, Pierre et moi, invités à la colonie de vacances des moguls des médias qu'est la Sun Valley Conference. La stratégie *Vanity Fair* a payé en trois ans.

Entre 1994 et 2000, je passe une semaine sur deux aux Etats-Unis, à écouter, à discuter, à repérer, à anticiper ce qui va arriver dans les cinq ans à venir. Mon côté américain, juif, aide clairement, ouvre des portes en principe fermées aux Français. S'asseoir à la table de Julia Roberts à l'occasion d'un dîner de gala, c'est facile. Participer aux deals qui suivent, dans une salle adjacente, c'est autre chose. Pierre vient aussi régulièrement aux Etats-Unis : il est l'un des rares *Frenchies* que j'ai vus parvenir à instaurer un vrai truc avec les Américains. Il a un atout majeur : il connaît certains pans de leur culture mieux qu'eux-mêmes, c'est singulier et séduisant. Bientôt, on ne nous a plus parlé pareil ; bientôt, le premier Européen que les Américains appelaient, c'était Pierre Lescure. On avait la carte de membre du club. En matière de contacts, de connaissances et d'analyses de ce qui se passait aux USA, on était des kilomètres au-dessus des autres acteurs en France. C'était mon rôle de garder cette avance.

Ces années-là ont été dingues, du non-stop, tout allait très vite.

Rousselet était un politique et un businessman qui savait comment manager des boîtes. LE Président. A l'image de son bureau en granit, ultradépouillé. Lescure était du côté des saltimbanques, et il a managé Canal, entreprise de communication, comme une rédaction avec son « *gut feeling* » en plus. Sa méthode, c'était : « Donne-moi les faits, analysons les faits, corroborons les faits, décidons à partir des faits... et comment on le sent. » A Canal, très vite, avant même qu'il n'ait un ordinateur, il a mis en place un système à partir des dépêches fournies par les agences de presse : il voulait qu'on soit au fait de ce qui se disait sur Canal, mais aussi de celles relatives à notre environnement. Sachant qu'avant d'arriver, le matin, il avait déjà lu tous les journaux. Une fois à son bureau, il se plongeait dans la revue de presse qui était distribuée à tous. A la fin, elle avait carrément pris les dimensions d'un bottin. Ensuite, tout au long de la journée, il suivait les dépêches.

Résultat, exactement à la manière d'une rédaction, on était tout le temps « pluggés » (mot typique de Lescure), au fait de l'actualité. Il fallait à la fois être au courant et à la source de beaucoup de choses. Etant entendu que tout le monde (le comité de direction) est accessible vingt-quatre heures sur vingt-quatre, sept jours sur sept, et que les vacances, on les passait pas mal ensemble.

C'est à la fois une nécessité, et une envie : le boulot est tellement intéressant, kiffant, on ne se pose même pas la question de savoir si c'est normal. Canal, à cette époque-là, dans les années 90, est un lieu incroyablement stimulant, collaboratif, solidaire. Y entrer, à un moment donné, c'était comme entrer en religion, un fonctionnement à la Apple ou Google. Et Pierre entretient ça, lui qui n'aime jamais tant qu'on lui raconte des histoires, qu'on vienne lui dire, « Tiens, il faut que je te raconte ce qui se passe chez Warner… ». Il est boulimique d'histoires, comme il est boulimique de collections, et tout le monde embraie, devient boulimique, chacun avec ses propres prismes. On n'a jamais assez d'infos, on a toujours besoin de plus, ces territoires sont de toute façon inépuisables.

Du coup, tout va très vite. Les décisions sont prises sur-le-champ, dans le bureau de Pierre, avec à chaque fois toutes les forces en présence, à légitimité égale : les réunions peuvent durer un quart d'heure comme toute la nuit, mais au bout du compte, on arrive à chaque fois à quelque chose de concret. Pierre arbitre. Sachant qu'une fois qu'il a testé, mis à l'épreuve, et décidé de faire confiance, il délègue très facilement.

La réactivité de Canal en a épaté plus d'un. Sur le numérique notamment que personne d'autre en France n'avait vu venir, à commencer par TF1. C'était d'ailleurs source de frictions avec nos actionnaires : ils ne comprenaient pas où on allait, ni de quoi on leur parlait. Je me souviens de conseils d'administration où ils nous regardaient comme des martiens. Ils voulaient entendre Saint-Gobain, on leur parlait Google…

Acquisition de Nethold, et des autres entités Canal+ en Europe, lancement de Canalsatellite, création de Canal Technologies, de StudioCanal, négociations avec les télévisions et les studios américains… Quelle époque ! Tout ça était assez insensé, très rigolo, et euphorisant. Non seulement tous les rêves étaient permis, mais les ambitions de la boîte égalaient nos rêves, qui souvent se concrétisaient. Par exemple, de Greef avait noté qu'il y avait de la fiction française, mais pas de véritables auteurs pour le genre : il a créé Canal Ecriture, un atelier de développement pour former des talents d'écriture.

Aller voir ailleurs : c'est l'une des premières choses qu'on a faites, à Canal. On envoyait systématiquement des gens à tous les marchés audiovisuels, en Angleterre, en Australie, au Canada… Canal a été le premier groupe français à voyager autant. Avant cela, à l'époque des « Enfants du rock », avec Alain de Greef, on prenait déjà part à la convention annuelle du NATPE (National Association of Television Program Executives), qui réunit depuis 1964 la crème du petit écran américain. Objectif : repérer, guigner, acheter avant les autres. Et s'il le fallait, on savait rester un jour de plus ou le week-end entier, pour discuter, prendre des contacts, quand le Français est plutôt du genre « Faut rentrer, j'ai un week-end en famille à Deauville ». Participer à la Sun Valley Media Conference relevait de la même démarche. Et au-delà de l'aspect utilitaire, j'y ai pris plaisir. Aussi triée sur le volet que soit l'assemblée, l'atmosphère qui y règne est tout à fait détendue, les trois journées s'organisant en ateliers le matin, et après-midi libres où chacun se retrouve à sa guise dans les bungalows adjacents, suivis de dîners informels sans plan de table. Au départ engoncé dans la frilosité de celui qui ne veut pas déranger, je me suis vite adapté.

Sun Valley m'a notamment permis d'assister à un cours d'informatique donné par Bill Gates et Andy Grove, le cofondateur d'Intel... En toute affabilité, ce tandem de rêve expliquait aux empotés comme moi comment utiliser les nouvelles technologies – on était en 1996, Internet n'avait pas encore l'évidence incontournable d'aujourd'hui. Je me rappelle de Grove me guidant sur la toute nouvelle version 3.0 du navigateur Internet Explorer...

On a aussi beaucoup lancé de pistes à Sun Valley, notamment avec Sony et son patron d'alors, Nobuyuki Idei. Un sacré pistolet, Idei, petit mais hiératique, qu'on ne soupçonnerait pas d'aimer les Rolling Stones ou de filer dans Tokyo dans son coupé Jaguar. Très drôle, aussi, comme j'ai pu le constater dès notre premier contact. Moi, dans mon anglais à la Maurice Chevalier : « I imagine we have to speak english... » (Je suppose que nous devons parler anglais). Lui, tout sourire et en VF : « Sous les pavés la plage ! » Il avait travaillé pour Sony à Paris et, contrairement à moi, s'y trouvait le fameux mois de mai...

Nobuyuki Idei estimait que nous avions un ennemi commun, Microsoft, qui avançait en pieuvre, tentaculaire, voulant tout contrôler, du début à la fin du processus. J'abondais, avec la conviction que Microsoft courait droit à l'échec : à vouloir tout tenir, Gates jouait les Big Brother quand dans un monde démocratique, l'affaire allait forcément imploser. J'avais en tête le précédent d'IBM, tout aussi omniprésent dans ma jeunesse. Une chose me choquait particulièrement : Gates voulait racheter tous les droits sur l'œuvre de Picasso, pouvoir en contrôler toute image… Soumettre Picasso, faut-il être mégalo.

Mais Gates peut aussi se révéler visionnaire. Je me souviens d'un jour, toujours à Sun Valley, où il a subitement fait irruption dans le bungalow où nous discutions avec Sony. Idei nous faisait la démonstration d'un écran plat tout dernier cri. Gates, cassant, péremptoire : « C'est archaïque, déjà dépassé, tout passera par là [l'ordinateur]. » Il n'avait pas tort… Avec Sony, nous avons alors imaginé une unité de recherche et de développement technologique, un laboratoire commun capable de contrecarrer Microsoft. Le projet a eu le surnom de « plan Lucas Carton », expression d'Idei, d'après le restaurant où s'est tenu l'un de nos rendez-vous. Cela a donné Canal+ Technologies, qui a été revendu dès mon éviction à la société Thomson pour une bouchée de pain… et Thomson l'a vite recédé à Kudelski qui en est devenu n° 1 mondial des décodeurs.

Depuis, Microsoft a stagné et tarde à écrire son prochain chapitre, tandis qu'Apple, beaucoup plus souple, rapide et concentrée sur un nombre d'intérêts ciblés, a gagné en puissance. Oser l'expansion en évitant la dispersion : l'équation n'est de fait pas évidente, et certaines situations ont des airs de Monopoly, ou de roulette : acheter ou pas, relancer ou pas… quand on est plutôt optimiste comme moi et que la concurrence fait rage, on relance. Mais à la différence d'un Gates ou d'un Messier, je ne me suis jamais rêvé en roi du monde. Régenter, tenir des gens à sa botte, agiter son sceptre en croulant sous la couronne : au secours. Ouvrir des brèches en revanche, quelle griserie.

Registres, genres, influences : Canal, d'emblée, a beaucoup brassé. Et si à un moment donné la chaîne a pu représenter une certaine « réussite française », c'est précisément, j'en suis convaincu, parce que nous avons réussi, à notre manière, une intégration. Canal a été une marmite dans laquelle on testait une *world* télévision. Ainsi, au tout premier rang des grandes sources d'inspiration de Canal, je citerais « Saturday Night Live ».

Emission satirique de la chaîne américaine NBC, apparue en 1975, « Saturday Night Live » alias *SNL* pour les intimes, est tout bonnement matricielle, fondatrice, pour moi, pour Alain de Greef, et surtout pour les Nuls. Faruggia et Chabat, qui sont imprégnés de cette partie de la culture américaine et plus spécifiquement new-yorkaise, étaient d'ailleurs heureux comme des gamins quand on leur a fait visiter le studio de *SNL*, près de Rockefeller Plaza. Lorne Michaels, le créateur de l'émission, s'est félicité de ces émules français.

Je dirais que *SNL* a réussi politiquement ce que les Guignols ont réussi avec les marionnettes. Parodies, caricatures, sketches éditorialisés qui attestent leur côté libéraux-côte Ouest : très vite, *SNL* a fait preuve d'un positionnement politique. Ce type d'approche a commencé à émerger au mitan des années 70, à l'initiative des esprits les plus créatifs issus du mouvement hippie et anti-guerre du Vietnam. Simultanément, *SNL* a multiplié les charges contre le système commercial et autres phénomènes de société. Tout ça se doublant d'une écriture extrêmement rigoureuse, d'une qualité de production et d'interprétation exemplaires, qui ont clairement influencé les Nuls. Quand on regarde le Best of de « L'Emission » par exemple, le perfectionnisme dont les Nuls font preuve, jusqu'au moindre élément de décor, est saisissant. Ce professionnalisme fait écho à celui de l'école américaine, de *SNL*.

En France, jusque-là, on avait un côté résolument dilettante : on fait de la parodie, on déconne. La seule exception étant Henri Salvador avec ses émissions spéciales qui faisaient preuve d'une excellence aussi grande que celle qui présidait à ses interprétations d'Elvis. Des fausses pubs aussi bien faites que celles des Nuls (« Toniglandyl », « Cacarel », la « Société Géniale »...), on n'avait jamais vu ça, aussi léché, aussi abouti.

Deux films sont également décisifs dans l'avènement des Nuls : *Kentucky Fried Movie* de John Landis, une pétarade de parodies (pub, film porno, de kung fu, d'espionnage, de mafieux), et surtout, *The Groove Tube*, en français *Faites-le avec le doigt,* de Ken Shapiro, une satire de la télévision américaine. Quand on a constitué l'équipe de base de Canal, on s'est rendu compte que tout le monde, au sein de l'équipe fondatrice, avait vu *The Groove Tube*. Y figure notamment le génial Chevy Chase – qui fait partie des cofondateurs de *SNL*. Le film est principalement constitué de sketches qui critiquent les usages de la société plutôt que la politique, et de fait, les Nuls ont fait assez peu de politique : s'ils en faisaient, c'était de manière indirecte et allusive, ironique, plus qu'une dénonciation frontale, voir « la guerre de le Golfe », où ils se moquent avant tout des premières couvertures hollywoodiennes de la guerre.

Les Nuls ont bel et bien réussi à trouver la version française de *SNL*. En revanche, la VF de David Letterman, Johnny Carson ou aujourd'hui Chris Rock ou Jon

Stewart, reste toujours un Graal. Trouver la perle rare qui ferait la bonne tête de pont. Alain Chabat, le surdoué Chabat, aurait l'étoffe. Mais il n'a jamais été candidat aux maroquins. Jean Dujardin serait une option intéressante mais il est parti dans autre chose. Il est possible aussi que le caractère français ne se prête pas à l'exercice, qui relève de la performance : il exige non seulement de la repartie, de la culture, mais aussi un talent de comédien, et des moyens. Or dans l'Hexagone, on a toujours renâclé à employer les gros moyens à la télévision. Certaines émissions, comme « Salut les terriens » d'Ardisson approchent le genre, mais il manque l'atout comédie. Ardisson reste lui-même et c'est bien. En définitive, seul de Caunes aurait la taille patron pour le rôle.

Pour les Nuls, Canal l'a fait. Les Nuls, c'était en permanence cinq à six personnes mobilisées pour l'écriture, et encore… Les trois quarts des propositions partaient à la poubelle, le reste étant réécrit par les Nuls – quand ça n'était pas eux qui avaient trouvé la vanne. Et il fallait bien ça. Dans une émission d'humour quotidienne, on peut se permettre de ne pas être drôle à chaque fois, en revanche, dans une « hebdomadaire » comme l'était « Les Nuls l'émission », les deux tiers DOIVENT être drôles, sinon c'est le bide. Or tout passe d'abord par l'écriture, comme les Américains l'ont compris depuis l'origine.

J'ai toujours eu une énorme admiration pour les humoristes. Adolescent, j'étais fan absolu de Fernand Raynaud et de Robert Lamoureux, auxquels on ne rendra jamais assez hommage à mes yeux, sans oublier Pierre Doris. Parmi les premiers disques que j'ai achetés, il y a René-Louis Lafforgue, Georges Brassens, Paul Anka, Little

Richard, et Fernand Raynaud et Robert Lamoureux. Fernand Raynaud, c'est un humour absolument phénoménal. *La Plongeuse du Café des sports* : encore aujourd'hui, ça fonctionne. *Idem* de *La Chasse au canard*, de Lamoureux : c'est Coluche, sans politique. D'une modernité stupéfiante. Raymond Devos m'a en revanche toujours laissé froid, trop systématique. Et son public se prenait pour une caste – si t'étais intelligent, t'étais Devos, sinon… Gonflant.

Là-dessus (dans les années 70, donc), arrive le pur génie : le duo Poiret-Serrault. Jean, je l'ai rencontré tard mais nous sommes devenus très amis, et après sa mort, Caroline Cellier m'a rapporté une chose qui m'a ému aux larmes. Il lui avait dit, peu après notre rencontre : « Tu vois, Lescure, je pense qu'on va le voir souvent maintenant. » Jean Poiret alliait l'essence de la dérision parisienne et la folie absolue. Quand dans *Le Dernier Métro*, il est arrêté à la Libération et qu'il sort en robe de chambre, il a ce regard absolument fataliste, somptueux, qui concentre tout cela.

La première fois que je l'ai rencontré, c'était chez Lulu qui tenait alors les fourneaux de l'Assiette, rue du Château, dans le XIVe arrondissement de Paris. J'étais seul, j'attendais Catherine qui revenait de la campagne et qui était comme d'habitude en retard. Lui était avec Caroline Cellier, et mon copain Jean-Yves Bouvier, fameux maître de cérémonie de moult boîtes et restaurants qui officie ces temps-ci au Costes. Précisément, Jean-Yves me dit, « Ben viens avec nous, Pierre ». Ce que je fais, rosissant, notamment face à Caroline Cellier, au charme vénéneux éblouissant qu'on connaît.

Jean m'observe, de ses yeux bleus magnifiques. Et là-dessus, me dit : « Bonjour ! Vous connaissez ma femme, qui travaille surtout en chambre… » J'ai viré rouge tomate. Ma confusion ne lui a pas échappé, je l'ai compris dans son regard. Un regard certes ironique, mais absolument chaleureux, bienveillant. L'absolue distinction.

ALAIN CHABAT

Pierre sait particulièrement bien dealer avec les artistes, avec le bordel que peut être un artiste. Sur « Les Nuls », il nous avait dit, « Hé, les gars, on ne vous demande pas d'être à pleurer de rire sur chaque vanne, si on se souvient d'un truc par jour, c'est super, vous avez rempli votre contrat. Un jour, ce sera pourri, l'autre jour pourri, l'autre jour moyen, et le quatrième fera oublier les autres vu que ce sera super ». Nous, on était des pitbulls, complètement déprimés si chaque vanne ne marchait pas…

Donc : Pierre et de Greef ne nous mettaient aucune pression. Il faut dire qu'on se la mettait tout seuls : quand les mecs te donnent comme ça les clés, te font à ce point confiance, tu n'as qu'une envie, c'est de défoncer le truc, qu'ils soient morts de rire même s'ils n'en demandent pas tant.

C'est Pierre, aussi, qui avait décidé qu'on avait besoin de personnages récurrents. Il a dit : « A un moment donné, vous ne pouvez pas enchaîner prototype sur prototype, vous allez vous épuiser, il faut que vous ayez quelques trucs auxquels vous raccrocher, même si ce n'est pas systématiquement génial. » Heureusement, Bruno Carette adorait faire les personnages, il en a créé plein pour « Nulle Part Ailleurs », et c'est vrai que régulièrement, quand on se sentait épuisés, on pouvait lui suggérer un Mizou-Mizou ou un Jean Meyrand, ça faisait l'effet de bouées.

Il est arrivé que de Greef et Lescure tiquent. On avait par exemple imaginé une vanne sur les otages du Liban, Kaufmann, Carton, Fontaine. Tous les jours au JT d'Antenne 2, il y avait, « Les otages français n'ont toujours pas été libérés ». Nous, on faisait alors le JTN (Journal Télévisé Nul), dans le cadre de « Nulle Part ailleurs » présenté par Philippe Gildas, et on voulait le commencer par « Kiki, Médor, et Poupou n'ont toujours pas été libérés ». Pierre est intervenu : « Y'a des types emprisonnés, des familles mortes d'angoisse… Sur ce coup-là, est-ce qu'on est vraiment marrants, ou juste blessants ? Et après, jusqu'où tu vas ? Le lundi, tu dis j'encule le pape, le mardi, je lui chie dans la bouche, le mercredi… » Le message au fond, c'était, « Tu ne peux pas être en permanence dans le rouge », et vu comme c'était expliqué, on a convenu qu'on pouvait s'en passer.

Mais il est arrivé qu'on garde des vannes qui les faisaient moyennement rire, parce qu'elles nous faisaient, nous, pleurer de rire. La discussion était possible.

Les Nuls, au départ, c'est un mariage forcé, imaginé par Alain de Greef. Bruno et Chantal avaient apporté des cassettes de « Bzzz ! », les sketches qu'ils faisaient à FR3 Marseille, moi j'avais compilé des sketches que j'avais faits dans « 4C+ », l'émission teenage que j'ai animée avec Stéphane Sirkis, je travaillais à ce moment-là avec un groupe qui s'appelait les Zazars. Farrugia était, lui, assistant de PPDA qui faisait à l'époque « Tous en scène » sur Canal.

Notre premier pilote commun ne s'est pas du tout bien passé, ça doit correspondre aux premiers épisodes d'« Objectif Nul ». On se mélange mal, on ne se parle pas vraiment... Ambiance bof. Un jour, je suis chez moi, déprimé, énervé, le téléphone sonne, je n'ai pas envie de décrocher mais je le fais quand même, et je dis d'emblée, « J'espère que c'est important ». Au bout du fil, il y a Pierre, qui dit, « On arrête. On arrête les frais, ça ne fonctionne pas ». Je dis OK, je raccroche, et j'appelle Bruno, on convient de se retrouver avec Chantal dans un café. Et là, d'un seul coup, on se met vraiment à parler, pour la première fois, de l'opportunité qui est en train de s'envoler notamment. Et on se rend compte qu'en réalité, on a beaucoup de trucs, d'envies en commun. Là-dessus, on est retournés voir Pierre : « Quand même, est-ce qu'on peut pas tenter autre chose ? » Et là, Pierre répond, « En fait, c'était un peu l'idée, un truc forcé pour faire péter l'affaire », et plus tard, il m'a dit qu'à ce moment-là, il n'avait plus de cartes, et qu'il avait bluffé, en espérant que ça provoque une espèce d'électrochoc pour faire repartir le projet.

En fait, à partir de 1985, après un départ catastrophique où on a vraiment cru que Canal allait mettre la clé sous la porte, perspective que Rousselet et Lescure nous avaient d'ailleurs annoncée, cette histoire n'a été pour moi qu'une suite d'embellies, de rigolades, de joies et d'expériences. Jusqu'à la mort de Bruno Carette, le 8 décembre 1989.

Ce sont Pierre et Alain qui nous ont remis au boulot, ensuite. Nous, on était zombies. Ça doit d'ailleurs être la période où on a bossé le plus, celle d'« Histoire(s) de la télévision », où on faisait la famille Gilet. Je me souviens que je m'endormais parfois pendant l'enregistrement. En tout cas, c'est vraiment grâce à Pierre et Alain, grâce à cette émission, qu'on a sorti la tête de l'eau.

Après, ça chie au départ de Rousselet, et, surtout, ça chie à l'arrivée de Messier. Même si on reste très protégés, toujours très libres artistiquement : on bénéficie d'une sorte de parapluie de distinction. Et avec Pierre, on continue malgré tout à se voir assez régulièrement.

DOMINIQUE FARRUGIA

Rousselet-Lescure-de Greef : ces trois-là travaillaient vraiment ensemble, et sans le génie des trois, la chaîne n'aurait pas connu le même développement. Pendant la période des Nuls, personne ne nous a jamais mis la pression, on l'avait de nous-mêmes, et aucune censure n'a été exercée. Lescure a de toute façon toujours fait paravent, poussé par la volonté de faire des programmes innovants. Lescure peut être colérique, s'énerver très fort, et il peut aussi être extrêmement buté, mais quand il est convaincu, il fonce. C'est grâce à lui, par exemple, que j'ai pu monter Comédie ! alors que certains lui rappelaient que d'autres s'étaient déjà cassé les dents sur le concept. Lui a répondu, « Mais laissez-lui sa chance, on va regarder comment ça se passe ». Et il est toujours resté accessible, même dans les années folles de 1990. On faisait peut-être la queue, mais on le voyait.

Lescure a toujours eu une connaissance aiguë du talent, je me souviens par exemple qu'au début des Nuls, alors que ça démarrait fort, il avait expliqué à Rousselet que ce serait bien de nous donner une prime parce qu'on avait été plutôt méritants et que la chaîne se portait plutôt bien grâce à ça. Lescure savait qu'un chèque en fin d'année, ça ne peut que faire plaisir pour resigner l'année d'après.

X

Échec et coup de théâtre

Les talents que Canal a révélés : c'est l'une de mes plus grandes fiertés relatives à Canal.

Je ne vais pas procéder à une liste fastidieuse mais quiconque souhaiterait s'y coller, parviendrait à ce constat : nombre des animateurs, journalistes, humoristes, concepteurs de programmes, réalisateurs, techniciens, administratifs, de premier plan aujourd'hui, sont passés par Canal. Parce que Canal, à un moment donné, a été immensément attractive, synonyme d'innovation, de modernité, mais aussi de profit. Une boîte où, certes, on souquait ferme, mais où, simultanément, on gagnait bien. Il suffit de questionner les intéressés : hormis le victimaire Guillaume Durand lesté par une croquignolesque « peur bleue », rares sont ceux qui cracheront dans la soupe. La nostalgie prévaudra plutôt. Et j'estime y avoir contribué, forcément.

Je n'ai pas été un « patron » au sens où on l'entend en France – meneur d'hommes à poigne de fer, dominant l'affaire de toute mon assurance. L'appellation « patron », de fait, ne me va pas, avant comme après Rousselet, et quand parfois, par gentillesse ou par flagornerie, on me donne du « président », ça me hérisse plus que ça ne me flatte. Toujours ce goût tricolore pour le titre, même quand l'intéressé n'exerce plus les fonctions correspondantes. Le landerneau politico-économico-médiatique bruisse de « Président » et autre « Monsieur le Ministre » qui n'en sont plus depuis belle lurette, auxquels s'ajoutent ceux dans l'active, quel concert... Outre-Atlantique, les *executives* s'interpellent par leurs prénoms et si « socialiser » fait partie des obligations, le rond de jambe ne dure jamais longtemps.

A Canal, une fois Rousselet parti, j'ai refusé de devenir à mon tour « Président ». J'ai demandé de continuer à être « Pierre », pour tout le monde. Et j'ai préféré à la structure pyramidale jusque-là en place (avec Rousselet en n° 1 et moi en n° 2 auquel réfèrent les différents responsables de services), une organisation « en râteau », sans intermédiaire entre moi et les chefs de service, du coup tous n°s 2. Cacophonie, brouillage hiérarchique ? Il y avait de ça. Mais il me semble que cela responsabilisait les uns et les autres et créait une émulation plutôt saine. Faire cohabiter Thoulouze et de Greef par exemple, qui se regardaient comme chien et chat, était à mes yeux profitable à Canal car ils avaient, chacun dans son domaine, des compétences indéniables.

Cette « méthode » de management n'en était pas une aux yeux des tenants de la doxa, et elle n'était sans doute pas parfaite. Je concède par ailleurs qu'il m'a manqué quelque chose comme 30 % pour être un vrai « président ». J'ai notamment trop suivi les conseils des fameux « communicants » qui disaient, « Cultivez vos points forts » plutôt que « Travaillez vos faiblesses ». J'aurais dû, aussi, faire preuve de plus de rigueur dans le choix et l'organisation des gestionnaires. Remercier plus tôt Michel Thoulouze, par exemple, aurait allégé la facture de Canal en Italie. Et mon duo avec Denis Olivennes s'est soldé sur un bilan mitigé, avec à notre crédit plus de plans sociaux qu'autre chose. Mais Denis avait vraiment commencé à mettre en place avec Universal une coopération franco-américaine, qui n'allait pas de soi loin s'en faut ! Cette dynamique, c'est son truc, et c'est ce qu'il tente de réaliser ces temps-ci chez Lagardère.

Ma non-méthode a néanmoins donné des résultats et le Canal chaudron bouillonnant des années 80-90 agissait en aiguillon quand aujourd'hui il tend à reconduire les recettes éprouvées, à entériner, à consacrer. De toute façon, je me méfie des doxas.

Alors, « patron atypique », aux marottes adulescentes, qui gère ses employés comme une bande de copains, qui goûte l'humour potache, qui fait preuve d'une décontraction pas raccord avec l'establishment français rayé de gris et florentin, rivé à l'énarchie et à la hiérarchie comme d'autres le furent à la monarchie : je sais que j'ai cette réputation, mi-flatteuse mi-moqueuse, qui sous-tend à la fois une certaine originalité et de l'immaturité. Que cet atypisme ait pu être facteur de succès, tant artistique qu'économique, en a irrité plus d'un, comme le galopin dérange le mandarin. D'avoir « réussi » sans être doloriste, sacrificiel, laborieux. En toute légèreté, en somme, ce qui équivaut en ces contrées à un crime de lèse-majesté.

Ces temps-ci, Matthieu Pigasse électrise le landerneau politico-médiatico-économique en banquier piqué de punk, mais cela passe au fond sans problème. Car Pigasse vient du sérail (la maison Lazard, où Jean-Marie Messier a commencé), Pigasse n'est pas un saltimbanque, Pigasse est l'un des leurs et ne fait pas fondamentalement bouger les lignes. Un prisme français perdure, qui privilégie les galons plus que la création, la permanence plus que la découverte, l'honorabilité plus que l'inventivité, la componction plus que la passion.

J'ai aujourd'hui un air de notable souriant, Canal aussi, et j'ai connu la défaite : de quoi affaiblir le ressentiment, mais l'impression de déranger a longtemps perduré. Non sans que j'en tire une certaine satisfaction. D'être resté fidèle à moi-même, à un certain idéal de liberté et oui, pourquoi pas, de légèreté.

On m'a également reproché, dans ma gestion de Canal, de ne pas être allé plus souvent au clash, en particulier vis-à-vis de certains proches. Manque de courage ? Je ne crois pas. Le conflit à mes yeux est potentiellement source de perte de temps et je l'évite au maximum, même pas assez florentin pour en tirer du plaisir, ne serait-ce que celui du triomphe à l'usure. Et puis j'ai la volonté, sans doute idéaliste, voire utopiste, de croire qu'une autre façon de faire du business est possible, qui mêle affinités et performances, amitiés et rentabilité.

Un facilitateur, un accélérateur de particules, voilà ce que je pense, ce que j'espère avoir été à Canal, et plus largement tout au long de ma vie professionnelle. Un type qui a du nez pour repérer les gens et les propositions qui vont marcher, et qui fait en sorte que ces intuitions se concrétisent, sans barguigner, sans craindre l'éventuel échec. Et s'il y a échec ? Soit. L'important est d'avoir au moins essayé, de ne pas avoir renoncé par simple appréhension. A Canal, toutes les tentatives n'ont pas tapé dans le mille, loin de là. Mais à l'inverse, tous les succès dont on peut se prévaloir viennent de là, de cette appétence pour le « ballon d'essai » qu'on partageait, qui nous liait.

Ma méthode était simple : venu du journalisme, j'ai envisagé, voulu, l'équipe de Canal comme une rédaction. Où on commençait par commenter la production du jour précédent, avant de passer à l'actualité immédiate, et à ce qui nous attendait.

Au sein de cette « organisation », si Alex Berger était le « *boy next door* » indispensable, Alain de Greef restait mon interlocuteur privilégié, c'était une évidence pour tous et que j'assumais, que j'assume toujours complètement.

De Greef m'a épaté, m'épate, plus que 99 % des gens que j'ai pu rencontrer. Ça n'a pas été toujours évident, tant il est taiseux, tant il faut aller le chercher pour établir un vrai contact. Certains ont pu passer vingt minutes dans son bureau sans qu'il décroche un mot. Au tout début de Canal, il m'arrivait d'ailleurs de lui faire des sortes de scènes, de l'interpeller : « Putain, ça ne te viendrait pas à l'idée de me proposer de dîner ? ! » Sachant que pour dîner avec lui, mieux valait être en forme, en avoir sous la semelle, être capable de faire la conversation quasiment seul… Ça ne l'empêchait pas d'aimer faire la fête.

De Greef : une très belle gueule au regard brun insondable et à la voix profonde, subtilement chic, qui fume à l'époque où je le rencontre quatre paquets par jour, qui picole, qui sourit, qui aime rire. Sans illusion sur le genre humain quand je peux m'enflammer en un quart de tour, il n'est pas misanthrope pour autant comme le confirment ses talents d'hôte, notoires. Hormis la cigarette et l'alcool, il a conservé tout ça, tout en devenant Dieu merci plus loquace.

De Greef sait lire dans tout ce que je dis, il sent quand je ne vais pas bien, il sait quand je brode et quand je dis vrai, il me connaît par cœur. Je reste à l'origine de 99 % de nos contacts, mais il me répond toujours, et me pressent toujours aussi vite.

C'est une évidence, de Greef a été décisif dans l'ADN et le développement de Canal. Silencieux, apparemment dans sa bulle, mais aventureux, curieux, découvreur, intuitif, formateur, d'une attention et d'un instinct phénoménaux. Il possédait la science infuse des programmes. Il fallait le voir, trafiquotant la toute première grille de Canal… Albert Mathieu, chargé de la programmation, venait avec ses légendaires *paper boards* – il en a éclusé des tonnes. En face, de Greef tirait sans discontinuer sur sa clope, lâchait de lapidaires, « Ça, faut le mettre là, ça, là », et il tournait les talons, sans plus d'explications. Et la suite lui donnait raison.

De Greef savait repérer à des kilomètres un talent embryonnaire, et donner à ce talent le temps de se révéler. Le plus bel exemple en a été les Nuls, qu'il a su réunir, pousser, souder. Vertébré, courageux, d'un courage éditorial de kamikaze, de Greef était capable de rendre son tablier s'il jugeait une proposition inintéressante ou déloyale. Impossible de lui imposer quoi que ce soit, fût-ce au nom de la Realpolitik. C'est d'ailleurs ce qu'il a fait, quand Messier s'est immiscé dans Canal : très vite, Alain a jugé que c'en était fait de notre liberté. Je ne l'ai retenu qu'*in extremis*, au nom de l'amitié et pour peu de temps, avant qu'il ne plie définitivement bagage. Il n'y croyait plus tout simplement. Force est de constater qu'il n'avait pas tort.

ALAIN DE GREEF

La plus grande qualité de Lescure est à mes yeux sa tendresse, son affection, sa capacité à être très très attentif aux gens autour de lui, sur chaque aspect de la vie. Il a énormément de tact et quand vous êtes un pote, il fait vraiment attention à vous, c'est très précieux et assez rare.

Lescure est un ami extrêmement fidèle, il faut d'ailleurs qu'il s'accroche avec moi, qui n'appelle jamais. C'est compliqué, il faut dire : moi, je ne fais rien, lui, il a son théâtre, ses émissions de radio, de télé. Il a besoin d'argent, et il a besoin de participer : ça fait partie de sa vie, il a besoin de voir des gens en permanence, je l'ai toujours connu comme ça. À cet égard, je suis le contraire de lui, un sauvage total, j'ai besoin d'être seul le plus souvent possible.

Dans le domaine professionnel, sa sympathie permet de réunir des gens assez facilement, et il est capable de motiver des troupes, il a comme ça une autorité naturelle… Les gens qui croient avoir de l'autorité parce qu'ils gueulent sont des cons, Lescure est tout le contraire de ça, et quand il dit quelque chose, on a tendance à l'écouter. Moi, je contournais ça à ma manière, par exemple quand, la première année des Guignols, il estimait qu'il ne fallait pas faire de politique. Dès que l'émission a été entièrement en direct, on est passés outre, c'était même le but de deux ans de travail et de formation de marionnettistes : faire du direct pour aborder l'actualité politique... Mais je considère que je faisais avec lui comme j'acceptais qu'on fasse avec moi : on peut me désobéir, à condition d'avoir raison.

Canal+ est devenu à un moment donné un truc énorme, considérable, trop je pense compte tenu du management. Pierre avait les idées générales et savait où il voulait aller, mais il aurait eu besoin d'une ou deux personnes capables de l'épauler dans cette espèce de conquête du monde, avec toutes ces boîtes qui avaient été lancées dans tous les sens... C'est exactement ce que montrait ce fameux sketch des Guignols où il m'explique ce qui va se passer à partir d'un fauteuil pour finir dans l'espace...

De toute façon, à partir de la fusion avec Messier, je ne me suis plus senti bien à Canal+. Je n'aimais pas ce groupe, son fonctionnement, j'aurais préféré que les choses soient scindées, avec d'un côté la chaîne et CanalSat, et de l'autre une autre entité qui regroupe le reste. Ce type de structure a entraîné des choses normales pour des entreprises de pareille taille mais auxquelles nous n'étions vraiment pas habitués et qui étaient vraiment loin de notre culture. Je pense notamment au contrôle d'accès à l'entrée, le système de badges. Ce n'est pas grand-chose, mais extrêmement symbolique d'une société qui joue sur la peur, d'une société qui change dans un sens qui, moi, ne m'allait pas du tout. Sans compter que je faisais partie des gens des programmes, qui détestaient ce groupe qui avait mis la main sur leur chaîne et qui allait la prendre de façon beaucoup plus importante.

Quand il est décidé que pour combler une partie du déficit du groupe on va faire des économies sur la chaîne qui elle, gagne énormément d'argent, et que deux cents personnes sont virées alors qu'elles font gagner cet argent à l'entreprise, c'est sans doute le management moderne, mais moi, ça ne me passe pas la glotte.

J'ai quitté mes fonctions des programmes fin 2000. Je voulais carrément quitter Canal+, mais Pierre m'a demandé de lui faire l'amitié de rester. Je suis donc demeuré membre du directoire et du conseil d'administration, sans attribution de fonction, faisant une réforme d'i-Télé en six mois quand j'aurais pu la faire en trois semaines, des choses comme ça... On n'était pas loin de l'emploi fictif. Je suis finalement parti en septembre 2002. « Viré » avec de belles indems.

Le départ de Lescure a été à la fois magnifique et terrible. Magnifique parce que ça n'est tout de même pas tous les jours que tout un personnel, syndicalistes compris, réclame son patron à cor et à cri. Terrible parce qu'il s'agit en même temps d'un coup de poignard : ça ne pouvait que faire peur à ses futurs hypothétiques employeurs, qui se diraient, « mais ce n'est pas normal ». Dans l'imaginaire d'un con, un soutien comme ça, c'est inimaginable. Or il y en a tout de même beaucoup, des cons...

Pour autant, je ne crois pas que Pierre jurait tant que ça dans l'establishment, et je pense que ça aurait pu fonctionner entre lui et Messier s'il n'y avait eu tant de méfiance entre eux. Messier était peut-être jaloux de l'aura de Pierre mais ne se formalisait pas de sa popularité ni de ses manières de faire. Le problème a été la faillite non avouée de Vivendi : à partir du moment où les dettes dépassent les fonds propres, la boîte doit être déclarée en faillite. Messier a plus ou moins décidé de couper la tête de Lescure pour tenter de sauver la sienne, même si je pense qu'une proposition aurait pu être acceptable, s'ils l'avaient décidée ensemble. Ça aurait pu sortir et Vivendi et Canal+ de ce merdier…

Aujourd'hui, Lescure est blacklisté à Canal+, vu que pour Méheut, Canal n'a eu que deux présidents, Rousselet et lui-même – quand bien même Rousselet est le premier à dire que sans Lescure, il n'y aurait pas eu de Canal+. C'est de la haine totale, il s'agit de le rayer de la carte un peu comme le Parti communiste chinois procédait avec ceux qui n'étaient pas dans la ligne. Vis-à-vis de moi, ils sont un peu plus ouverts, un peu… Tant pis pour eux.

DOMINIQUE FARRUGIA

L'image de dilettante, qu'elle soit accolée à Canal ou à Lescure, ne tient pas une seconde. Aucune émission ne s'est faite à la machine à café et Lescure avait juste une manière différente de travailler, ça voulait dire qu'il avait besoin d'aller voir des films, de humer l'air du temps. À part ça, il bossait, il était là, et si le départ de Rousselet a été un moment compliqué, il a aussi été nommé cette année-là manager de l'année, il a bien assumé la fonction, de manière intelligente et crédible, avec beaucoup d'humilité. Donc, l'image du type qui signe des paraphes en short m'énerve. Même si son côté anticonformiste qui a envie de dire « merde » y a sans doute contribué. Dans le même temps, s'il est de gauche, il est apprécié par des mecs de droite et de l'establishment... Sarkozy l'adore, par exemple, le trouve charmant, intelligent. Je l'ai entendu dire à propos de Lescure : « Il ne votera certainement pas pour moi, mais je l'aime bien. » Le fait que je sois, moi, passé à droite, a déplu à Lescure, mais non, il ne m'en a pas voulu.

Il ne faudrait pas oublier l'immense succès qu'a été cette chaîne dans les années 80, un modèle économique incroyable – les gens acceptent de payer cher pour seulement une chaîne. Et on a créé des choses qui fonctionnent encore aujourd'hui. On a extrêmement travaillé tous ensemble pour être un carrefour important, entre le satellite, le numérique, Internet qui pointait son nez. Après les temps sont devenus plus durs : concurrence qui se durcit, chute du Nasdaq, arrivée de Messier.

ALEX BERGER

Les choses ont commencé à se déliter en 2000, avec Messier. Messier, au départ, était pour nous une bénédiction. Dépourvu d'idées sur la télé, mais des neurones très rapides, qui sait prendre des avis et les synthétiser, pour ensuite les ranger dans son cerveau qui est organisé en dossiers comme un ordinateur avec beaucoup de mémoire vive. Absolument désinhibé et courageux, il avait en outre une démarche de pionnier, se positionnait à l'intersection de nouveaux métiers et de nouvelles technologies, prêt à tout dans un domaine où tout est à faire, où il n'y a pas encore de règles. Et il était l'un des rares, avec Guy Dejouany qui l'avait désigné comme son successeur, à comprendre spontanément de quoi on parlait, quels étaient les enjeux.

Mais bientôt, Messier a arrêté d'écouter, il a cessé de se nourrir de notre savoir-faire, de nos connaissances. Il n'a notamment pas compris qu'il fallait aussi donner beaucoup, en particulier avec les Américains. Savoir être généreux, renvoyer les ascenseurs. On l'a mis à la table de Julia Roberts, et il s'est vu arrivé, il a écouté les sirènes… comme tous les étrangers à Hollywood. Il s'est détourné de Pierre. La fusion AOL-Time Warner, en 2000, l'a sans doute fait disjoncter plus vite que prévu, a décuplé sa frénésie d'acquisition, mais la mégalomanie était de toute façon dans ses gènes.

En 2000, à partir du moment où a été conclue la fusion avec Vivendi, Canal a à mes yeux commencé à se normaliser. Un basculement s'est opéré dans l'équation qui nous gouvernait. Jusque-là, elle s'établissait à 70 % de business, 30 % de politique. On est passé à 30 % de business, 70 % de politique. On a cessé d'innover, de fabriquer de l'actif. Pierre avait d'ailleurs changé sa manière de voir les choses. Une fois la fusion faite, lorsque ensemble nous étions à Hollywood en haut de la tour des studios Universal et que je lui ai posé la question : « Et maintenant, what's next ? », il m'a répondu « Maintenant, on va consolider ». « Consolider », ça n'est pas du Lescure, c'est un mot de businessman. Un mot à la Denis Olivennes (arrivé en juin au poste de directeur général) ou à la Messier. Et les mots inédits se sont multipliés, je ne reconnaissais plus cette bande-son.

En entrant dans Universal, Canal a grandi, mais Canal s'est mis à stagner. Désormais, la moindre décision prenait des heures, tout était ralenti, compliqué. Je me souviens m'être retrouvé un soir en pleurs dans le bureau de Pierre, lui expliquant que ça partait dans tous les sens : « Et maintenant, je fais quoi, pour qui ? »

Jusque-là, tout se monde se protégeait réciproquement. À partir de là, on est passés au chacun pour soi. On est vraiment devenus la World Company. La structure hiérarchique voulue par Olivennes, pyramidale, a accentué le processus. Olivennes avec qui je me suis affronté très vite, dont je n'ai pas supporté le discours technocratique – « les gens sont interchangeables », « les talents, on s'en fout », « les abonnés ne vont pas s'enfuir ». Pierre, pendant ce temps, n'a rien dit, ne m'a pas appelé, ne m'a pas répondu. Sans doute voyait-il en Olivennes l'homme de la situation, et sans doute, aussi, voulait-il être au-dessus de tout ça : il se voyait n° 2 de tout Vivendi Universal, pas seulement à la tête du pôle médias Canal+. Il en avait marre de son job et voulait autre chose. Plus. Ailleurs. Une évolution de carrière en somme. Mais j'estime, et je le lui ai dit, qu'il y a aussi eu une grande part de lâcheté dans son comportement. Qu'il a laissé faire parce qu'il ne voulait pas de cet affrontement-là. Il n'avait pas la bonne focale, n'avait pas toutes les infos, n'avait pas assez analysé la situation.

En septembre 2000, Olivennes me dit : « Tu ne rapportes plus qu'à moi, tu me dis tout ce qui se passe chez Vivendi, ou alors... » Je suis parti. Canal, c'était le village gaulois et à mes yeux il n'y avait désormais plus de potion magique, et il n'y aurait bientôt même plus de village gaulois.

J'ai mis du temps à renouer avec Pierre.

À son éviction, je me suis dit, « Ce n'est pas possible, c'est un cauchemar ; tout ce qu'on a bâti, les actifs, tout est en train de s'effriter ». Son départ a été humiliant pour lui, mais aussi pour nous, une négation de cette aventure incroyable. Pierre a fait des erreurs, tous ses proches l'avaient alerté qu'il ne pourrait pas tenir, donc je ne le considère pas comme une victime. Mais il a payé cher, très cher.

Depuis 2005, on se reparle. Depuis 2008, on est même bons potes. Notre histoire a repris et continue.

ALAIN CHABAT

C'est vraiment au moment de la fusion que je verrai Pierre beaucoup plus soucieux, fatigué, moins enclin à la rigolade, et excité en même temps sur le mode, « y'a vraiment un truc à jouer, au niveau européen ou international ». Il faut dire que Canal, à ce moment-là, est une affaire inouïe, une planche à billets, une success story hallucinante. Un bordel créatif qui produit énormément d'argent : c'est le meilleur des deux mondes, non, tout va bien. Pourquoi, alors, changer ce truc en même temps très fragile, qui tient précisément à des hommes qui font confiance à des Jamel, des Edouard Baer, des Deschiens, des Burosse, des Chabalier ? Je me demande encore comment tout ça a pu s'enrayer…

Dans l'intervalle, on avait vu arriver des mecs un peu bidons qui venaient plus pour faire un coup qu'autre chose, qui arrivaient avec le soi-disant « esprit Canal » en bandoulière, et des pauvres vannes à peine travaillées, comme si ça pouvait suffire. Des types comme ça ont contribué à l'image « enfants gâtés de Canal » qui a circulé à une époque. Mais un noyau dur demeurait, tourné vers l'expérimental, qui faisait à mes yeux la force de Canal. D'ailleurs, les Nuls, à mes yeux, c'était expérimental même si c'est devenu grand public, parce que, coup de bol, des gens étaient prêts pour ça. A la base, pour nous, ça pouvait aussi bien rester pour une niche de crétins, un noyau d'imbéciles, on a vraiment été surpris de se rendre compte qu'on était beaucoup plus de crétins, de ricaneurs, que prévu.

Le jour où Pierre a été débarqué, j'étais évidemment là, on avait fait un « Burger Quizz spécial », avec tout Canal dans le public… Un truc super triste, voilà le souvenir que j'en garde. Je ne sais pas trop comment il a vécu son éviction de Canal, il ne s'est pas épanché. Mais je me dis que ça a dû être extrêmement violent, forcément. Ce qui lui est arrivé est l'œuvre d'abrutis cosmiques et n'était pas mérité. Pierre a non seulement contribué à créer la chaîne, mais à la faire évoluer, avec une vraie exigence. Dix-huit ans comme ça, en gardant cette ligne, c'est énorme, ça n'aurait jamais dû finir comme ça.

LAURENT CHALUMEAU

Sans doute qu'à un moment donné, l'air a dû pour Lescure se raréfier, et il a dû être un peu enivré par l'oxygène concentré. On a tous des périodes comme ça, surtout dans ces métiers où on se retrouve au volant de voitures trop rapides et que sans s'en apercevoir, on dépasse la limitation et on rate l'embranchement ; du coup, après, pour retrouver la bonne direction, il faut attendre la prochaine bretelle, ça peut prendre du temps… J'ai l'impression que Lescure, à partir du départ de Rousselet, s'est retrouvé dans ce genre de situation : il ne pouvait pas dire

« Non, c'est trop gros, je vais pas savoir faire », d'une part parce qu'il est plutôt du genre partant, d'autre part parce que c'est vrai, il n'y avait pas de raison, en plus Canal avait le vent dans le dos. Et il s'est retrouvé avec un projet global, village mondial, tout ça. Constamment par monts et par vaux, il a changé de fréquentations, a commencé à côtoyer les grands de ce monde, des crapules fachos comme Murdoch... Le choix n'était pas immense. Soit il se disait, « Ces mecs sont vraiment trop cons, qu'est-ce que je fais avec ces nazes », mais alors se réveiller le lendemain matin et y retourner aurait été coton, soit il s'efforçait de leur trouver des qualités, se raccrochait au fait que tel mec avait « une vision ». C'était un peu de la méthode Coué. À cette époque-là, il s'est d'ailleurs empâté, comme s'il prenait le physique de la fonction.

Il était malheureux comme les pierres, il jouait à cache-cache avec la dépression, j'imagine qu'il avait aussi le complexe de l'imposteur, du genre, « Est-ce qu'avec mon passé, ma généalogie, j'ai quoi que ce soit à faire avec ces mecs ? ». Ce qui le sauve, et qui le sauvera toujours même si ça lui complique l'existence, c'est qu'il a oublié d'être con : il est souvent sa première dupe, mais ça ne dure pas. Il a joué au mogul comme Marie-Antoinette jouait à la bergère.

Alors, est-ce que tout était génial dans son projet, est-ce qu'il n'aurait pas fallu en rabattre ? Je ne suis pas en mesure de juger. Mais je reste persuadé que sans la malveillance de caste de l'environnement, il aurait pu très bien continuer. À mes yeux, les qualités de grand manageur, de grand timonier, qui lui faisaient défaut, étaient compensées par des qualités d'ami des arts et des lettres, de goinfre de culture, d'agitateur culturel, d'accélérateur de particules, pour le coup rarement aussi bien réunies chez ces grands capitaines d'industrie que le monde nous envie. Lescure, malgré toutes ses insuffisances, présentait des positions suffisamment originales pour faire évoluer la boîte. Or ce qu'on entend » c'est : « Lescure n'était pas un gestionnaire, il ne respectait pas son agenda », etc. : les objections sont plus de forme que de fond, voilà ce que j'observe. Rares sont les mecs qui disent, « De toute façon, son truc, ça ne pouvait pas marcher parce que tatati tatata ». Du coup, j'ai envie de dire, « C'est un peu court, jeune homme ». Si on reproche juste à Lescure de s'être mouché dans la nappe... Certains pointent une incurie budgétaire, gestionnaire. Mais à quel moment arrête-t-on les comptes ? C'est sûr que si on chope le mec au milieu du gué, il risque d'avoir de l'eau dans ses bottes.

Il voit venir Messier, mais pour lui de toute façon, l'important est de faire des choses. Il se dit : « C'est le scorpion qui monte sur mon dos, mais il ne va pas me piquer. » Il n'a pas été du tout épaté, certainement pas, mais il s'est persuadé que Messier avait des qualités, il s'est trouvé des raisons de cohabiter, il a fait des efforts. Lescure a l'échine adroite, mais pas souple. En trente ans, je ne l'ai pas vu une seule fois pavillon baissé, ou en dégustation de sombrero avérée.

Il n'a pas vu le coup venir, et ça l'a laissé incrédule, foudroyé. Il s'est dit, « Jamais ils ne vont faire ça, ça n'a pas de sens économique, ils vont perdre de l'oseille ».

SYLVIE RUGGIERI

Le plus impressionnant chez Pierre, à mes yeux, est son autorité naturelle. Il a l'air cool, il est cool, mais quand il disait « Il faut faire comme ça », tout le monde le faisait. Il n'y a par exemple jamais eu de compte-rendu de réunion : c'était décidé et il n'y avait pas de doute que cela allait être fait, sans qu'il ait été dit qui devait s'en charger, vu que chacun connaissait son rôle. C'est pour cela que je ne supporte pas qu'il puisse être dit que Pierre n'était pas un gestionnaire. Pierre n'est pas un financier, ce n'est pas la même chose. Canal était une entreprise rigoureuse au service de ses abonnés. Pierre était littéralement obsédé par le service et la qualité des programmes, par la nécessité d'en donner à l'abonné « pour son argent ».

Certes, Pierre ne disait pas forcément les choses. Du coup, chacun guettait son regard, l'acquiescement de Pierre, tout le monde voulait séduire Pierre. Tout le monde admirait, adorait Pierre. Et s'il ne s'intéressait pas à vous, ce n'était pas forcément un bannissement, mais vous le viviez mal.

Comme il répugne à la confrontation, en cas de dilemme, il attendra toujours la dernière minute pour décider, le moment où il n'aura plus le choix. Dans son schéma, c'est plus facile car la décision s'impose d'elle-même, *in fine, in extremis* : ça lui évite de trancher, et de faire éventuellement du mal à quelqu'un. En somme, une décision de non-décision aboutit à une décision… Et Pierre fait de même avec ses différents poulains, possiblement rivaux. Il gère. Gère son de Greef, gère son Mathieu, gère son Thoulouze... Thoulouze en énervait plus d'un, à commencer par André Rousselet. Quand les pertes en Italie se sont accumulées, il a été conseillé dix mille fois à Pierre de le virer, mais Pierre répondait : « OK, mais alors trouvez-moi quelqu'un d'autre pour faire le boulot... T'as une vision, toi, pour l'international ? »

Pierre avait de l'ambition, une vision, et il savait à sa manière gérer les hommes et les susceptibilités, dans un domaine, la télé, bien particulier, où la créativité va souvent de pair avec des ego forts. C'est une de ses qualités fondamentales, à mes yeux : très protéiforme, il a une capacité d'adaptation phénoménale, à tous les milieux, et il est dans tous les cas impossible à prendre en défaut, que ce soit dans le verbe, dans l'attitude, « l'art de vivre » avec les autres.

Un livre entier serait possible, sur tout ce que Canal a inventé ou a défriché. Si d'autres choisissent de se focaliser sur l'anecdotique et de passer l'essentiel à la trappe, c'est leur choix, et leur problème. C'est probablement une façon de gommer l'extraordinaire révolution qu'a été l'arrivée de Canal. Je trouve cela injuste, non seulement pour Pierre mais pour tous ceux qui ont fait Canal. C'est d'ailleurs la base de mon ressentiment envers Jean-Marie Messier : j'estime qu'il nous a gâché notre histoire. Les gens, souvent, ne retiennent que ça, les deux années Messier, alors que Canal, le vrai Canal, c'est celui d'avant, des années 1984-2000.

C'est au moment de la fusion avec Vivendi que les choses se sont vraiment tendues, qu'on s'est éloignés du bonheur d'origine. On a pu reprocher à Pierre un certain aveuglement, conscient ou pas. Lui seul le sait. On a notamment parlé d'un « rêve américain », d'un fantasme de gosse qui aurait faussé son jugement, mais je ne suis pas convaincue. Son raisonnement se tenait, l'idée que cette fusion était une opportunité pour Canal. On avait acheté Nethold, acquisition qui pesait lourd, sachant qu'en parallèle, les droits de retransmission du foot avaient explosé. Or Messier arrivait comme le type qui est de notre côté à 100 %, qui répond à tout, « Allez-y les petits gars, moi je vous soutiens, de toute façon, on a de l'argent et il faut le dépenser pour peser plus lourd dans la bataille internationale ». Il est notre allié face à Dauzier qui répand dans tout Paris que Lescure n'est pas à la hauteur, qu'il prend des substances, ce genre de choses. Il y a en outre chez Messier quelque chose de l'ordre de l'anti-establishment qui nous plaît bien, il faut le reconnaître. Pour autant, assez vite, Pierre a eu du mal à supporter son manque de culture, et il n'a jamais été dupe de ses flatteries et ses émotions. Mais les problèmes financiers de Canal étaient tels qu'on ne pouvait pas non plus se permettre de dire, « Messier, rentre chez toi[1] ». En revanche, je crois que Pierre a réalisé assez tard, trop tard, le double jeu de Messier, qui devait lui-même se battre pour convaincre ses propres actionnaires de la pertinence de la stratégie de Vivendi.

1. Canal France a toujours été bénéficiaire, mais ses profits ne permettaient plus, loin de là, de pallier les pertes à l'international, celles de l'Italie surtout (note de l'auteur).

FRÉDÉRIQUE LESCURE

Pour intéresser Pierre, je dirais qu'il faut être vif, rapide, et beau, du moins au regard de son esthétique personnelle. Je n'ai jamais vu quelqu'un, surtout un homme, d'aussi attentif aux détails d'une silhouette, d'un visage, d'un vêtement, d'une attitude, il est capable de les restituer dans des commentaires extrêmement précis, qu'ils soient positifs ou négatifs. Il est extrêmement fort en caractérisation, en cela il me rappelle Coluche, qui enregistrait tout d'un coup d'œil et avait ensuite des sortes de fulgurances sur les gens.

Alors, après, il faut suivre… Je me souviens que ses secrétaires à Canal, Claudie puis Pascale, en devenaient dingues. Il pouvait leur donner trente-six ordres en passant du couloir à la porte, et ça allait d'appeler Messier à prévoir du saucisson.

Il faut dire que Canal était devenu un gros bateau, et il fallait que ça fourmille tout en avançant, de haut en bas. C'était pour Pierre beaucoup de pression, d'angoisse, tout en étant vraiment son truc, son élément. Son bureau était généralement grand ouvert, les gens y défilaient comme dans un moulin, que ce soit pour une vraie discussion comme pour une blague. Pierre a de toute façon besoin d'être au milieu, aimé, diverti, et quand il apprécie quelqu'un, il n'y a plus de barrière sociale ou hiérarchique. Et s'il n'est plus l'oiseau de nuit qu'il a été, qui pouvait pousser jusqu'au bout de la nuit avec la bande de Canal, juste pour parler, rigoler, il aime toujours autant voir des gens, échanger, se tenir au courant, apprendre.

Son éviction de Canal a mis Pierre K.-O. Mais il a continué à aller de rendez-vous en rendez-vous, il n'est pas resté prostré à la maison, et s'il a eu un temps quelque chose d'un zombi, il a conservé de la tenue. Le plus dur à digérer a sans doute été le sentiment de s'être fait avoir, auquel se sont ajoutées les fausses rumeurs de parachutes dorés, et la désertion de beaucoup de gens. Pierre s'est soudain retrouvé très seul, situation qu'il n'apprécie pas, absolument pas. Pierre a besoin des autres, vit par et pour les autres.

Les jours suivant mon éviction de Canal, j'ai commencé par beaucoup dormir. Et puis, bien sûr, j'ai « glandé » – livres, déjeuners avec les amis qui le restaient, contacts. Des projets se sont esquissés, j'ai ainsi, avec l'éditeur de musique Gilbert Marouani, monté We Never Sleep, une société de conseil en médias et stratégie européenne basée à Londres car à visées plutôt anglo-saxonnes. Elle a fait long feu. J'ai aussi été plus ou moins sérieusement approché. Par Warner Studios, qui me proposait de devenir le patron pour l'Europe. Mais la perspective de sillonner l'Europe vingt-quatre heures sur vingt-quatre et de rendre en permanence des comptes à Burbank ne m'emballait en rien. Constituer des équipes et les animer, voilà ce qui m'intéresse, mercenaire non merci. J'ai eu le même genre de contacts avec la Fox.

Côté franco-français, je n'ai rien vu venir pendant longtemps. Tout le monde s'attendait sans doute à ce que je me lance dans la production cinématographique. Mais je savais pertinemment que cela supposerait un gros œuvre, une structure financée par des capitaux étrangers :

dans l'Hexagone, le cinéma est alimenté par Canal et TF1. Le soutien de Canal étant exclu pour les raisons énoncées précédemment, celui de TF1 était tout aussi improbable. Le Lay m'attendait plutôt au tournant, sur le mode « Tiens, on va bien voir comment tu vas t'en sortir, maintenant que tu n'as plus le chéquier... ».

Un projet aurait pu me décider à tenter l'aventure à l'extérieur. Celui d'un film sur le Che, qu'avait Steven Soderbergh, avec Benicio Del Toro dans le rôle du Che. Soderbergh m'avait contacté car il avait besoin pour des raisons stratégiques de trouver des capitaux européens : le film devrait se tourner en partie à Cuba or on était encore sous l'ère Bush et les relations américano-cubaines étaient congelées. Une présence européenne pourrait amadouer les autorités castristes. Je dis OK sur le principe. Quelque temps plus tard, Soderbergh m'appelle : « Pierre, il nous arrive un truc extra : Terrence Malick veut être du projet. » Malick, avant de devenir le réalisateur des grandioses *Balade sauvage, Moissons du ciel* et autre *Ligne rouge*, a été professeur de philosophie, et journaliste pour *Newsweek, Life* et le *New Yorker*. Précisément, c'est pour le *New Yorker* qu'il a couvert en 1967 le procès de Régis Debray à La Paz, et le sujet le passionne[1].

Donc, Malick commence à participer au scénario. Puis, au bout d'un moment, il se lance carrément : « Je veux le réaliser. » Enthousiasme de Soderbergh : « C'est trop

1. Rappelons que l'auteur de *Révolution dans la révolution ?*, normalien, militant d'extrême gauche, ami de Castro et compagnon de route du Che, avait été capturé en avril 1967 en Bolivie, où il fut condamné le mois de septembre suivant à trente ans de prison. Il en effectua trois.

beau, bien sûr qu'on va lui dire oui. » Quelques mois plus tard, Malick nous fait parvenir une présentation de son projet. Et là, Soderbergh comme moi déchantons : Malick prévoit que la voix off occupe 80 % du film. 80 % de voix off, fantomatique, alors que le Che est déjà partout, sur les tee-shirts, les posters, les mugs… S'il y a bien une figure qu'on veut voir (ré)incarnée, ravivée en chair et en os, c'est lui !

Alors, Soderbergh et Del Toro ont argumenté, et Malick a finalement cédé, signé le contrat. Mais il s'est rétracté dans les quinze jours suivants, comme il en avait le droit. Soderbergh a décidé de tourner lui-même le film. Mais entre-temps, les relations avec Cuba se sont assouplies : la caution européenne n'était plus nécessaire, Soderbergh n'a plus eu besoin de moi. Soit. Le résultat, sorti en 2008 (deux films, au final, *Che, 1e partie : L'Argentin*, et *Che, 2e partie : Guerilla*), est en tout cas réussi.

J'ai continué à être *in* et *out* pendant un moment. Participant à des tas de trucs, à des conseils d'administration (Thomson, *Le Monde*, Nagra), à des émissions ponctuelles à la radio, à la télévision. Il y eut aussi deux projets de journaux avec les frères François et Jean-Dominique Siegel, fils de Maurice Siegel, fondateur de *VSD* et patrons du groupe GS Presse. Un *picture magazine* pour commencer : reportages très écrits, littéraires, iconographie haut de gamme, lectorat CSP++, quelque chose du type *View*, le magazine allemand. Et puis, évidemment, fantasme récurrent, serpent de mer de la presse hexagonale : une version française de *Vanity Fair*, la Rolls des magazines anglo-saxons. On m'a aussi beaucoup proposé d'investir, à l'évidence par conviction que j'étais parti avec un pactole, au minimum multimillionnaire…

Donc, beaucoup de cogitations et de pistes, qui font pschiiit. Mais ce qui m'a le plus perturbé et le plus manqué pendant toute cette période, c'était de ne plus travailler au long cours au cœur d'une équipe. Je n'avais au fond qu'un souhait : redevenir le n° 2 d'une structure. Or j'étais à l'évidence devenu trop encombrant, ex-patron qui avait été spectaculairement soutenu par ses salariés lors de son éviction : pas forcément rassurant pour un n° 1.

Alors, j'ai navigué plus ou moins à vue. Chroniqueur à « Ça balance à Paris » sur Paris Première, puis animateur de l'émission quand Laurent Ruquier en est parti. Collaborations avec Dominique Farrugia – projet d'une chaîne d'information en continu sur le téléphone mobile[1], et de programmes sur Internet et la TNT, entre autres. Chroniques dans *Studio*, *Le Monde Magazine,* directeur éditorial de quelques numéros de *Choc*...

Problème : je n'arrivais pas à retrouver ne serait-ce que l'embryon du désir, du plaisir connus à Canal. Or j'ai beau avoir arrêté le sport depuis 1967, j'ai toujours fonctionné à l'élan.

« Et si vous repreniez Marigny ? » C'est avec cette proposition de François Pinault que j'ai entrevu la lumière au bout du tunnel. Une marque, un lieu, auxquels il faut redonner vie, pour laquelle il faut retrouver une ligne éditoriale : voilà comment j'ai immédiatement envisagé la fonction de directeur artistique du théâtre Marigny. De la même façon que je l'aurais fait pour un journal, une chaîne de télévision. En l'occurrence, il s'agissait de dépoussiérer l'image, à mon goût trop figée

1. Ce projet a vraiment intéressé SFR et Vivendi, mais Bertrand Méheut y a opposé son veto...

sous la direction de Robert Hossein. De renouer avec une certaine qualité sans basculer dans le snobisme intello-bobo. Le but me semble atteint, en partie au moins, d'*Au revoir parapluie* de James Thierrée à *L'amour, la mort, les fringues* adaptée par Danièle Thompson, de Shakespeare mis en scène en VO par Sam Mendes à *Miam Miam* d'Edouard Baer.

En fait, je cherche depuis mon arrivée à concilier ces deux théâtres que j'ai toujours fréquentés depuis près de soixante ans, le public et le privé. Ils ne sont pas les mêmes mais de la même constellation, et absolument complémentaires. Chacun ses fonctions et ses fonctionnements, mais la vie théâtrale serait incomplète sans l'un ou l'autre. Et dans un lieu historique et symbolique comme Marigny, au pied des Champs-Elysées et en écho au Rond-Point de Jean-Michel Ribes, on doit être un carrefour. Nous partageons cette vision avec François Pinault et ses équipes. Et la ville de Paris a validé cette manière de voir en renouvellement l'année dernière la concession de « son » Marigny à François Pinault pour... trente ans. On va se lancer dans de beaux et grands travaux en 2013 et 2014. Et se remettre au sport, Pinault et moi. Pour tenir trente ans.

KATHERINE PANCOL

Avec Canal, Pierre a un peu changé. Surtout quand il est devenu PDG. Il était moins disponible, plus impatient aussi, irritable quand jusque-là il était la décontraction incarnée. A un moment donné, il a été le roi du pétrole, Canal était devenue une entreprise énorme et tout le monde courtisait Lescure, s'aplatissait même devant lui, c'en était gênant parfois.

Quand il sera viré de Canal en 2002, la plupart de ces « amis » tourneront casaque. Il en fera la cuisante expérience aux Césars et au festival de Cannes, cette année-là. Regards qui se détournent, personne pour lui adresser la parole...

Sans doute que certains lui faisaient payer leur ressentiment : Pierre peut facilement donner l'illusion d'une intimité et ses interlocuteurs en déduire que c'est parti pour une grande amitié, or si ses emballements sont sincères, il peut aussi très vite se désintéresser.

Des gens qui se sont crus proches de Lescure, il y en a eu beaucoup... surtout quand il était à Canal.

Certains l'imaginent roué, moi je le vois au contraire plutôt naïf et un peu gamin.

SYLVIE RUGGIERI

Aujourd'hui, je me demande : comment Pierre est-il exactement ressorti de tout ça ? Mon pire souvenir est sans aucun doute l'assemblée générale au cours de laquelle Messier fait voter à main levée contre lui, alors qu'il lui avait déjà annoncé son licenciement. Quelle violence. Pierre en est forcément sorti meurtri. Mais à quel point, et qu'en dira-t-il ? Il avait encaissé beaucoup de choses, depuis l'arrivée de Messier. Notamment toute cette période pendant laquelle on le disait sur le point d'être viré, remplacé par Cavada par exemple... On a vraiment vécu en schizophrènes, affirmant que tout allait bien en public, complotant entre nous contre Messier, sans savoir que ses actionnaires allaient se charger de le faire partir. On était persuadés qu'il allait s'effondrer, mais on s'est trompés de timing.

Même s'il peut parler pendant des heures et qu'on croit tout savoir de lui, Pierre est un homme fondamentalement tourné vers l'extérieur, le monde, l'autre, et je suis convaincue qu'il est au fond beaucoup plus secret, beaucoup plus subtil, raffiné, et malin, qu'on ne le pense. Il a par exemple toujours réussi à faire exactement ce qu'il voulait, c'est d'ailleurs toujours le cas même si c'est à moindre échelle, en termes de salaire comme de pouvoir. Et je crois que Pierre aura toujours de l'ambition. Mais c'est une ambition « de faire », pas d'être. C'est un homme fier et orgueilleux, pour lui et pour les autres... Un drôle d'animal.

ALAIN CHABAT

J'ai l'impression qu'une période un peu floue a suivi, pendant laquelle je me suis demandé où il allait. Vu son goût pour le cinéma et son sens des artistes, je l'aurais bien vu patron de studio ou d'une structure d'information. Mais avec le théâtre Marigny, il me semble en train de construire un vrai truc, je le sens plus passionné, plus intéressé. Plus heureux, aussi. Ça me fait plaisir.

DOMINIQUE FARRUGIA

Je suis convaincu que si Lescure avait accepté de prendre la tête du conseil de surveillance comme Messier le lui proposait, il serait encore à Canal, et que de ce placard doré, il aurait pu faire des choses, mais bon...

Quand Couture l'a remplacé et qu'il m'a été proposé de prendre la présidence de la chaîne pour ramener la paix sociale, j'en ai parlé à Lescure. Il m'a dit, « Tu devrais essayer... Fais ce que tu as à faire ». Pendant cette période-là, on ne s'est pas vus, c'est compréhensible. De toute façon, notre relation va comme ça : on est capables de reprendre comme si de rien n'était une conversation interrompue il y a six mois. Pierre est un ami qui est fidèle malgré des moments de disparition, ce qui me fait dire qu'il a toujours été là. Quand on sait comment il fonctionne, on sait que s'il ne rappelle pas, ça ne signifie pas nécessairement qu'il n'a pas envie d'appeler. Quand on a l'habitude, quand on a le mode d'emploi, ça ne pose pas problème.

Quand j'ai eu à mon tour quitté Canal, on a pas mal travaillé ensemble, avec Stéphane Courbit. On a vendu des programmes sur la TNT, comme quoi on avait du nez, on a aussi eu le projet d'une chaîne de news sur le mobile. Quand vous avez été maître du monde et que soudain on vous enlève l'échelle, c'est compliqué. Mais s'il a pu m'apparaître déprimé, jamais je ne l'ai senti aigri. Il a toujours conservé sa capacité à s'intéresser, et son envie de s'amuser. C'est un de ses moteurs, qui explique par exemple pourquoi il est parti refaire de l'antenne sur Paris Première alors qu'il n'en avait plus fait depuis des années.

Son arrivée à Marigny m'est apparue comme une décision à la fois plutôt couillue de la part de Pinault, et de lui-même : attaquer, à plus de 60 ans, un nouveau métier. Et la façon dont il procède est tout Lescure. Tout d'un coup, il y a des concerts de rock le lundi à Marigny, des essais comme *L'amour, la mort, les fringues* et des spectacles en anglais surtitré… Il réussit toujours à faire des choses.

LAURENT CHALUMEAU

Le plus dur a été les petites mesquineries du marigot, qui ont duré longtemps, longtemps. Il s'est pris en pleine gueule des trucs vraiment moches. Et à ce moment-là, je peux vous dire qu'on n'était plus très nombreux avec lui sur le banc de touche. Deux ans absolument pourris.

Il a joué à cache-cache avec la dépression. Mais il avait la politesse d'être gai, et sa conversation restait vive et intéressante. Le lamento n'est de toute façon pas son truc.

Pendant ces années de turbulence, j'ai eu l'impression d'être Roger Hanin et Michel Charasse à la fois, toujours en train de le défendre, quel que soit le sujet. Car il y a eu une défaveur, clairement. J'ai personnellement assisté à des scènes assez saisissantes à l'hôtel Costes, où Lescure aime bien passer : dix jours après son *dismissal*, des gens dont il avait fait la fortune passaient devant lui sans s'arrêter… Du Balzac, il suffit juste de changer les noms.

Du temps de sa splendeur, il a certainement dû froisser quelques plumes, en n'étant pas disponible, pas patient, ou en ne les recevant que de guerre lasse, ou en décommandant six fois et avec trois heures de retard. Donc, oui, il y a un certain nombre de déçus du lescurisme.

Pour l'avoir longtemps regardé avec les yeux de Chimène, j'ai mis du temps à comprendre mais voilà : Lescure n'aime que les matches de finale, pas l'entraînement. Donc, il y a plein de gens à qui il a pu dire, « C'est super, on va le faire, c'est génial, on va conquérir le monde, la galaxie », et là-dessus, sincère, il embrassait le mec, lui pinçait la joue. C'est pour ce genre d'instant qu'il se lève le matin. Mais le suivi, l'intendance, ça le fait chier. Alors, il suffit ensuite que des petites mains auxquelles on a confié le dossier repèrent des *technicalities* un peu compliquées et disent à Lescure, « On ne va pas pouvoir faire comme t'avais dit », pour qu'il se désintéresse. Mais le mec avec qui il a fait tope là autour d'une bouteille de vodka à 2 heures du matin dans son bureau, lui, ne retient que la liesse, les trompettes de Jéricho… Las, le lendemain, tout le monde redevient citrouille, Lescure a déjà oublié, et s'il s'en souvient c'est en toute bonne foi, il a vraiment passé un bon moment, il voulait vraiment faire le truc. Il en a planté plein comme ça, sans compter les gens auxquels il devait donner des réponses mais ça le faisait bâiller alors il laissait traîner, ça pourrissait…

Lescure, il ne faut pas oublier qu'il était abonné au flash info, et il est resté sur cette cadence-là : il faut qu'il y ait des dépêches qui tombent, sinon il n'aura rien à lire à l'antenne, et il se fait chier.

Il peut être d'un panache hugolien : « Messieurs les censeurs bonsoir, bon appétit messieurs », claquer les portes avec fracas, quoi qu'il lui en coûte il le fera, pour la beauté du geste. Par contre, s'il doit dire un truc désagréable à quelqu'un, il va avoir dentiste en Australie ce jour-là. Il parle mal anglais, encore plus mal japonais, mais avec le « non », il fait carrément un blocage. On peut aussi se dire que certains, qui étaient en contact avec lui pour le business, auraient dû savoir décoder les signaux : quand on est du sérail, on sait comment ça se passe, et il y a des fins de non-recevoir qui valent un non.

Etonnamment, ce ne sont pas ceux-là les plus vindicatifs, ceux qu'il a plantés. Les plus anti-Lescure, ce sont plutôt des gens qu'il a construits, ou qui se sont construits brique par brique (jeu de mots !) grâce à lui. C'est aussi qu'il s'y prend comme un manche : il a des élans, mais après il a des désamours, des impatiences, des jours avec, des jours sans. Du temps de sa splendeur, il pouvait vraiment être pénible, avec un côté

Louis XIV : « Mon temps est précieux, donc distrayez-moi, je n'ai pas de temps à perdre avec les mauvaises nouvelles ou des propos sur le temps qu'il fait : faut que ce soit marrant, brillant, que ça ait une histoire à raconter au mec que je vais voir juste après. » Ça donnait lieu à une sorte de surenchère, de foire à l'anecdote, à l'histoire drôle.

Mais même quand il me consterne, je me dis qu'un mec qui fait froncer la narine avec autant de dégoût et de commisération à tout le CAC 40, ne peut pas être complètement mauvais. Que si l'antidote à Lescure, c'est le sérieux, la rigueur et la raison gardée de Bébéar et consorts… Pardon !

À part ça, Lescure n'est pas un saint et n'est pas en sucre, et il est clairement flingué dans sa relation à l'argent. Tous ceux que j'ai croisés dans ces métiers, ils sont tous riches. Lui, non. Il est comme un môme incapable de gérer son argent de poche. Il peut acheter compulsivement des monceaux de merde… Il a fait une vente à Sotheby's, mais il pourrait encore en faire quatre. Comme Citizen Kane, il a des caves remplies, avec des piles de Bettie Page, des Mickey articulés qui datent de 1932… Et ça n'est rien de dire qu'il n'en profite guère.

Il ne s'est même pas mis à l'abri du besoin. Car plus encore que le confort, Lescure aime la facilité. Celle de pouvoir, par exemple, appeler un taxi puis laisser poireauter le mec une heure et quart avec le compteur qui tourne, et en arrivant, trouver la presse du jour… Un môme, toujours.

CONCLUSION

Pourquoi ai-je eu tant de mal à laisser ce livre aux mains de notre éditeur, tournant et retournant des bouts de phrase que Sabrina Champenois avait depuis belle lurette ordonnancés ? Pas de grand mystère : ce livre est beaucoup l'histoire d'une vie, la mienne, et à mon âge, alors que je ne sais qu'avancer, il y a quelque chose d'angoissant à figer les soixante et quelques premières années. Et il y a aussi, quand on a été au cœur de tant de mouvements mais pas forcément inventeur soi-même, une vraie réserve au moment de se raconter. Ajouter à cela cette maladie de ne savoir s'y mettre que la minute après l'heure limite.

Et puis, il y a peu, Anna, du haut de ses 13 ans, a terminé vers 2 h 30 du matin la copie qu'elle avait à rendre le lendemain. Des heures qu'elle planchait sur *Au bonheur des dames*. Dans la pièce attenante à son bureau, ça m'a incité « grave » comme ils disent maintenant, à taire mes affres dérisoires.

Et voilà. *In the baba*. Depuis les fifties, j'ai plus souvent gagné que perdu. Mais à l'arrivée, le compte y est.

QUESTIONNAIRE DE PROUST

Votre principal trait de caractère ?
La curiosité.

La qualité que vous préférez chez un homme ?
Que ce soit chez un homme ou une femme, que la personne ait un point de vue.

Ce que vous appréciez le plus chez vos amis ?
Leur caractère unique, à mes yeux.

Votre principal défaut ?
L'immaturité.

Votre préoccupation favorite ?
Vivre.

Votre rêve de bonheur ?
Etre libre.

Quel serait votre plus grand malheur ?
Subir.

Dans quel pays aimeriez-vous vivre ?
L'Italie pour sa beauté, l'Amérique pour son côté américain.

Votre couleur préférée ?
Le bleu.

Vos auteurs préférés ?
Patrick Modiano, Georges Simenon, Dashiell Hammett.

Votre héros de fiction ?
Le mousquetaire Athos, le plus fort, très secret aussi. Et d'une très grande rigueur.

Votre héros dans la vraie vie ?
Elvis Presley.

Vos musiciens préférés ?
Le tandem Jerry Leiber et Mike Stoller, George Gershwin, Cole Porter, Frank Sinatra, Johnny Cash…

Vos artistes favoris hors musique ?
Le designer Raymond Loewy et Edward Hopper.

Ce que vous détestez par-dessus tout ?
Le gâchis.

La faute pour laquelle vous avez le plus d'indulgence ?
Le manque de courage physique.

La réforme que vous admirez le plus ?
Celle instituant la parité homme-femme.

Le don que vous aimeriez avoir ?
L'esprit scientifique.

Questionnaire de Proust

Un regret ?
N'avoir pas plus voyagé, n'avoir pas vu assez de pays ou les avoir vus trop rapidement.

Votre état d'esprit, présentement ?
Mélancolique, comme souvent.

Une devise ?
Mort aux cons.

Comment aimeriez-vous mourir ?
En étant le dernier informé.

REMERCIEMENTS

Elvis Presley, Audrey Hepburn, Michel Platini, Bobby Darin, Pierre Desgraupes, Gibert Musique, Socrate, Hayden, Hélène Berr, Dan Rather, Dean Martin, Leiber & Stoller, Armitage Trail, Alexandre Dumas, Aramis, Athos, D'Artagnan, Dominick Dunne, Talleyrand, Alain Bashung, Jean-Michel Desjeunes, Raoul Walsh, Jorge Semprún, Jean Jaurès, Dashiell Hammett, Raymond Poïvet, Pierre Mendès France, Gutenberg, Kim Novak, Montaigne, Jacques de la librairie « Les yeux fertiles », Nelson Mandela, Billy Wilder, Frank Capra, Pierre Dac, Schopenhauer, Micah P. Hinson, Patrick Modiano, Pierre Lazareff, The Rolling Stones, The Beatles, Marcel Jullian, Mehdi Ben Barka, Abraham Lincoln, Angie Dickinson, Clint Eastwood, François Mitterrand, Jean-Pierre Foucault, Louise Brooks, Emmanuel d'Astier de la Vigerie, Etienne Roda-Gil, Nick Tosches, Jean Vilar, Laurent Terzieff, Francis Blanche, Serge Gainsbourg, André Malraux, Coluche, Louis Armstrong, Lénine, Robespierre, Randy Newman, James Thierrée, Jean-Paul Sartre, Michel Berger, Aragon, Graydon Carter, France Gall,

Franquin, Truman Capote, Phil Spector, Herb Lubalin, Pierre Dumayet, Danièle Thompson, Albert Koski, Pierre Desproges, Raymond Chandler, Bruce Springsteen, Guy Bedos, John Kennedy, Miles Davis, Robert Kennedy, Jacques Dutronc, Jacques Antoine, Michel Moine, Martin Scorsese, Fernand Raynaud, Michel Cogoni, William Golden, Gérard Philipe, Christian Dutoit, Vaclav Havel, Jean-Christophe Averty, Walter Cronkite, Senta Berger, JD Salinger, Georges de Caunes, Jacqueline Joubert, Cicéron, Chris Smither, Guy Lux, François Villon, Franklin Delano Roosevelt, Laura Antonelli, Georges Simenon, Robert Lamoureux, Eugène Gire, Gilles Renault, Federico Fellini, Lino Ventura, Saint-Just, Jean-Pierre Bacri, Démosthène, Stella Stevens, Maurice Vidal, Buddy Holly, Alexander Dubcek, Bernard Pivot, Brian Wilson, Jan Mojto, Pierre Wiehn, Georges Brassens, Claude Sautet, Ron Meyer, Juan Cueto, Terry Semel, Antoine Blondin, François Thébault, Lula, Peggy Cummins, Gérard Manset, Pierre Sabbagh, Elmore Leonard, Jean Yanne, Duke Ellington, Calvo, Florence Aubenas, Bob Seger, Napoléon, Milton Glaser, Pascale Roberts, Georges Perec, Léon Tolstoï, John Fogerty, Peter Cheyney, Gérard Oury, Juan Luis Cebrián, Jesus de Polanco, Felipe González, Sa Majesté Juan Carlos, Horace McCoy, David Lynch, Raymond Queneau, Howard Hawks, Philippe Garnier, Felix Rohatyn, Mike Wallace, Ever Meulen, Benjamin Biolay, Frank Ténot, Noël Carbonneaux, Jean Poiret, Daniel Filipacchi, Pierre Tchernia, Philippe Lançon, Sidney Bechet, Jacques Alba, John Lennon, Georges Fillioud, Ben Hecht, Jacques Fabbri, Ed Bradley, Stefania Sandrelli, André Arnaud, Stéphane Pizella, Jonathan Latimer, Laurence Haïm, Sidney Catlett, Jacques Charron, Maurice Biraud, Antoine Pol, Jean-Pierre Farkas, Pierre Doris, Dion DiMucci, Jean-François Fogel, Julien Clerc, Lou Dorfsman, René Andrieu, Don Hewitt, James Burton, Jean-Marie Colombani, Claude Darget, Danièle Gaubert, La Boétie, Joost Swarte, Sam Phillips, Chester « Howlin' Wolf » Burnett, Maurice Tillieux, Leo Kirch, William Burnett, Jerry Pasternak, James Ellroy, Claudie Dadu, Patricia Barbizet, Marcial Di Fonzo Bo, Edouard Baer, François Hollande, Lionel Jospin, Waldecr Rochet, Jack Ralite, Jacques Toubon, Véronique Carpentier, Jimmy Carter, The Pogues, Palmiro Togliatti, Johnny and the Hurricanes, Brook Benton, Coasters, Muhammad Ali, Five Roy Ales, Ho Chi Minh, Willy Brandt, Catherine Tasca, Jean Gauthier, Guy Dejouany, Marc Ladreit de la Charrière, Jack Lang, Jean-Robert Cherfils, Joël Chevreau, Marie Madeleine Baudoin, McGuffin, Roland Lescure, Laurence Pinault, Jean-Luc Lagardère, Véronique Tylleman, Eddy Mitchell, Christian Geildreich, René Cleitman, Nono Bertoni, Etienne Mougeotte, Emile de la librairie « La Hune », Alexandre (le Grand), Philippe Le Bel, Salvador Allende, Chou En-laï, François Pinault, Stéphane Courbit, Nagui, Thierry Chèze, Ida Lupino, Little Richard, Dave van Ronk, Nino Tempo & April Stevens, Allen Toussaint, Thierry Ardisson, Giorgio Gomelsky, Christophe, Alan Vega, Ernie K-Doe, Neville Brothers, Bill Clinton, Thérèse, Le Duc Tho, Baffie, Léon Blum, Georges Clemenceau, Françoise Rousselin, Brigitte Abraham, Hélène Ducharme, Cranach (le Jeune), Bettie Page, Peter Basch, Bunny Yeager, Walter Evans, Dan Wiener, Enrico Berlinguer, Robert Doisneau, Traveling Wilburys, Etienne Robial, Mathias Ledoux, Anton Dvorak,

In the baba

Tchaïkovski, Chris Barber, MJQ, Lionel Hampton, John Coltrane, Al Casey, Jean-François Bizot, Pierre Viansson-Ponté, Albert Mathieu, Roland Passevant, Robert Barran, Jean-Pierre Lablanchy, Claude Menager, Jean-Pierre Marino, Bernard & Simone Fayles-Bernstein, André Rousselet, Catherine Thieck, Jean-Claude Dumoulin, Marc Tessier, David Oïstrakh, Yehudi Menuhin, Claude Perdriel, Dominique Issermann, Claudine Giraud, Jacques Bal, Jean Drucker, Alain Minc, Frédéric Lemaître, Claude Nougaro, Francis Cabrel, Alain Souchon, Laurent Voulzy, Alain Verlan, Pierre Cauny, Catherine Lecoeur, Anne-Marie Riand, Albert Raisner, Hubert Wayaffe, Nick Lowe, Robert Badinter, Norah Jones, Julie, Jean-Michel Ribes, Jérôme Garcin, Herman's Hermits, Sandro Veronesi, Roman Polanski.

… et, pour Sabrina, Viggo Mortensen. Et Anne-Laure Quilleriet.

TABLE

Composé par Nord Compo Multimédia
7, rue de Fives, 59650 Villeneuve-d'Ascq

Cet ouvrage a été imprimé en France
par CPI Bussière
à Saint-Amand-Montrond (Cher)
en février 2012

N° d'Édition : 17004. — N° d'Impression : 120051/4.
Dépôt légal : février 2012.